I0192913

Printed in the USA

Bengali Language:
101 Bengali Verbs

BY NIHAR GHATAK

Contents

Verbs (ক্রিয়া) in Bengali Language 1

To accept- **স্বীকার** করা (shikar kora) 11

To admit- মানা/**মেনে** নাওয়া (mana/mene neowa) 13

To answer- উত্তর দেওয়া (utTor deowa) 15

To appear- উপস্থিত হওয়া। (uposthit howa) 17

To ask- প্রশ্ন করা।(proshno kora) 19

To be- হওয়া/থাকা (Howa/Thaka) 21

To be able- সক্ষম হওয়া।(shokkhom howa) 23

To become- হযে যাওয়া/হওয়া। (Hoye jaowa/Howa) 25

To begin- আরম্ভ করা।(arombho kora) 27

To break- ভেঙ্গে দেওয়া (bhenge Deowa) 29

To breathe- নিশ্বাস নেওয়া(nisshash neowa) 31

To buy- কেনা। (kena) 33

To call- ডাকা। (daka) 35

To can- করতে পারা।(korte para) 37

To choose- নির্বাচন করা। (nirbachon kora) 39

To close- বন্ধ করা। (bondho kora) 41

To come- আসা।(asha) 43

To cook- রান্না করা।(ranna kora) 45

To cry- কাঁদা (kanda) 47

To dance- নাচা (nacha) 49

To decide- নির্ণয় করা (nirnoy kora) 51

To decrease- কমানো (komano) 53

To die- মরা (mora) 55

To do- করা (kora) 57

To drink- পান করা (pan kora) 59

To drive- চালানো (chalano) 61

To eat- খাওয়া (khaowa) 63

To enter- ঢোকা (dhoka) 65

To exit- বেরিয়ে যাওয়া (beriye jaowa) 67

To expalin- বোঝানো (bojhano) 69

To fall- পড়ে যাওয়া (pore jaowa) 71

To feel- অনুভব করা (onubhob kora) 73

To fight- লড়াই করা (lorai kora) 75

To find- খুঁজে বের করা (khuje ber kora) 77

To finish - শেষ করা (shes kora) 79

To fly- উড়া (ura) 81

To forget- ভুলে যাওয়া (bhule jaowa) 83

To get up- ওঠা (otha) 85

To give- দাওয়া (deowa)	87
To go- যাওয়া (jaowa)	89
To have- হওয়া (howa)(in possessive sense)	91
To happen- ঘটা (ghota)	93
To hear- শোনা (shona)	95
To help- সাহায্য করা (shahajjo kora)	97
To hold- ধরা (dhora)	99
To increase- বাড়িয়ে দাওয়া (bariye deowa)	101
To introduce- পরিচয় করানো (porichoy korano)	103
To invite- আমন্ত্রিত করা (amontriTo kora)	105
To kill- মেরে ফেলা (mere fela)	107
To kiss- চুম্বন করা (chumbon kora)	109
To know- জানা (jana)	111
To laugh- হাঁসা (hansa)	113
To learn- শেখা (shekha)	115
To lie down- শোয়া (showa)	117
To like- পছন্দ করা (pochhondo kora)	119
To listen- শোনা (shona)	121
To live- থাকা (thaka)	123
To lose- হারিয়ে ফেলা (hariye fela)	125

To love- ভালোবাসা। (bhalobasha) — 127

To meet- দেখা করা। (dekha kora) — 129

To need- দরকার হওয়া। (dorkar howa) — 131

To notice- খেয়াল করা। (kheyal kora) — 133

To open- খোলা। (khola) — 135

To play- খেলা। (khela) — 137

To put- রাখা। (rakha) — 139

To read - পড়া। (pora) — 141

To receive - পাওয়া। (paowa) — 143

To remember - মনে রাখা। (mone rakha) — 145

To repeat - আবার করা।(abar kora) — 147

To return- ফেরত করা। (ferot kora) — 149

To run – দৌড়ানো। (dourano) — 151

To say – বলা। (bola) — 153

To scream- চিৎকার করা। (chitkar kora) — 155

To see – দেখা (dekha) — 157

To seem- মনে হওয়া। (mone howa) — 159

To sell- বিক্রি করা। (bikri kora) — 161

To send - পাঠান। — 163

To show – দেখানো। (dekhano) — 165

To sing - গান গাওয়া। (gan gaowa)	167
To sit down – বসা। (bosha)	169
To sleep- শোয়া । (showa)	171
To smile- হাঁসা। (hansa)	173
To speak - কথা বলা। (kotha bola)	175
To stand – দাঁড়ানো। (danrano)	177
To start- শুরু করা। (shuru kora)	179
To stay- থাকা। (thaka)	181
To take- নেওয়া (Neowa)	183
To talk - কথা বলা। (kotha bola)	185
To teach - পড়ানো। (porano)	187
To think- চিন্তা করা। (chinta kora)	189
To Touch- স্পর্শ করা। (sporsho kora)	191
To travel- ভ্রমণ করা। (vromon kora)	193
To understand- বোঝা। (bojha)	195
To use- ব্যাবহার করা। (byabohar kora)	197
To wait- অপেক্ষা করা। (opekkha kora)	199
To walk- হাঁটা। (hanta)	201
To want- চাওয়া। (chawa)	203
To watch- দেখা। (dekha)	205

To win- জেতা। (jeta) 207

To work- কাজ করা। (kaj kora) 209

To write- লেখা।(lekha) 211

Verbs (ক্রিয়া) in Bengali Language

Bengali belongs to SOV class of languages i.e., the word order in a sentence is generally Subject, Object and verb. Thus the sentences in Bengali are like:

আমি ভাত খাই।   (original Bengali sentence)
Ami bhat Kh**ai**.   (Transliteration)
I rice eat.   (Word to word English translation)
I eat rice.   (Correct English sentence)

Most Bengali verbs are derived from 'Sanskrit' and 'Prakrit' roots but some of the verbs have also been derived from other languages.

Verbs in Bengali language may be divided into three classes as per their infinitive endings.

	Ending with	Infinitive	English Synonym	Radical
1.	আ	করা	to do	কর
2.	আন	দাঁড়ান	to stand	দাঁড়া
3.	ওয়া	খাওয়া	to eat	খা

Verbs in Bengali do not change for number or gender. Instead they carry the mood, tense and person along with familiar/polite distinction of pronouns.

Verbs in Bengali have four distinctive moods namely 'Indicative' which denotes statement of fact, 'Imperative' which denotes command or an order, 'Subjunctive' which denotes statement of unreality depending on a situation such as- possibilities, wish, opinion etc. and 'Optative' which denotes any statement of desire, intention etc.

There are three aspects in Bengali being simple, progressive and perfect. The verb forms vary with tense and have been shown in Table below.

Bengali verbs are also conjugated for person or respectability but not for number. There are six different forms existing in Bengali grammar which are as follows:

a) First person : Ami/Amra (আমি /আমরা)

b) Second person (Very Familiar/Friendly/Sense of negligence) : Tui/Tora (তুই/তোরা)

c) Second Person (Familiar/Friendly) : Tumi/Tomra (তুমি /তোমরা)

d) Second Person (Respectable/Polite) : Apni/Apnara (আপনি/আপনারা)

e) Third person (Familiar) : Se/Tara (সে /তারা)

f) Third Person (Respectable/Polite) : Uni/Tara(উনি/তিনি/তাঁরা)

There are ten tenses in Bengali language, namely Simple Present tense, Present Continuous Tense, Present Perfect tense, Simple Past Tense, Past Continuous Tense, Habitual or Conditional Past Tense, Past Perfect Tense, Simple Future Tense, Future Continuous Tense and Future Perfect Tense.

(A) Simple Present Tense:

The simple present tense in Bengali is the same as in English and is used to express the ideas like "I eat", "you run", "He sings" etc. It is formed by the root of the verb and taking an ending which depends on the person of speech.

The inflection takes place in simple present tense as follows:

Verb	1st person	2nd person (VF)	2nd person (F)	2nd person (Resp/Polite)	3rd person (F)	3rd person (Res/Polite)
করা To do.	আমি **করি** I do.	তুই **করিস** You do.	তুমি **কর** You do.	আপনি **করেন** You do.	সে **করে** He does.	উনি/তিনি **করেন** He does
দাঁড়ান To stand.	আমি দাঁড়া**ই** I stand.	তুই দাঁড়া**স** You stand.	তুমি **দাঁড়াও** You stand.	আপনি **দাঁড়ান** You stand.	সে **দাঁড়ায়** He stands.	উনি/তিনি **দাঁড়ান** He stands.
খাওয়া To eat.	আমি খা**ই** I eat.	তুই খা**স** You eat	তুমি **খাও** You eat.	আপনি **খান** You eat.	সে **খায়** He eats	উনি/তিনি **খান** He eats.

(B) Present Progressive or Continuous Tense:

Present Continuous Tense in Bengali is same as that in English and denotes an action which is still in progress and not yet completed. It is also formed by adding an ending to the root of the verb depending upon the person of the subject as will be clear from the following:

Verb	1st person	2nd person (VF)	2nd person (F)	2nd person (Respectable/Polite)	3rd person (F)	3rd person (Res/Polite)
করা To do.	আমি কর**ছি** I am doing.	তুই **করছিস** You are doing.	তুমি **করছ** You are doing.	আপনি **করছেন** You are doing.	সে **করছে** He is doing.	উনি/তিনি **করছেন**. He is doing
দাঁড়ান To stand.	আমি দাঁড়া**চ্ছি** I am standing.	তুই দাঁড়া**চ্ছিস** You are standing.	তুমি দাঁড়া**চ্ছ** You are standing.	আপনি দাঁড়া**চ্ছেন** You are standing.	সে দাঁড়া**চ্ছে** He is standing.	উনি/তিনি দাঁড়া**চ্ছেন** He is standing.

| খাওয়া To eat. | আমি খাচ্ছি I am eating. | তুই খাচ্ছিস You are eating. | তুমি খাচ্ছ You are eating. | আপনি খাচ্ছেন You are eating. | সে খাচ্ছে He is eating. | উনি/তিনি খাচ্ছেন. He is eating. |

(C) Present Perfect Tense:

Present Perfect Tense in Bengali denotes that the action has just been concluded in the present and is formed by adding an ending to the root of the verb.

Verb	1st person	2nd person (VF)	2nd person (F)	2nd person (Resp/Polite)	3rd person (F)	3rd person (Res/Polite)
করা To do.	আমি করেছি I have done.	তুই করেছিস You have done.	তুমি করেছ You have done.	আপনি করেছেন You have done.	সে করেছে He has done.	উনি/তিনি করেছেন. He has done.
দাঁড়ান To stand.	আমি দাঁড়িয়েছি I have stood.	তুই দাঁড়িয়েছিস You have stood.	তুমি দাঁড়িয়েছ You have stood.	আপনি দাঁড়িয়েছেন You have stood.	সে দাঁড়িয়েছে He has stood.	উনি/তিনি দাঁড়িয়েছেন He has stood
খাওয়া To eat.	আমি খেয়েছি I have eaten.	তুই খেয়েছিস You have eaten.	তুমি খেয়েছ You have eaten.	আপনি খেয়েছেন You have eaten.	সে খেয়েছে. He has eaten	উনি/তিনি খেয়েছেন. He has eaten.

(D) Simple Past Tense:

Bengali simple past tense refers to an action that was performed in the past and usually it refers to something that happened in recent past. It is slightly different from English in this aspect where the time of occurrence of the action is not referred to.

Verb	1st person	2nd person (VF)	2nd person (F)	2nd person (Resp/Polite)	3rd person (F)	3rd person (Res/Polite)
করা To do.	আমি করলাম I did.	তুই করলি You did.	তুমি করলে You did.	আপনি করলেন You did.	সে করলো He did.	উনি/তিনি করলেন He did.
দাঁড়ান To stand.	আমি দাঁড়ালাম I stood.	তুই দাঁড়ালি You stood.	তুমি দাঁড়ালে You stood.	আপনি দাঁড়ালেন You stood.	সে দাঁড়ালো He stood.	উনি/তিনি দাঁড়ালেন He stood
খাওয়া To eat.	আমি খেলাম I ate.	তুই খেলি You ate.	তুমি খেলে You ate.	আপনি খেলেন You ate.	সে খেল He ate	উনি/তিনি খেলেন. He ate.

(E) Past Continuous Tense:

Past continuous refers to an occurrence which was happening and had not come to an end at the referred time. It is similar to Past Continuous in English.

Verb	1st person	2nd person (VF)	2nd person (F)	2nd person (Resp/Polite)	3rd person (F)	3rd person (Res/Polite)
করা To do.	আমি করছিলাম I was doing.	তুই করছিলি You were doing.	তুমি করছিলে You were doing.	আপনি করছিলেন You were doing.	সে করতেছিল He was doing.	উনি/তিনি করছিলেন. He was doing.
দাঁড়ান To stand.	আমি দাঁড়িয়ে থেকে ছিলাম I was standing.	তুই দাঁড়িয়ে থেকে ছিলি You were standing.	তুমি দাঁড়িয়ে থেকে ছিলে You were standing.	আপনি দাঁড়িয়ে থেকে ছিলেন You were standing.	সে দাঁড়িয়ে থেকে ছিল He was standing.	উনি/তিনি দাঁড়িয়ে থেকে ছিলেন He was standing.
খাওয়া To eat.	আমি খাচ্ছিলাম I was eating.	তুই খাচ্ছিলি You were eating.	তুমি খাচ্ছিলে You were eating.	আপনি খাচ্ছিলেন You were eating.	সে খাচ্ছিল He was eating.	উনি/তিনি খাচ্ছিলেন He was eating.

(F) Habitual Past Tense:

Habitual Past Tense is a peculiar case which is expressed by "used to" in English, whereas in Bengali, the phrase "used to" is not necessary and the expression is made by the form of the verb itself.

Verb	1st person	2nd person (VF)	2nd person (F)	2nd person (Resp/Polite)	3rd person (F)	3rd person (Res/Polite)
করা To do.	আমি করতাম I used to do.	তুই করতিস You used to do.	তুমি করতে You used to do.	আপনি করতেন You used to do.	সে করত He used to do.	উনি/তিনি করতেন. He used to do.
দাঁড়ান To stand.	আমি দাঁড়াতাম I used to stand.	তুই দাঁড়াতিস You used to stand.	তুমি দাঁড়াতে You used to stand.	আপনি দাঁড়াতেন You used to stand.	সে দাঁড়াতো He used to stand.	উনি/তিনি দাঁড়াতেন He used to stand.
খাওয়া To eat.	আমি খেতাম I used to eat.	তুই খেতিস You used to eat.	তুমি খেতে You used to eat.	আপনি খেতেন You used to eat.	সে খেত He used to eat.	উনি/তিনি খেতেন He used to eat.

(G) Past Perfect Tense:

Past Perfect in Bengali is the same as in English and expresses the completed action at the relevant point of time by the verb form itself.

Verb	1st person	2nd person (VF)	2nd person (F)	2nd person (Resp/Polite)	3rd person (F)	3rd person (Res/Polite)
করা To do.	আমি **করেছিলাম** I had done.	তুই **করেছিলি** You had done.	তুমি **করেছিলে** You had done.	আপনি **করেছিলেন** You had done.	সে **করেছে** He had done.	উনি/তিনি **করেছিলেন**. He had done.
দাঁড়ান To stand.	আমি **দাঁড়িয়েছিলাম** I had stood.	তুই **দাঁড়িয়েছিলি** You had stood.	তুমি **দাঁড়িয়েছিলে** You had stood.	আপনি **দাঁড়িয়েছিলেন** You had stood.	সে **দাঁড়িয়েছিল** He had stood.	উনি/তিনি **দাঁড়িয়েছিলেন**.He had stood
খাওয়া To eat.	আমি **খেয়েছিলাম** I had eaten.	তুই **খেয়েছিলি** You had eaten.	তুমি **খেয়েছিলে** You had eaten.	আপনি **খেয়েছিলেন** You had eaten.	সে **খেয়েছিল** He had eaten	উনি/তিনি **খেয়েছিলেন** He had eaten.

(H) Simple Future Tense:

Simple Future tense refers to the future occurrence as in English. Its idea is similar to the 'Simple Future Tense' in English. . It is also formed by adding an ending to root of the verb.

Verb	1st person	2nd person (VF)	2nd person (F)	2nd person (Resp/Polite)	3rd person (F)	3rd person (Res/Polite)
করা To do.	আমি **করব** I shall/will do.	তুই **করবি** You shall/will do.	তুমি **করবে** You shall/will do.	আপনি **করবেন** You shall/will do.	সে **করবে** He will do.	উনি/তিনি **করবেন** He will do.
দাঁড়ান To stand.	আমি **দাঁড়াব** I shall/will stand.	তুই **দাঁড়াবি** You shall/will stand.	তুমি **দাঁড়াবে** You shall/will stand.	আপনি **দাঁড়াবেন** You shall/will stand.	সে **দাঁড়াবে** He will stand.	উনি/তিনি **দাঁড়াবেন** He will stand.
খাওয়া To eat.	আমি **খাব** I shall/will eat.	তুই **খাবি** You shall/will eat.	তুমি **খাবে** You shall/will eat.	আপনি **খাবেন** You shall/will eat.	সে **খাবে** He will eat.	উনি/তিনি **খাবেন** He will eat.

(I) Future Continuous Tense:

The idea of 'Future Continuous Tense' in Bengali is also similar to the one in English Grammar. It denotes an action which will continue in a particular time in future and will not come to an end at that referred time. Here are some examples.

Verb	1st person	2nd person (VF)	2nd person (F)	2nd person (Respectable/Polite)	3rd person (F)	3rd person (Res/Polite)
করা To do.	আমি করতে থাকব I will be doing.	তুই করতে থাকবি You will be doing.	তুমি করতে থাকবে You will be doing.	আপনি করতে থাকবেন You will be doing.	সে করতে থাকবে He will be doing.	উনি/তিনি করতে থাকবেন He will be doing
দাঁড়ান To stand.	আমি দাঁড়িয়ে থাকব I will be standing.	তুই দাঁড়িয়ে থাকবি You will be standing.	তুমি দাঁড়িয়ে থাকবে You will be standing.	আপনি দাঁড়িয়ে থাকবেন You will be standing.	সে দাঁড়িয়ে থাকবে He will be standing.	উনি/তিনি দাঁড়িয়ে থাকবেন He will be standing.
খাওয়া To eat.	আমি খেতে থাকব I will be eating.	তুই খেতে থাকবি You will be eating.	তুমি খেতে থাকবে You will be eating.	আপনি খেতে থাকবেন You will be eating.	সে খেতে থাকবে He will be eating.	উনি খেতে থাকবেন He will be eating.

(J) Future Perfect Tense:

The Future Perfect tense in Bengali is not fully similar to the Future Perfect Tense in English. It denotes that an action that might have been happened at the time of reference. It usually used to state any type of possibility or assumption of future but that might have happened or even not happened at the time of reference. It can be used for comparing two different time frame.

Verb	1st person	2nd person (VF)	2nd person (F)	2nd person (Respectable/Polite)	3rd person (F)	3rd person (Res/Polite)
করা To do.	আমি করে থাকব I shall have done	তুই করে থাকবি You shall have done	তুমি করে থাকবে You shall have done	আপনি করে থাকবেন You shall have done	সে করে থাকবে He will have done	উনি করে থাকবেন He will have done
সম্পূর্ণ করা To Finish.	আমি সম্পূর্ণ করে থাকব I shall have finished	তুই সম্পূর্ণ করে থাকবি You shall have finished	তুমি সম্পূর্ণ করে থাকবে You shall have finished	আপনি সম্পূর্ণ করে থাকবেন You shall have finished	সে সম্পূর্ণ করে থাকবে He will have finished	উনি সম্পূর্ণ করে থাকবেন He will have finished

খাওয়া To eat.	আমি খেয়ে থাকব I shall have eaten	তুই খেয়ে থাকবি You shall have eaten	তুমি খেয়ে থাকবে You shall have eaten	আপনি খেয়ে থাকবেন You shall have eaten.	সে খেয়ে থাকবে He will have eaten.	উনি খেয়ে থাকবেন He will have eaten.

Thus it will be observed that all Bengali verbs are conjugated between pairs of vowels. These pairs are o-o, e-e, o-u, e-i and a-e.

Infinite verbs are formed by addition of –'te' in the verb like:

To do   করা   করতে

To stand   দাঁড়ান   দাঁড়াতে

To eat   খাওয়া   খেতে

In class 1 and class 3 (as stated above) verbs, casual verb is formed by adding '**ন**' (na) after the verb like করা (To do) - করান (to cause to do) or খাওয়া (to eat) – খাওয়ান (to cause to eat/to feed).

In class 2 verbs, infinite verb is formed by addition of another verb like '**দাঁড়ান**' (to stand) – দাঁড় করান (to cause to stand)

There is also a double casual form by addition of দেওয়া (to give) like খাইয়ে **দেওয়া** (to make to eat with a sense of force) or বসিয়ে **দেওয়া** (to make to sit).

Passive voice in Bengali is formed by adding the verbs like যাওয়া, হওয়া, পড়া etc. as in মারা **যাওয়া** (to be dead), তৈরি **হওয়া** (to be ready) or ধরা পড়া (to be caught).

For negative sense, না (na) is added at the end of the verb.

The Auxiliary Verb "To Be" is expressed in an altogether different manner in Bengali. It is mostly omitted when used with personality or character traits when in present tense. Examples of the same are as follows:

I am fine.   আমি ভাল (আছি)। While speaking, the word 'Achhi' (আছি) is not used and the meaning is fully expressed by saying only আমি ভাল.

She is beautiful.   সে সুন্দরী।
John is very fat.   জন খুব মোটা।
I am very happy.   আমি খুব খুশি।

হওয়া (To Become) is used in case of other tenses.

To convert these zero verb sentences, we have to take care of the subject and conjugate the negative verb 'na' (ন).

For example:

I am not a player.	আমি খেলোয়াড় নই।
You are not a singer.	তুই গায়ক নস/না। / তুমি গায়ক নও। / আপনি গায়ক নন।
He is not a student.	সে ছাত্র নয়। / তিনি ছাত্র নন।

<u>Obligatory Case in Bengali:</u>

Use of 'must' in English creates a sort of obligation. It is done by using infinitive verb with 3rd person of the verb হওয়া (To Become). For example "You must be moved" will be translated in Bengali as "তোমাকে সরাতে হবে।"

Similarly, "ought to" is also translated by using possessive case with verbal noun.

Example: "You ought to speak" will be said in Bengali as "তোমার বলা উচিত।"

Similar treatment is done with the sentences with 'should'. "You should do" will be stated in Bengali as 'তোমার করা উচিত।'

<u>Locative Case in Bengali:</u>

It indicates location in Bengali where "in" is used in English. Like "in Delhi" in Bengali will be expressed as "দিল্লীতে" or "in London" will be expressed as "লন্ডনে"।

The rule goes like this:

(a) The words ending with a consonant will take 'এ'

(b) The words ending with vowel 'আ' will take 'য়'

(c) All other words will take 'তে'

Examples: (a) in Raipur (রায়পুরে), in New York (নিউ ইয়র্কে), in Paris (প্যারিসে).

(b) in Nebraska (নেব্রাস্কায়), in Dhaka (ঢাকায়), in America (আমেরিকায়).

(c) in home (বাড়িতে), in Kathmandu (কাঠমান্ডুতে), in Karachi (কারাচিতে).

The Gerunds in Bengali are formed with the possessive case of the verbal noun in general. It is treated as a noun in possessive case and many a times followed by another noun or sometimes by a post-position like 'দেখবার জন্য' (for the sake of seeing).

Compound transitive verbs are composed of a noun with "করণ" like naming (নামকরণ). They take the possessive case instead of the objective in general. For this rule, the noun must be in use as a noun. Its original meaning should also be active apart from the verb being used.

Post-Positions:

In a striking contrast to English language which uses prepositions, Bengali uses post-positions. These modifying words come immediately after the object and the objective noun preceding them must take possessive case. Some postpositions take accusative case. Examples of these are as below:

(A) Taking Possessive case:

1. আগে   Before: ভোরের আগে   Before dawn.
2. পরে   After: বিকেলের পরে   After the evening.
3. নীচে   Beneath: বালিশের নীচে   Beneath the pillow.
4. পিছনে Behind: দরজার পিছনে   Behind the door.

(B) Taking Accusative Case:

1. করে   by   ট্রেনে করে   by Train
2. থেকে   from   দিল্লী থেকে   from Delhi
3. ছাড়া   except   আমাকে ছাড়া   except me

BENGALI LANGUAGE: 101 BENGALI VERBS

Verb: To accept- স্বীকার করা (shikar kora)

This verb 'to accept' or '**স্বীকার করা**' (**shikar** kora) is made up of two words and constructed by adding 'do' to the noun form of 'accept', hence while speaking stress is always on **স্বীকার** (**shikar**).

1st Person	2nd person (Very Familiar)	2nd person (Familiar)	2nd person (Respectable)	3rd person (Familiar)	3rd person (Respectable)
Simple Present Tense					
আমি স্বীকার করি। Ami **shikar** kori.	তুই স্বীকার কর। Tui **shikar** kor.	তুমি স্বীকার কর। Tumi **shikar** koro.	আপনি স্বীকার করেন। Apni **shikar** koren	সে স্বীকার করে। Se **shikar** kore.	তিনি স্বীকার করেন। Tini **shikar** Koren.
Present Continuous Tense					
আমি স্বীকার করছি। Ami **shikar** korchhi.	তুই স্বীকার করছিস। Tui **shikar** korchhis.	তুমি স্বীকার করছ। Tumi **shikar** korchho.	আপনি স্বীকার করছেন। Apni **shikar** korchhen.	সে স্বীকার করছে। Se **shikar** korchhe.	তিনি স্বীকার করছেন। Tini **shikar** korchhen.
Present Perfect Tense					
আমি স্বীকার করেছি। Ami **shikar** korechhi.	তুই স্বীকার করেছিস। Tui **shikar** korechhis.	তুমি স্বীকার করেছ। Tumi **shikar** korechho.	আপনি স্বীকার করেছেন। Apni **shikar** korechhen.	সে স্বীকার করেছে। Se **shikar** korechhe.	তিনি স্বীকার করেছেন। Tini **shikar** korechhen.
Simple Past Tense					
আমি স্বীকার করলাম। Ami **shikar** korlam.	তুই স্বীকার করলি। Tui **shikar** korli.	তুমি স্বীকার করলে। Tumi **shikar** korle.	আপনি স্বীকার করলেন। Apni **shikar** korlen.	সে স্বীকার করল। Se **shikar** korlo.	তিনি স্বীকার করলেন। Tini **shikar** korlen.
Past Continuous Tense					
আমি স্বীকার করছিলাম। Ami **shikar** korchhilam.	তুই স্বীকার করছিলি। Tui **shikar** korchhili.	তুমি স্বীকার করছিলে। Tumi **shikar** korchhile.	আপনি স্বীকার করছিলেন। Apni **shikar** korchhilen.	সে স্বীকার করছিল। Se **shikar** korchhilo.	তিনি স্বীকার করছিলেন। Tini **shikar** korchhilen.
Past Perfect Tense					
আমি স্বীকার করেছিলাম। Ami **shikar** korechhilam.	তুই স্বীকার করেছিলি। Tui **shikar** korechhili.	তুমি স্বীকার করেছিলে। Tumi **shikar** korechhile.	আপনি স্বীকার করেছিলেন। Apni **shikar** korechhilen.	সে স্বীকার করেছিল। Se **shikar** korechhilo.	তিনি স্বীকার করেছিলেন। Tini **shikar** korechhilen.
Simple Simple Future Tense					
আমি স্বীকার করব। Ami **shikar** korbo.	তুই স্বীকার করবি। Tui **shikar** korbi.	তুমি স্বীকার করবে। Tumi **shikar** korbe.	আপনি স্বীকার করবেন। Apni **shikar** korben.	সে স্বীকার করবে। Se **shikar** korbe.	তিনি স্বীকার করবেন। Tini **shikar** korben.
Future Continuous Tense					
আমি স্বীকার করতে থাকব। Ami **shikar** korte thakbo.	তুই স্বীকার করতে থাকবি। Tui **shikar** korte thakbi.	তুমি স্বীকার করতে থাকবে। Tumi **shikar** korte thakbe.	আপনি স্বীকার করতে থাকবেন। Apni **shikar** korte thakben.	সে স্বীকার করতে থাকবে। Se **shikar** korte thakbe.	তিনি স্বীকার করতে থাকবেন। Tini **shikar** korte thakben.

Future Perfect Tense					
আমি **স্বীকার** করে থাকব Ami **shikar** kore thakbo.	তুই **স্বীকার** করে থাকবি। Tui **shikar** kore thakbi.	তুমি **স্বীকার** করে থাকবে। Tumi **Shikar** kore thakbe.	আপনি **স্বীকার** করে থাকবেন। Apni **shikar** kore thakben.	সে **স্বীকার** করে থাকবে। Se **shikar** kore thakbe.	তিনি **স্বীকার** করে থাকবেন। Tini **shikar** kore thakben.

Passive Voice

Your proposal is accepted.	আপনার প্রস্তাব **স্বীকৃত** হল। Apnar prostab **shikrito** holo

Negative Sense

Your proposal is not accepted.	আপনার প্রস্তাব **স্বীকৃত** হল না। Apnar prostab **shikrito** holo na.

Obligatory Sense

Your proposal should be accepted.	আপনার প্রস্তাব **স্বীকৃত** হওয়া উচিত। Apnar prostab **shikrito** howa uchit

Bengali Language: 101 Bengali Verbs

Verb: To admit- মানা/মেনে নাওয়া (mana/mene neowa)

1st Person	2nd person (Very Familiar)	2nd person (Familiar)	2nd person (Respectable)	3rd person (Familiar)	3rd person (Respectable)
Simple Present Tense					
আমি **মানি।** Ami **man**i.	তুই **মানিস।** Tui **man**is.	তুমি **মান।** Tumi **man**o.	আপনি **মানেন।** Apni **man**en.	সে **মানে।** Se **man**e.	তিনি **মানেন।** Tini **man**en.
Present Continuous Tense					
আমি **মানছি।** Ami **man**chhi.	তুই **মানছিস।** Tui **man**chhis.	তুমি **মানছ।** Tumi **man**chho.	আপনি **মানছেন।** Apni **man**chhen.	সে **মানছে।** Se **man**chhe.	তিনি **মানছেন।** Tini **man**chhen.
Present Perfect Tense					
আমি **মেনেছি/মেনে নিয়েছি।** Ami **mene**chhi/**mene** niyechhi	তুই **মেনেছিস/মেনে নিয়েছিস।** Tui **mene**chhis/**mene** niyechhis.	তুমি **মেনেছ/মেনে নিয়েছ।** Tumi **mene**chho/**mene** niyechho.	আপনি **মেনেছেন/মেনে নিয়েছেন।** Apni **mene**chhen/**mene** niyechhen.	সে **মেনেছে/মেনে নিয়েছে।** Se **mene**chhe/**mene** niyechhe.	তিনি **মেনেছেন/মেনে নিয়েছেন।** Tini **mene**chhen/**mene** niyechhen.
Simple Past Tense					
আমি **মানলাম/মেনে নিলাম।** Ami **man**lam/**mene** nilam.	তুই **মানলি/মেনে নিলি।** Tui **man**li/**mene** nili.	তুমি **মানলে/মেনে নিলে।** Tumi **man**le/**mene** nile.	আপনি **মানলেন/মেনে নিলেন।** Apni **man**len/**mene** nilen.	সে **মানল/মেনে নিল।** Se **man**lo/**mene** nilo.	তিনি **মানলেন/মেনে নিলেন।** Tini **man**len/**mene** nilen
Past Continuous Tense					
আমি **মানছিলাম/মেনে নিচ্ছিলাম।** Ami **man**chhilam/**mene** nichhilam.	তুই **মানছিলি/মেনে নিচ্ছিলি।** Tui **man**chhili/**mene** nichhili.	তুমি **মানছিলে/মেনে নিচ্ছিলে।** tumi **man**chhile/**mene** nichhile.	আপনি **মানছিলেন/মেনে নিচ্ছিলেন।** Apni **man**chhilen/**mene** nichhilen.	সে **মানছিল/মেনে নিচ্ছিল।** Se **man**chhilo/**mene** nichhilo.	তিনি **মানছিলেন/মেনে নিচ্ছিলেন।** Tini **man**chhilen/**mene** nichhilen.
Past Perfect Tense					
আমি **মেনেছিলাম/মেনে নিয়েছিলাম।** Ami **mene**chhilam/**mene** niyechhilam.	তুই **মেনেছিলি/মেনে নিয়েছিলি।** Tui **mene**chhili/**mene** niyechhili.	তুমি **মেনেছিলে/মেনে নিয়েছিলে।** Tumi **mene**chhile/**mene** niyechhile.	আপনি **মেনেছিলেন/মেনে নিয়েছিলেন।** Apni **mene**chhilen/**mene** niyechhilen.	সে **মেনেছিল/মেনে নিয়েছিল।** Se **mene**chhilo/**mene** niyechhilo.	তিনি **মেনেছিলেন/মেনে নিয়েছিলেন।** Tini **mene**chhilen/**mene** niyechhilen.
Simple Simple Future Tense					
আমি **মানব/মেনে নেব।** Ami **man**bo/**mene** nebo.	তুই **মানবি/মেনে নিবি।** Tui **man**bi/**mene** nibi.	তুমি **মানবে/মেনে নেবে।** Tumi **man**be/**mene** nebe.	আপনি **মানবেন/মেনে নেবেন।** Apni **man**ben/**mene** neben	সে **মানবে/মেনে নেবে।** Se **man**be/**mene** nebe.	তিনি **মানবেন/মেনে নেবেন।** Tini **man**ben/**mene** neben

Future Continuos Tense					
আমি **মানতে** থাকব। Ami man**te** thakbo.	তুই **মানতে** থাকবি। Tui man**te** thakbi.	তুমি **মানতে** থাকবে। Tumi man**te** thakbe.	আপনি **মানতে** থাকবেন। Apni man**te** thakben.	সে **মানতে** থাকবে। Se man**te** thakbe.	তিনি **মানতে** থাকবেন। Tini man**te** thakben.
Future Perfect Tense					
আমি **মেনে** থাকব। Ami me**ne** thakbo.	তুই **মেনে** থাকবি। Tui me**ne** thakbi.	তুমি **মেনে** থাকবে। Tumi me**ne** thakbe.	আপনি **মেনে** থাকবেন। Apni me**ne** thakben.	সে **মেনে** থাকবে। Se me**ne** thakbe.	তিনি **মেনে** থাকবেন। Tini me**ne** thakben.

Passive Voice	
Your appeal is admitted.	আপনার প্রার্থনা **মানা** হল। Apnar prarthona **mana** holo.
Negative Sense	
Your appeal is not admitted.	আপনার প্রার্থনা **মানা** হল না। Apnar prarthona **mana** holo na.
Obligatory Sense	
Your appeal should be admitted.	আপনার প্রার্থনা **মেনে** নেওয়া উচিত। Apnar prarthona **mene** neowa uchit.

BENGALI LANGUAGE: 101 BENGALI VERBS

Verb: to answer- উত্তর দেওয়া (uttor deowa)

*This verb 'to answer' or '*উত্তর দেওয়া*' (uttor deowa) is made up of two words and constructed by adding 'do' to the noun form of 'answer', hence while speaking stress is always on* উত্তর *(uttor) .*

1st Person	2nd person (Very Familiar)	2nd person (Familiar)	2nd person (Respectable)	3rd person (Familiar)	3rd person (Respectable)
Simple Present Tense					
আমি উত্তর দিই। Ami **uttor** dii.	তুই উত্তর দিস। Tui **uttor** dis.	তুমি উত্তর দাও। Tumi **uttor** dao.	আপনি উত্তর দিন। Apni **uttor** din.	সে উত্তর দেয়। Se **uttor** dey.	তিনি উত্তর দেন। Tini **uttor** den.
Present Continuous Tense					
আমি উত্তর দিচ্ছি। Ami **uttor** dicchi.	তুই উত্তর দিচ্ছিস। Tui **uttor** dicchis.	তুমি উত্তর দিচ্ছ। Tumi **uttor** diccho.	আপনি উত্তর দিচ্ছেন। Apni **uttor** dicchen.	সে উত্তর দিচ্ছে। Se **uttor** dicche.	তিনি উত্তর দিচ্ছেন। Tini **uttor** dicchen.
Present Perfect Tense					
আমি উত্তর দিয়েছি। Ami **uttor** diyechhi	তুই উত্তর দিয়েছিস। Tui **uttor** diyechhis.	তুমি উত্তর দিয়েছ। Tumi **uttor** diyechho.	আপনি উত্তর দিয়েছেন। Apni **uttor** diyechhen.	সে উত্তর দিয়েছে। Se **uttor** diyechhe.	তিনি উত্তর দিয়েছেন। Tini **uttor** diyechhen.
Simple Past Tense					
আমি উত্তর দিলাম। Ami **uttor** dilam.	তুই উত্তর দিলি। Tui **uttor** dili.	তুমি উত্তর দিলে। Tumi **uttor** dile.	আপনি উত্তর দিলেন। Apni **uttor** dilen.	সে উত্তর দিল। Se **uttor** dilo.	তিনি উত্তর দিলেন। Tini **uttor** dilen.
Past Continuous Tense					
আমি উত্তর দিচ্ছিলাম। Ami **uttor** dicchilam.	তুই উত্তর দিচ্ছিলি। Tui **uttor** dicchili.	তুমি উত্তর দিচ্ছিলে। tumi **uttor** dicchile.	আপনি উত্তর দিচ্ছিলেন। Apni **uttor** dicchilen.	সে উত্তর দিচ্ছিল। Se **uttor** dicchilo.	তিনি উত্তর দিচ্ছিলেন। Tini **uttor** dicchilen.
Past Perfect Tense					
আমি উত্তর দিয়েছিলাম। Ami **uttor** diyechhilam.	তুই উত্তর দিয়েছিলি। Tui **uttor** diyechhili.	তুমি উত্তর দিয়েছিলে। Tumi **uttor** diyechhile.	আপনি উত্তর দিয়েছিলেন। Apni **uttor** diyechhilen.	সে উত্তর দিয়েছিল। Se **uttor** diyechhilo.	তিনি উত্তর দিয়েছিলেন। Tini **uttor** diyechhilen.
Simple Simple Future Tense					
আমি উত্তর দেব। Ami **uttor** debo.	তুই উত্তর দিবি। Tui **uttor** dibi.	তুমি উত্তর দেবে। Tumi **uttor** debe.	আপনি উত্তর দেবেন। Apni **uttor** deben.	সে উত্তর দেবে। Se **uttor** debe.	তিনি উত্তর দেবেন। Tini **uttor** deben.
Future Continuous Tense					
আমি উত্তর দিতে থাকব। Ami **uttor** Dite thakbo	তুই উত্তর দিতে থাকবি। Tui **urttor** dite thakbi	তুমি উত্তর দিতে থাকবে Tumi **uttor** dite thakbe	আপনি উত্তর দিতে থাকবেন Apni **uttor** dite thkben	সে উত্তর দিতে থাকবে Se **uttor** dite thakbe	তিনি উত্তর দিতে থাকবেন Tini **uttor** dite thakben
Future Perfect Tense					
আমি উত্তর দিয়ে থাকব Ami **uttor** diye tahkbo	তুই উত্তর দিয়ে থাকবি Tui **uttor** diye thakbi	তুমি উত্তর দিয়ে থাকবে Tumi **uttor** diye thakbe	আপনি উত্তর দিয়ে থকবেন Apni **uttor** diye thakben	সে উত্তর দিয়ে থাকবে Se **uttor** diye thakbe	তিনি উত্তর দিয়ে থাকবেন Tini **uttor** diye thakben
Passive Voice					
The question was answered by me.			আমার দ্বারা প্রশ্নের উত্তর দেওয়া হল। Amor dara proshner **uttor** deowa holoo.		

Negative Sense	
You did not answer correctly.	আপনি সঠিক **উত্তর** দেননি।
	Apni sothik **uttor** denni.
Obligatory Sense	
You should answer the question correctly.	আপনার এই প্রশ্নের সঠিক **উত্তর** দেওয়া উচিত।
	Apnar ei proshner sothik **uttor** deowa uchit.

BENGALI LANGUAGE: 101 BENGALI VERBS

Verb: to appear - উপস্থিত হওয়া। (uposthit howa)

1st Person	2nd person (Very Familiar)	2nd person (Familiar)	2nd person (Respectable)	3rd person (Familiar)	3rd person (Respectable)
Simple Present Tense					
আমি উপস্থিত হই। Ami uposthit hoi.	তুই উপস্থিত হস। Tui uposthit hosh.	তুমি উপস্থিত হও। Tumi uposthit how.	আপনি উপস্থিত হন। Apni uposthit hon.	সে উপস্থিত হয়। Se uposthit hoy.	তিনি উপস্থিত হন। Tini uposthit hon.
Present Continuous Tense					
আমি উপস্থিত হচ্ছি। Ami uposthit hocchi.	তুই উপস্থিত হচ্ছিস। Tui uposthit hocchis.	তুমি উপস্থিত হচ্ছ। Tumi uposthit hoccho.	আপনি উপস্থিত হচ্ছেন। Apni uposthit hocchen.	সে উপস্থিত হচ্ছে। Se uposthit hocche.	তিনি উপস্থিত হচ্ছেন। Tini uposthit hocchen.
Present Perfect Tense					
আমি উপস্থিত হয়েছি। Ami uposthit hoyechi	তুই উপস্থিত হয়েছিস। Tui uposthit hoyechish.	তুমি উপস্থিত হয়েছ। Tumi uposthit hoyecho.	আপনি উপস্থিত হয়েছেন। Apni uposthit hoyechen.	সে উপস্থিত হয়েছে। Se uposthit hoyeche.	তিনি উপস্থিত হয়েছেন। Tini uposthit hoyechen.
Simple Past Tense					
আমি উপস্থিত হলাম। Ami uposthit holam.	তুই উপস্থিত হলি। Tui uposthit holi.	তুমি উপস্থিত হলে। Tumi uposthit hole.	আপনি উপস্থিত হলেন। Apni uposthit holen.	সে উপস্থিত হল। Se uposthit holo.	তিনি উপস্থিত হলেন। Tini uposthit holen
Past Continuous Tense					
আমি উপস্থিত হচ্ছিলাম। Ami uposthit hocchilam.	তুই উপস্থিত হচ্ছিলি। Tui uposthit hocchili.	তুমি উপস্থিত হচ্ছিলে। Tumi uposthit hocchile.	আপনি উপস্থিত হচ্ছিলেন। Apni uposthit hocchilen.	সে উপস্থিত হচ্ছিল। Se uposthit hocchilo.	তিনি উপস্থিত হচ্ছিলেন। Tini uposthit hocchilen.
Past Perfect Tense					
আমি উপস্থিত হয়েছিলাম। Ami uposthit hoyechilam.	তুই উপস্থিত হয়েছিলি। Tui uposthit hoyechili.	তুমি উপস্থিত হয়েছিলে। Tumi uposthit hoyechile.	আপনি উপস্থিত হয়েছিলেন। Apni uposthit hoyechilen.	সে উপস্থিত হয়েছিল। Se uposthit hoyechilo.	তিনি উপস্থিত হয়েছিলেন। Tini uposthit hoyechilen.
Simple Simple Future Tense					
আমি উপস্থিত হব। Ami uposthit hobo.	তুই উপস্থিত হবি। Tui uposthit hobi.	তুমি উপস্থিত হবে। Tumi uposthit hobe.	আপনি উপস্থিত হবেন। Apni uposthit hoben	সে উপস্থিত হবে। Se uposthit hobe.	তিনি উপস্থিত হবেন। Tini uposthit hoben
Future Continuous Tense					
N/A	N/A	N/A	N/A	N/A	N/A
Future Perfect Tense					
আমি উপস্থিত হয়ে থাকব Ami uposthit hoye thakbo	তুই উপস্থিত হয়ে থাকবি Tui uposthit hoye thakbi	তুমি উপস্থিত হয়ে থাকবে Tumi uposthit hoye thakbe	আপনি উপস্থিত হয়ে থাকবেন Apni uposthit hoye thakben	সে উপস্থিত হয়ে থাকবে Se uposthit hoye thakbe	তিনি উপস্থিত হয়ে থাকবেন Tini uposthit hoye thakben
Passive Voice					
Not applicable			Not applicable		

Negative Sense	
Do not appear.	উপস্থিত হবেন না ।
	Uposthit hoben na.
Obligatory Sense	
You should appear.	আপনার উপস্থিত হওয়া উচিত।
	Apnar uposthit howa uchit.

Verb: to ask- প্রশ্ন করা। (**proshno** kora)

1st Person	2nd person (Very Familiar)	2nd person (Familiar)	2nd person (Respectable)	3rd person (Familiar)	3rd person (Respectable)
Simple Present Tense					
আমি প্রশ্ন করি। Ami **proshno** kori.	তুই প্রশ্ন করিস । Tui **proshno** koris.	তুমি প্রশ্ন কর । Tumi **proshno** koro.	আপনি প্রশ্ন করেন । Apni **proshno** koren.	সে প্রশ্ন করে । Se **proshno** kore.	তিনি প্রশ্ন করেন । Tini **proshno** koren.
Present Continuous Tense					
আমি প্রশ্ন করছি । Ami **proshno** korchi.	তুই প্রশ্ন করছিস । Tui **proshno** korchis.	তুমি প্রশ্ন করছ । Tumi **proshno** korcho	আপনি প্রশ্ন করছেন । Apni **proshno** korchen.	সে প্রশ্ন করছে। Se **proshno** korche.	তিনি প্রশ্ন করছেন। Tini **proshno** korchen.
Present Perfect Tense					
আমি প্রশ্ন করেছি। Ami **proshno** korechi.	তুই প্রশ্ন করেছিস । Tui **proshno** korechis.	তুমি প্রশ্ন করেছ। Tumi **proshno** korecho.	আপনি প্রশ্ন করেছেন । Apni **proshno** korechen.	সে প্রশ্ন করেছে । Se **proshno** koreche.	তিনি প্রশ্ন করেছেন । Tini **proshno** korechhen.
Simple Past Tense					
আমি প্রশ্ন করলাম । Ami **proshno** korlam.	তুই প্রশ্ন করলি । Tui **proshno** korli.	তুমি প্রশ্ন করলে । Tumi **proshno** korle.	আপনি প্রশ্ন করলেন । Apni **proshno** korlen.	সে প্রশ্ন করল। Se **proshno** korlo.	তিনি প্রশ্ন করলেন । Tini **proshno** korlen
Past Continuous Tense					
আমি প্রশ্ন করছিলাম। Ami **proshno** korchhilam.	তুই প্রশ্ন করছিলি । Tui **proshno** korchili.	তুমি প্রশ্ন করছিলে । Tumi **proshno** korchile.	আপনি প্রশ্ন করছিলেন । Apni **proshno** korchilen.	সে প্রশ্ন করছিল । Se **proshno** korchilo.	তিনি প্রশ্ন করছিলেন । Tini **proshno** korchilen.
Past Perfect Tense					
আমি প্রশ্ন করেছিলাম । Ami **proshno** korechilam.	তুই প্রশ্ন করেছিলি । Tui **proshno** korechili.	তুমি প্রশ্ন করেছিলে। Tumi **proshno** korechile.	আপনি প্রশ্ন করেছিলেন । Apni **proshno** korechilen.	সে প্রশ্ন করেছিল । Se **proshno** korechilo.	তিনি প্রশ্ন করেছিলেন । Tini **proshno** korechilen.
Simple Future Tense					
আমি প্রশ্ন করব । Ami **proshno** korbo.	তুই প্রশ্ন করবি । Tui **proshno** korbi.	তুমি প্রশ্ন করবে । Tumi **proshno** korbe.	আপনি প্রশ্ন করবেন । Apni **proshno** korben	সে প্রশ্ন করবে । Se **proshno** korbe.	তিনি প্রশ্ন করবেন । Tini **proshno** korben
Future Continuos Tense					
আমি প্রশ্ন করতে থাকব Ami proshno korte thakbo	তুই প্রশ্ন করতে থাকবি proshno korte thakbi	তুমি প্রশ্ন করতে থাকবে Tumi proshno korte thakbe	আপনি প্রশ্ন করতে থাকবেন Apni proshno korte thakben	সে প্রশ্ন করতে থাকবে Se proshno korte thakbe	তিনি প্রশ্ন করতে থাকবেন Tini proshno korte korte thakben
Future Perfect Tense					
আমি প্রশ্ন করে থাকব Ami proshno kore thakbo	তুই প্রশ্ন করে থাকবি Tui proshno kore thakbi	তুমি প্রশ্ন করে থাকবে Tumi proshno kore thakbe	আপনি প্রশ্ন করতে থাকবেন Apnni proshno kore thakben	সে প্রশ্ন করে থাকবে Se proshno kore thakbe	তিনি প্রশ্ন করে থাকবেন Tini proshno kore kore thakben
Passive Voice					
A question may be asked.			একটা প্রশ্ন করা যায়। Ekta **proshno** kora jay.		

Negative Sense	
Any question cannot be asked.	কোনো প্রশ্ন করা যাবেনা।
	Kono **proshno** kora jabena.
Obligatory Sense	
You should ask a question.	আপনার প্রশ্ন করা উচিত।
	Apnar **proshno** kora uchit.

Bengali Language: 101 Bengali Verbs

Verb: to be - হওয়া/থাকা (Howa/Thaka)

1st Person	2nd person (Very Familiar)	2nd person (Familiar)	2nd person (Respectable)	3rd person (Familiar)	3rd person (Respectable)
Simple Present Tense					
আমি আছি। Ami achhi.	তুই আছিস। Tui achhis.	তুমি আছ। Tumi achho.	আপনি আছেন। Apni achhen.	সে আছে। Se achhe.	তিনি আছেন। Tini achhen.
Present Continuous Tense					
আমি আছি। Ami achhi.	তুই আছিস। Tui achhis.	তুমি আছ। Tumi achho.	আপনি আছেন। Apni achhen.	সে আছে। Se achhe.	তিনি আছেন। Tini achhen.
Present Perfect Tense					
আমি আছি। Ami achhi	তুই আছিস। Tui achhis.	তুমি আছ। Tumi achho.	আপনি আছেন। Apni achhen.	সে আছে। Se achhe.	তিনি আছেন। Tini achhen.
Simple Past Tense					
আমি ছিলাম। Ami chhilam.	তুই ছিলি। Tui chhili.	তুমি ছিলে। Tumi chhile.	আপনি ছিলেন। Apni chhilen.	সে ছিল। Se chhilo.	তিনি ছিলেন Tini chhilen
Past Continuous Tense					
আমি ছিলাম। Ami chhilam.	তুই ছিলি। Tui chhili.	তুমি ছিলে। tumi chhile.	আপনি ছিলেন। Apni chhilen.	সে ছিল। Se chhilo.	তিনি ছিলেন। Tini chhilen.
Past Perfect Tense					
আমি ছিলাম। Ami chhilam.	তুই ছিলি। Tui chhili.	তুমি ছিলে। Tumi chhile.	আপনি ছিলেন। Apni chhilen.	সে ছিল। Se chhilo.	তিনি ছিলেন। Tini chhilen.
Simple Future Tense					
আমি থাকব। Ami thakbo.	তুই থাকবি। Tui thakbi.	তুমি থাকবে। Tumi thakbe.	আপনি থাকবেন। Apni thakben	সে থাকবে। Se thakbe.	তিনি থাকবেন। Tini thakben
Future Continous Tense					
N/A	N/A	N/A	N/A	N/A	N/A
Future Perfect Tense					
N/A	N/A	N/A	N/A	N/A	N/A
Passive Voice					
Not applicable			N/A		
Negative Sense					
Not applicable			N/A		
Obligatory Sense					
You should be.			আপনার থাকা উচিত। Apnar thaka uchit.		

Bengali Language: 101 Bengali Verbs

Verb: to be able- সক্ষম হওয়া। (shokkhom howa)

1st Person	2nd person (Very Familiar)	2nd person (Familiar)	2nd person (Respectable)	3rd person (Familiar)	3rd person (Respectable)
Simple Present Tense					
আমি সক্ষম। Ami **shokkhom**.	তুই সক্ষম Tui **shokkhom**.	তুমি সক্ষম। Tumi **shokkhom**.	আপনি সক্ষম। Apni **shokkhom**.	সে সক্ষম। Se **shokkhom**.	তিনি সক্ষম। Tini **shokkhom**.
Present Continuous Tense					
আমি সক্ষম হচ্ছি Ami **shokkhom** hocchi	তুই সক্ষম হচ্ছিস Tui **shokkhom** hocchis.	তুমি সক্ষম হচ্ছ Tumi **shokkhom** hoccho.	আপনি সক্ষম হচ্ছেন Apni **shokkhom** hocchen.	সে সক্ষম হচ্ছে Se **shokkhom** hocche.	তিনি সক্ষম হচ্ছেন Tini **shokkhom** hocchen.
Present Perfect Tense					
আমি সক্ষম হয়েছি। Ami **shokkhom** hoyechi.	তুই সক্ষম হয়েছিস Tui **shokkhom** hoyechis.	তুমি সক্ষম হয়েছ Tumi **shokkhom** hoyecho.	আপনি সক্ষম হয়েছেন Apni **shokkhom** hoyechen.	সে সক্ষম হয়েছে Se **shokkhom** hoyeche.	তিনি সক্ষম হয়েছেন Tini **shokkhom** hoyechen.
Simple Past Tense					
আমি সক্ষম ছিলাম। Ami **shokkhom** chhilam.	তুই সক্ষম ছিলি। Tui **shokkhom** chhili.	তুমি সক্ষম ছিলে। Tumi **shokkhom** chhile.	আপনি সক্ষম ছিলেন। Apni **shokkhom** chhilen.	সে সক্ষম ছিল। Se **shokkhom** chhilo.	তিনি সক্ষম ছিলেন। Tini **shokkhom** chhilen
Past Continuous Tense					
আমি সক্ষম হচ্ছিলাম। Ami **shokkhom** hocchilam.	তুই সক্ষম হচ্ছিলি। Tui **shokkhom** hocchili.	তুমি সক্ষম হচ্ছিলে। tumi **shokkhom** hocchile.	আপনি সক্ষম হচ্ছিলেন। Apni **shokkhom** hocchilen.	সে সক্ষম হচ্ছিল। Se **shokkhom** hocchilo.	তিনি সক্ষম হচ্ছিলেন। Tini **shokkhom** hocchilen.
Past Perfect Tense					
আমি সক্ষম হয়েছিলাম। Ami **shokkhom** hoyechilam.	তুই সক্ষম হয়েছিলি। Tui **shokkhom** hoyechili.	তুমি সক্ষম হয়েছিলে। Tumi **shokkhom** hoyechile.	আপনি সক্ষম হয়েছিলেন। Apni **shokkhom** hoyechilen.	সে সক্ষম হয়েছিল। Se **shokkhom** hoyechilo.	তিনি সক্ষম হয়েছিলেন। Tini **shokkhom** hoyechilen.
Simple Future Tense					
আমি সক্ষম হব। Ami **shokkhom** hobo.	তুই সক্ষম হবি। Tui **shokkhom** hobi.	তুমি সক্ষম হবে। Tumi **shokkhom** hobe.	আপনি সক্ষম হবেন। Apni **shokkhom** hoben	সে সক্ষম হবে। Se **shokkhom** hobe.	তিনি সক্ষম হবেন। Tini **shokkhom** hoben
Future Continuous Tense					
N/A	N/A	N/A	N/A	N/A	N/A
Future Perfect Tense					
আমি সক্ষম হয়ে থাকব Ami **shokkhom** hoye thakbo	তুই সক্ষম হয়ে থাকবি Tui **shokkhom** hoye thakbi	তুমি সক্ষম হয়ে থাকবে Tumi **shokkhom** hoye thakbe	আপনি সক্ষম হয়ে থাকবেন Apni **shokkhom** hoye thakben	সে সক্ষম হয়ে থাকবে Apni **shokkhom** hoye thakben	তিনি সক্ষম হয়ে থাকবেন Tini **shokkhom** hoye thakben
Passive Voice					
Not applicable			N/A		
Negative Sense					
Not being able to			সক্ষম না হওয়া। **Shokkhom** na howa.		

Obligatory Sense	
You should be able.	আপনার **সক্ষম** হওয়া উচিত ।
	Apnar **shokkhom** howa uchit.

Verb: to become- হয়ে যাওয়া/হওয়া। (Hoye jaowa/Howa)

1st Person	2nd person (Very Familiar)	2nd person (Familiar)	2nd person (Respectable)	3rd person (Familiar)	3rd person (Respectable)
Simple Present Tense					
আমি **হই**। **Ami hoi.**	তুই **হস**। **Tui hos.**	তুমি **হও** । **Tumi how.**	আপনি **হন**। **Apni hon.**	সে **হয়**। **Se hoy.**	তিনি **হন**। **Tini hon.**
Present Continuous Tense					
আমি **হচ্ছি** । **Ami hocchi.**	তুই **হচ্ছিস** । **Tui hocchis.**	তুমি **হচ্ছ** । **Tumi hoccho.**	আপনি **হচ্ছেন** । **Apni hocchen.**	সে **হচ্ছে** । **Se hocche.**	তিনি **হচ্ছেন** । **Tini hocchen.**
Present Perfect Tense					
আমি **হয়েছি** । **Ami hoyechi**	তুই **হয়েছিস** । **Tui hoyechis.**	তুমি **হয়েছ** । **Tumi hoyecho.**	আপনি **হয়েছেন** । **Apni hoyechen.**	সে **হয়েছে**। **se hoyeche.**	তিনি **হয়েছেন** । **Tini hoyechen.**
Simple Past Tense					
আমি **হলাম** । **Ami holam.**	তুই **হলি** । **Tui holi.**	তুমি **হলে** । **Tumi hole.**	আপনি **হলেন** । **Apni holen.**	সে **হল**। **Se holo.**	তিনি **হলেন** । **Tini holen**
Past Continuous Tense					
আমি **হচ্ছিলাম**। **Ami hocchilam.**	তুই **হচ্ছিলি** । **Tui hocchili.**	তুমি **হচ্ছিলে** । **Tumi hocchile.**	আপনি **হচ্ছিলেন** । **Apni hocchilen.**	সে **হচ্ছিল** । **Se hacchilo.**	তিনি **হচ্ছিলেন** । **Tini hacchilen.**
Past Perfect Tense					
আমি **হয়েছিলাম**। **Ami hoyechilam.**	তুই **হয়েছিলি** । **Tui hoyechili.**	তুমি **হয়েছিলে** । **Tumi hoyechile.**	আপনি **হয়েছিলেন** । **Apni hoyechilen.**	সে **হয়েছিল**। **Se hoyechilo.**	তিনি **হয়েছিলেন** । **Tini hoyechilen.**
Simple Future Tense					
আমি **হব**। **Ami hobo.**	তুই **হবি** । **Tui hobi.**	তুমি **হবে** । **Tumi hobe.**	আপনি **হবেন** । **Apni hoben**	সে **হবে** । **Se hobe.**	তিনি **হবেন** । **Tini hoben**
Future Continuous Tense					
N/A	**N/A**	**N/A**	**N/A**	**N/A**	**N/A**
Future Perfect Tense					
N/A	**N/A**	**N/A**	**N/A**	**N/A**	**N/A**
Passive Voice					
Try to become a good human being.			ভালো মানুষ **হওয়ার** চেষ্টা কর। Bhalo manush **howaar** chesta koro.		
Negative Sense					
Don't become an animal in anger..			রাগে পশু **হইওনা**। Rage poshu **hoiyona**.		
Obligatory Sense					
You should become an expert.			আপনার দক্ষ **হওয়া** উচিত। Apnar **dak**hha **howa** uchit.		

Verb: to begin- আরম্ভ করা। (arombho kora)

1st Person	2nd person (Very Familiar)	2nd person (Familiar)	2nd person (Respectable)	3rd person (Familiar)	3rd person (Respectable)
Simple Present Tense					
আমি আরম্ভ করি। Ami **arombho** kori.	তুই আরম্ভ করিস। Tui **arombho** koris.	তুমি আরম্ভ কর। Tumi **arombho** koro.	আপনি আরম্ভ করেন। Apni **arombho** koren.	সে আরম্ভ করে। Se **arombho** kore.	তিনি আরম্ভ করেন। Tini **arombho** koren.
Present Continuous Tense					
আমি আরম্ভ করছি। Ami **arombho** korchhi.	তুই আরম্ভ করছিস। Tui **arombho** korchhis.	তুমি আরম্ভ করছ। Tumi **arombho** korchho.	আপনি আরম্ভ করছেন। Apni **arombho** korchhen.	সে আরম্ভ করছে। Se **arombho** korchhe.	তিনি আরম্ভ করছেন। Tini **arombho** korchhen.
Present Perfect Tense					
আমি আরম্ভ করেছি। Ami **arombho** korechhi	তুই আরম্ভ করেছিস। Tui **arombho** korechhis.	তুমি আরম্ভ করেছ। Tumi **arombho** korechho.	আপনি আরম্ভ করেছেন। Apni **arombho** korechhen.	সে আরম্ভ করেছে। Se **arombho** korechhe.	তিনি আরম্ভ করেছেন। Tini **arombho** korechhen.
Simple Past Tense					
আমি আরম্ভ করলাম। Ami **arombho** korlam.	তুই আরম্ভ করলি। Tui **arombho** korli.	তুমি আরম্ভ করলে। Tumi **arombho** korle.	আপনি আরম্ভ করলেন। Apni **arombho** korlen.	সে আরম্ভ করল। Se **arombho** korlo.	তিনি আরম্ভ করলেন। Tini **arombho** korlen
Past Continuous Tense					
আমি আরম্ভ করছিলাম। Ami **arombho** korcchilam.	তুই আরম্ভ করছিলি। Tui **arombho** korcchili.	তুমি আরম্ভ করছিলে। Tumi **arombho** korcchile.	আপনি আরম্ভ করছিলেন। Apni **arombho** korcchilen.	সে আরম্ভ করছিল। Se **arombho** korcchilo.	তিনি আরম্ভ করছিলেন। Tini **arombho** korcchilen.
Past Perfect Tense					
আমি আরম্ভ করেছিলাম। Ami **arombho** korechilam.	তুই আরম্ভ করেছিলি। Tui **arombho** korechili.	তুমি আরম্ভ করেছিলে। Tumi **arombho** korechile.	আপনি আরম্ভ করেছিলেন। Apni **arombho** korechilen.	সে আরম্ভ করেছিল। Se **arombho** korechilo.	তিনি আরম্ভ করেছিলেন। Tini **arombho** korechilen.
Simple Future Tense					
আমি আরম্ভ করব। Ami **arombho** korbo.	তুই আরম্ভ করবি। Tui **arombho** korbi.	তুমি আরম্ভ করবে। Tumi **arombho** korbe.	আপনি আরম্ভ করবেন। Apni **arombho** korben	সে আরম্ভ করবে। Se **arombho** korbe.	তিনি আরম্ভ করবেন। Tini **arombho** korben
Future Continuous Tense					
আমি আরম্ভ করতে থাকব Ami **arombho** korte thakbo	তুই আরম্ভ করতে থাকবি Tui **arombho** korte thakbi	তুমি আরম্ভ করতে থাকবে Tumi **arombho** korte thakbe	আপনি আরম্ভ করতে থাকবেন Apni **arombho** korte thakben	সে আরম্ভ করতে থাকবে Se **arombho** korte thakbe	তিনি আরম্ভ করতে থাকবেন Tini **arombho** korte thakben
Future Perfect Tense					
আমি আরম্ভ করে থাকব Ami **arombho** kore thakbo	তুই আরম্ভ করে থাকবি Tui **arombho** kore thakbi	তুমি আরম্ভ করে থাকবে Tumi **arombho** kore thakbe	আপনি আরম্ভ করে থাকবেন Apni **arombho** kore thakben	সে আরম্ভ করে থাকবে Se **arombho** kore thakbe	তিনি আরম্ভ করে থাকবেন Tini **arombho** kore thakben

Passive Voice	
Let the game begin.	খেলা **আরম্ভ** হউক।
	Khela **arombho** howk.
Negative Sense	
Do not begin before permission.	পূর্ব অনুমতি ছাড়া **আরম্ভ** করবেন না।
	Purbo onumoti chhara **arombho** korben na.
Obligatory Sense	
You should begin immediately.	আপনার এখনি **আরম্ভ** করা উচিত।
	Apnar ekhoni **arombho** kora uchit.

Bengali Language: 101 Bengali Verbs

Verb: to break- ভেঙ্গে দেওয়া (bhenge Deowa)

1st Person	2nd person (Very Familiar)	2nd person (Familiar)	2nd person (Respectable)	3rd person (Familiar)	3rd person (Respectable)
Simple Present Tense					
আমি ভেঙ্গে দিই। Ami bhenge dii.	তুই ভেঙ্গে দিস। Tui bhenge dis.	তুমি ভেঙ্গে দেও Tumi bhenge deo.	আপনি ভেঙ্গে দেন। Apni bhenge den.	সে ভেঙ্গে দেয়। Se bhenge dey.	তিনি ভেঙ্গে দেন। Tini bhenge den.
Present Continuous Tense					
আমি ভেঙ্গে দিচ্ছি। Ami bhenge dicchi.	তুই ভেঙ্গে দিচ্ছিস। Tui bhenge dicchis.	তুমি ভেঙ্গে দিচ্ছ। Tumi bhenge diccho.	আপনি ভেঙ্গে দিচ্ছেন। Apni bhenge dicchen.	সে ভেঙ্গে দিচ্ছে। Se bhenge dicche.	তিনি ভেঙ্গে দিচ্ছেন। Tini bhenge dicchen.
Present Perfect Tense					
আমি ভেঙ্গে দিয়েছি। Ami bhenge diyechi	তুই ভেঙ্গে দিয়েছিস। Tui bhenge diyechis.	তুমি ভেঙ্গে দিয়েছ। Tumi bhenge diyecho.	আপনি ভেঙ্গে দিয়েছেন। Apni bhenge diyechen.	সে ভেঙ্গে দিয়েছে। Se bhenge diyeche.	তিনি ভেঙ্গে দিয়েছেন। Tini bhenge diyechen.
Simple Past Tense					
আমি ভেঙ্গে দিলাম। Ami bhenge dilam.	তুই ভেঙ্গে দিলি। Tui bhenge dili.	তুমি ভেঙ্গে দিলে। Tumi bhenge dile.	আপনি ভেঙ্গে দিলেন। Apni bhenge dilen.	সে ভেঙ্গে দিল। Se bhenge dilo.	তিনি ভেঙ্গে দিলেন। Tini bhenge dilen
Past Continuous Tense					
আমি ভেঙ্গে দিচ্ছিলাম। Ami bhenge dicchilam.	তুই ভেঙ্গে দিচ্ছিলি। Tui bhenge dicchili.	তুমি ভেঙ্গে দিচ্ছিলে। Tumi bhenge dicchile.	আপনি ভেঙ্গে দিচ্ছিলেন। Apni bhenge dicchilen.	সে ভেঙ্গে দিচ্ছিল। Se bhenge dicchilo.	তিনি ভেঙ্গে দিচ্ছিলেন। Tini bhenge dicchilen.
Past Perfect Tense					
আমি ভেঙ্গে দিয়েছিলাম। Ami bhenge diyechilam.	তুই ভেঙ্গে দিয়েছিলি। Tui bhenge diyechili.	তুমি ভেঙ্গে দিয়েছিলে। Tumi bhenge diyechile.	আপনি ভেঙ্গে দিয়েছিলেন। Apni bhenge diyechilen.	সে ভেঙ্গে দিয়েছিল। Se bhenge diyechilo.	তিনি ভেঙ্গে দিয়েছিলেন। Tini bhenge diyechilen.
Simple Future Tense					
আমি ভেঙ্গে দেব। Ami bhenge debo.	তুই ভেঙ্গে দিবি। Tui bhenge dibi.	তুমি ভেঙ্গে দেবে। Tumi bhenge debe.	আপনি ভেঙ্গে দেবেন। Apni bhenge deben	সে ভেঙ্গে দেবে। Se bhenge debe.	তিনি ভেঙ্গে দেবেন। Tini bhenge deben.
Future Continuous Tense					
আমি ভেঙ্গে দিতে থাকব Ami bhenge dite thakbo	তুই ভেঙ্গে দিতে থাকবি Tui bhenge dite thakbi	তুমি ভেঙ্গে দিতে থাকবে Tumi bhenge dite thakbe	আপনি ভেঙ্গে দিতে থাকবেন Apni bhenge dite thakben	সে ভেঙ্গে দিতে থাকবে Se bhenge dite thakbe	তিনি ভেঙ্গে দিতে থাকবেন Tini bhenge dite thakben
Future Perfect Tense					
আমি ভেঙ্গে দিয়ে থাকব Ami bhenge diye	তুই ভেঙ্গে দিয়ে থাকবি Tui bhenge diye thakbi	তুমি ভেঙ্গে দিয়ে থকবে Tumi bhenge diye thakbe	আপনি ভেঙ্গে দিয়ে থাকবেন Apni bhenge diye thakben	সে ভেঙ্গে দিয়ে থাকবে Se bhenge diye thakbe	তিনি ভেঙ্গে দিয়ে থাকবেন Tini bhenge diye thakben
Passive Voice					
It is easy to break a relationship.		সম্পর্ক ভেঙ্গে দেওয়া সহজ। Shomporko bhenge deowa shohoj.			

Negative Sense	
Do not break a relationship.	সম্পর্ক **ভেঙ্গে** দিওনা ।
	Shomporko **bhenge** dio na.
Obligatory Sense	
You should not break a relationship.	সম্পর্ক সম্পর্ক **ভেঙ্গে** দেওয়া উচিত নয়।
	Shomporko **bhenge** deoa uchit noy.

Bengali Language: 101 Bengali Verbs

Verb: to breathe- নিশ্বাস নেওয়া (nisshash neowa)

1st Person	2nd person (Very Familiar)	2nd person (Familiar)	2nd person (Respectable)	3rd person (Familiar)	3rd person (Respectable)
Simple Present Tense					
আমি **নিশ্বাস** নিই। Ami **nisshash** nii.	তুই **নিশ্বাস** নিস। Tui **nisshash** nis.	তুমি **নিশ্বাস** নাও। Tumi **nisshash** nao.	আপনি **নিশ্বাস** নেন। Apni **nisshash** nen.	সে **নিশ্বাস** নেয়। Se **nisshash** ney.	তিনি **নিশ্বাস** নেন। Tini **nisshash** nen.
Present Continuous Tense					
আমি **নিশ্বাস** নিচ্ছি। Ami **nisshash** nichchhi.	তুই **নিশ্বাস** নিচ্ছিস। Tui **nisshash** nichchhis.	তুমি **নিশ্বাস** নিচ্ছ। Tumi **nisshash** nichchho.	আপনি **নিশ্বাস** নিচ্ছেন। Apni **nisshash** nichchhen.	সে **নিশ্বাস** নিচ্ছে। Se **nisshash** nichchhe.	তিনি **নিশ্বাস** নিচ্ছেন। Tini **nisshash** nichchhen.
Present Perfect Tense					
আমি **নিশ্বাস** নিয়েছি। Ami **nisshash** niyechhi.	তুই **নিশ্বাস** নিয়েছিস। Tui **nisshash** niyechhis.	তুমি **নিশ্বাস** নিয়েছ। Tumi **nisshash** niyechho.	আপনি **নিশ্বাস** নিয়েছেন। Apni **nisshash** niyechhen.	সে **নিশ্বাস** নিয়েছে। Se **nisshash** niyechhe.	তিনি **নিশ্বাস** নিয়েছেন। Tini **nisshash** niyechhen.
Simple Past Tense					
আমি **নিশ্বাস** নিলাম। Ami **nisshash** nilam.	তুই **নিশ্বাস** নিলি। Tui **nisshash** nili.	তুমি **নিশ্বাস** নিলে। Tumi **nisshash** nile.	আপনি **নিশ্বাস** নিলেন। Apni **nisshash** nilen.	সে **নিশ্বাস** নিল। Se **nisshash** nilo.	তিনি **নিশ্বাস** নিলেন। Tini **nisshash** nilen
Past Continuous Tense					
আমি **নিশ্বাস** নিচ্ছিলাম। Ami **nisshash** nichchhilam.	তুই **নিশ্বাস** নিচ্ছিলি। Tui **nisshash** nichchhili.	তুমি **নিশ্বাস** নিচ্ছিলে। tumi **nisshash** nichchhile.	আপনি **নিশ্বাস** নিচ্ছিলেন। Apni **nisshash** nichhilen.	সে **নিশ্বাস** নিচ্ছিল। Se **nisshash** nichhilo.	তিনি **নিশ্বাস** নিচ্ছিলেন। Tini **nisshash** nichhilen.
Past Perfect Tense					
আমি **নিশ্বাস** নিয়েছিলাম। Ami **nisshash** niyechhilam.	তুই **নিশ্বাস** নিয়েছিলি। Tui **nisshash** niyechhili.	তুমি **নিশ্বাস** নিয়েছিলে। Tumi **nisshash** niyechhile.	আপনি **নিশ্বাস** নিয়েছিলেন। Apni **nisshash** niyechhilen.	সে **নিশ্বাস** নিয়েছিল। Se **nisshash** niyechhilo.	তিনি **নিশ্বাস** নিয়েছিলেন। Tini **nisshash** niyechhilen.
Simple Future Tense					
আমি **নিশ্বাস** নেব। Ami **nisshash** nebo.	তুই **নিশ্বাস** নিবি। Tui **nisshash** nibi.	তুমি **নিশ্বাস** নেবে। Tumi **nisshash** nebe.	আপনি **নিশ্বাস** নেবেন Apni **nisshash** neben	সে **নিশ্বাস** নেবে। Se **nisshash** nebe.	তিনি **নিশ্বাস** নেবেন। Tini **nisshash** neben
Future Continuous Tense					
আমি **নিশ্বাস** নিতে থাকব Ami **nisshash** nite thakbo	তুই **নিশ্বাস** নিতে থাকবি Tui **nisshash** nite thakbi	তুমি **নিশ্বাস** নিতে থাকবে Tumi **nisshash** nite thakbe	আপনি **নিশ্বাস** নিতে থাকবেন Apni **nisshash** nite thakben	সে **নিশ্বাস** নিতে থাকবে Se **nisshash** nite thakbe	তিনি **নিশ্বাস** নিতে থাকবেন Tini **nisshash** nite thakben
Future Perfect Tense					
আমি **নিশ্বাস** নিয়ে থাকব Ami **nisshash** niye	তুই **নিশ্বাস** নিয়ে থাকবি Tui **nisshash** niye thakbi	তুমি **নিশ্বাস** নিয়ে থাকবে Tumi **nisshash** niye thakbe	আপনি **নিশ্বাস** নিয়ে থাকবেন Apni **nisshash** niye thakben	সে **নিশ্বাস** নিয়ে থাকবে Se **nisshash** niye thakbe	তিনি **নিশ্বাস** নিয়ে থাকবেন Tini **nisshash** niye thakben

Passive Voice	
His last breath was peaceful.	তার শেষ **নিশ্বাস** শান্তিতে হল।
	Tar shesh **nisshash** shantite holoholo.
Negative Sense	
His last breath was not peaceful.	তার শেষ **নিশ্বাস** শান্তিতে হল না ।
	Tar shesh **nisshash** shantite holoholo na.
Obligatory Sense	
Everybody's last breath should be peaceful.	সবার শেষ **নিশ্বাস** শান্তিতে হওয়া উচিত।
	Shobarshobar shesh **nisshash** shantite howahowa uchit.

Verb: to buy- কেনা। (kena)

1st Person	2nd person (Very Familiar)	2nd person (Familiar)	2nd person (Respectable)	3rd person (Familiar)	3rd person (Respectable)
Simple Present Tense					
আমি কিনি। Ami **kin**i.	তুই কিনিস। Tui **kin**is.	তুমি কেন Tumi **ken**o.	আপনি কিনেন। Apni **kin**en.	সে কেনে। Se **ken**e.	তিনি কেনেন। Tini **ken**en.
Present Continuous Tense					
আমি কিনছি। Ami **kin**chhi.	তুই কিনছিস। Tui **kin**chhis.	তুমি কিনছ। Tumi **kin**chho.	আপনি কিনছেন। Apni **kin**chhen.	সে কিনছে। Se **kin**chhe.	তিনি কিনছেন। Tini **kin**chhen.
Present Perfect Tense					
আমি কিনেছি। Ami **kine**chhi	তুই কিনেছিস। Tui **kine**chhis.	তুমি কিনেছ। Tumi **kine**chho.	আপনি কিনেছেন। Apni **kine**chhen.	সে কিনেছে। Se **kine**chhe.	তিনি কিনেছেন। Tini **kine**chhen.
Simple Past Tense					
আমি কিনলাম। Ami **kin**lam.	তুই কিনলি। Tui **kin**li.	তুমি কিনলে। Tumi **kin**le.	আপনি কিনলেন। Apni **kin**len.	সে কিনল। Se **kin**lo.	তিনি কিনলেন। Tini **kin**len.
.Past Continuous Tense					
আমি কিনছিলাম। Ami **kin**chhilam.	তুই কিনছিলি। Tui **kin**chhili.	তুমি কিনছিলে। Tumi **kin**chhile.	আপনি কিনছিলেন। Apni **kin**chhilen.	সে কিনছিল। Se **kin**chhilo.	তিনি কিনছিলেন। Tini **kin**chhilen.
Past Perfect Tense					
আমি কিনেছিলাম। Ami **kine**chhilam.	তুই কিনেছিলি। Tui **kine**chhili.	তুমি কিনেছিলে। Tumi **kine**chhile.	আপনি কিনেছিলেন। Apni **kine**chhilen.	সে কিনেছিল। Se **kine**chhilo.	তিনি কিনেছিলেন। Tini **kine**chhilen.
Simple Future Tense					
আমি কিনব। Ami **kin**bo.	তুই কিনবি। Tui **kin**bi.	তুমি কিনবে। Tumi **kin**be.	আপনি কিনবেন। Apni **kin**ben.	সে কিনবে। Se **kin**be.	তিনি কিনবেন। Tini **kin**ben.
Future Continuous Tense					
আমি কিনতে থাকব Ami **kinte** thakbo	তুই কিনতে থাকবি Tui **kinte** thakbi	তুমি কিনতে থাকবে Tumi **kinte** thakbe	আপনি কিনতে থাকবেন Apni **kinte** thakben	সে কিনতে থাকবে Se **kinte** thakbe	তিনি কিনতে থাকবেন Tini **kinte** thakben
Future Perfect Tense					
আমি কিনে থাকব Ami **kine** thakbo	তুই কিনে থাকবি Tui **kine** thakbi	তুমি কিনে থাকবে Tumi **kine** thakbe	আপনি কিনে থাকবেন Apni **kine** thakben	সে কিনে থাকবে Se **kine** thakbe	তিনি কিনে থাকবেন Tini **kine** thakben

Passive Voice	
Your book is bought.	আপনার বই কেনা হয়েছে Apnar boi **kena** hoyeche
Negative Sense	
Do not buy trash.	বাজে জিনিস কিনবেন না। Baje jinish **kin**ben na.
Obligatory Sense	
Your should buy a house.	আপনার বাড়ি কেনা উচিত। Apnar bari **kena** uchit.

BENGALI LANGUAGE: 101 BENGALI VERBS

Verb: to call - ডাকা। (daka)

1st Person	2nd person (Very Familiar)	2nd person (Familiar)	2nd person (Respectable)	3rd person (Familiar)	3rd person (Respectable)
Simple Present Tense					
আমি ডাকি। Ami **dak**i.	তুই ডাকিস। Tui **dak**is.	তুমি ডাক। Tumi **dak**o.	আপনি ডাকেন। Apni **dak**en.	সে ডাকে। Se **dak**e.	তিনি ডাকেন। Tini **dak**en.
Present Continuous Tense					
আমি ডাকছি। Ami **dak**chhi.	তুই ডাকছিস। Tui **dak**chhis.	তুমি ডাকছ। Tumi **dak**chho.	আপনি ডাকছেন। Apni **dak**chhen.	সে ডাকছে। Se **dak**chhe.	তিনি ডাকছেন। Tini **dak**chhen.
Present Perfect Tense					
আমি ডেকেছি। Ami **deke**chhi	তুই ডেকেছিস। Tui **deke**chhis.	তুমি ডেকেছ। Tumi **deke**chho.	আপনি ডেকেছেন। Apni **deke**chhen.	সে ডেকেছে। se **deke**chhe.	তিনি ডেকেছেন। Tini **deke**chhen.
Simple Past Tense					
আমি ডাকলাম। Ami **dak**lam.	তুই ডাকলি। Tui **dak**li.	তুমি ডাকলে। Tumi **dak**le.	আপনি ডাকলেন। Apni **dak**len.	সে ডাকল। Se **dak**lo.	তিনি ডাকলেন। Tini **dak**len
Past Continuous Tense					
আমি ডাকছিলাম। Ami **dak**chhilam.	তুই ডাকছিলি। Tui **dak**chhili.	তুমি ডাকছিলে। tumi **dak**chhile.	আপনি ডাকছিলেন। Apni **dak**chhilen.	সে ডাকছিল। Se **dak**chhilo.	তিনি ডাকছিলেন। Tini **dak**chhilen.
Past Perfect Tense					
আমি ডেকেছিলাম। Ami **deke**chhilam.	তুই ডেকেছিলি। Tui **deke**chhili.	তুমি ডেকেছিলে। Tumi **deke**chhile.	আপনি ডেকেছিলেন। Apni **deke**chhilen.	সে ডেকেছিল। Se **deke**chhilo.	তিনি ডেকেছিলেন। Tini **deke**chhilen.
Simple Future Tense					
আমি ডাকব। Ami **dak**bo.	তুই ডাকবি। Tui **dak**bi.	তুমি ডাকবে। Tumi **dak**be.	আপনি ডাকবেন। Apni **dak**ben	সে ডাকবে। Se **dak**be.	তিনি ডাকবেন। Tini **dak**ben.
Future Continuous Tense					
আমি ডাকতে থাকব Ami **dak**te thakbo	তুই ডাকতে থাকবি Tui **dak**te thakbi	তুমি ডাকতে থাকবে Tumi **dak**te thakbe	আপনি ডাকতে থাকবেন Apni **dak**te thakben	সে ডাকতে থাকবে Se **dak**te thakbe	তিনি ডাকতে থাকবেন Tini **dak**te thakben
Future Perfect Tense					
N/A	N/A	N/A	N/A	N/A	N/A
Passive Voice					
Your are hereby called.			আপনাকে এতদ্বারা **ডাকা** হল। Apnake etodara **daka** hoilo.		
Negative Sense					
Doo not call ineligible persons.			অপাত্রদের **ডাক**বেন না। Opatroder **dak**ben na.		
Obligatory Sense					
You should call someone.			আপনার কাউকে **ডাকা** উচিত। Apnar kauke **dak**a uchit.		

Bengali Language: 101 Bengali Verbs

Verb: to can- করতে পারা।(korte para)

1st Person	2nd person (Very Familiar)	2nd person (Familiar)	2nd person (Respectable)	3rd person (Familiar)	3rd person (Respectable)
Simple Present Tense					
আমি পারি। Ami **par**i.	তুই **পার**িস। Tui **par**is.	তুমি **পার**। Tumi **par**o.	আপনি **পার**েন। Apni **par**en.	সে **পার**ে। Se **par**e.	তিনি **পার**েন। Tini **par**en.
Present Continuous Tense					
আমি **পার**ছি। Ami **par**chhi.	তুই **পার**ছিস। Tui **par**chhis.	তুমি **পার**ছ। Tumi **par**chho.	আপনি **পার**ছেন। Apni **par**chhen.	সে **পার**ছে। Se **par**chhe.	তিনি **পার**ছেন। Tini **par**chhen.
Present Perfect Tense					
আমি **পের**েছি। Ami **per**echhi	তুই **পের**েছিস। Tui **per**echhis.	তুমি **পের**েছ। Tumi **per**echho.	আপনি **পের**েছেন। Apni **per**echhen.	সে **পের**েছে। Se **per**echhe.	তিনি **পের**েছেন। Tini **per**echhen.
Simple Past Tense					
আমি **পার**লাম। Ami **par**lam.	তুই **পার**লি। Tui **par**li.	তুমি **পার**লে। Tumi **par**le.	আপনি **পার**লেন। Apni **par**len.	সে **পার**ল। Se **par**lo.	তিনি **পার**লেন। Tini **par**len.
Past Continuous Tense					
আমি **পার**ছিলাম। Ami **par**chhilam.	তুই **পার**ছিলি। Tui **par**chhili.	তুমি **পার**ছিলে। tumi **par**chhile.	আপনি **পার**ছিলেন। Apni **par**chhilen.	সে **পার**ছিল। Se **par**chhilo.	তিনি **পার**ছিলেন। Tini **par**chhilen.
Past Perfect Tense					
আমি **পের**েছিলাম। Ami **per**echhilam.	তুই **পের**েছিলি। Tui **per**echhili.	তুমি **পের**েছিলে। Tumi **per**echhile.	আপনি **পের**েছিলেন। Apni **per**echhilen.	সে **পের**েছিল। Se **per**echhilo.	তিনি **পের**েছিলেন। Tini **per**echhilen.
Simple Future Tense					
আমি **পার**ব। Ami **par**bo.	তুই **পার**বি। Tui **par**bi.	তুমি **পার**বে। Tumi **par**be.	আপনি **পার**বেন Apni **par**ben	সে **পার**বে। Se **par**be.	তিনি **পার**বেন Tini **par**ben
Future Continuous Tense					
N/A	N/A	N/A	N/A	N/A	N/A
Future Perfect Tense					
N/A	N/A	N/A	N/A	N/A	N/A
Passive Voice					
Not applicable			N/A		
Negative Sense					
You cannot.			আপনি **পার**বেন না। Apni **par**ben na.		
Obligatory Sense					
Not applicable			N/A		

Verb: to choose- **নির্বাচন** করা। (**nirbachon** kora)

1st Person	2nd person (Very Familiar)	2nd person (Familiar)	2nd person (Respectable)	3rd person (Familiar)	3rd person (Respectable)
Simple Present Tense					
আমি **নির্বাচন** করি। Ami **nirbachon** kori.	তুই **নির্বাচন** করিস। Tui **nirbachon** koris.	তুমি **নির্বাচন** কর। Tumi **nirbachon** koro.	আপনি **নির্বাচন** করেন। Apni **nirbachon** koren.	সে **নির্বাচন** করে। Se **nirbachon** kore.	তিনি **নির্বাচন** করেন। Tini **nirbachon** koren.
Present Continuous Tense					
আমি **নির্বাচন** করছি। Ami **nirbachon** korchhi.	তুই **নির্বাচন** করছিস। Tui **nirbachon** korchhis.	তুমি **নির্বাচন** করছ। Tumi **nirbachon** korchho.	আপনি **নির্বাচন** করছেন। Apni **nirbachon** korchhen.	সে **নির্বাচন** করছে। Se **nirbachon** korchhe.	তিনি **নির্বাচন** করছেন। Tini **nirbachon** korchhen.
Present Perfect Tense					
আমি **নির্বাচন** করেছি। Ami **nirbachon** korechhi	তুই **নির্বাচন** করেছিস। Tui **nirbachon** korechhis.	তুমি **নির্বাচন** করেছ। Tumi **nirbachon** korechho.	আপনি **নির্বাচন** করেছেন। Apni **nirbachon** korechhen.	সে **নির্বাচন** করেছে। Se **nirbachon** korechhe.	তিনি **নির্বাচন** করেছেন। Tini **nirbachon** korechhen.
Simple Past Tense					
আমি **নির্বাচন** করলাম। Ami **nirbachon** korlam.	তুই **নির্বাচন** করলি। Tui **nirbachon** korli.	তুমি **নির্বাচন** করলে। Tumi **nirbachon** korle.	আপনি **নির্বাচন** করলেন। Apni **nirbachon** korlen.	সে **নির্বাচন** করল। Se **nirbachon** korlo.	তিনি **নির্বাচন** করলেন। Tini **nirbachon** korlen
Past Continuous Tense					
আমি **নির্বাচন** করছিলাম। Ami nirbachon korchhilam.	তুই **নির্বাচন** করছিলি। Tui nirbachon korchhili.	তুমি **নির্বাচন** করছিলে। Tumi **nirbachon** korchhile.	আপনি **নির্বাচন** করছিলেন। Apni **nirbachon** korchhilen.	সে **নির্বাচন** করছিল। Se **nirbachon** korchhilo.	তিনি **নির্বাচন** করছিলেন। Tini **nirbachon** korchhilen.
Past Perfect Tense					
আমি **নির্বাচন** করেছিলাম। Ami **nirbachon** korechhilam.	তুই **নির্বাচন** করেছিলি। Tui **nirbachon** korechhili.	তুমি **নির্বাচন** করেছিলে। Tumi **nirbachon** korechhile.	আপনি **নির্বাচন** করেছিলেন। Apni **nirbachon** korechhilen.	সে **নির্বাচন** করেছিল। Se **nirbachon** korechhilo.	তিনি **নির্বাচন** করেছিলেন। Tini nirbachon korechhilen.
Simple Future Tense					
আমি **নির্বাচন** করব। Ami **nirbachon** korbo.	তুই **নির্বাচন** করবি। Tui **nirbachon** korbi.	তুমি **নির্বাচন** করবে। Tumi **nirbachon** korbe.	আপনি **নির্বাচন** করবেন। Apni **nirbachon** korben	সে **নির্বাচন** করবে। Se **nirbachon** korbe.	তিনি **নির্বাচন** করবেন। Tini **nirbachon** korben
Future Continuous Tense					
আমি **নির্বাচন** করতে থাকব Ami **nirbachon** korte thakbo	তুই **নির্বাচন** করতে থাকবি Tui **nirbachon** korte thakbi	তুমি **নির্বাচন** করতে থাকবে Tumi **nirbachon** korte thakbe	আপনি **নির্বাচন** করতে থকবেন Apni **nirbachon** korte thakben	সে **নির্বাচন** করতে থাকবে Se **nirbachon** korte korte thakbe	তিনি **নির্বাচন** করতে থাকবেন Tini **nirbachon** korte korte thakben

Future Perfect Tense					
আমি **নির্বাচন** করে থাকব Ami **nirbachon** kore thakbo	তুই **নির্বাচন** করে থাকবি Tui **nirbachon** kore thakbi	তুমি **নির্বাচন** করে থাকবে Tumi **nirbachon** kore thakbe	আপনি **নির্বাচন** করে থাকবেন Apni **nirbachon** kore thakben	সে **নির্বাচন** করে থাকবে Se **nirbachon** kore thakbe	তিনি **নির্বাচন** করে থাকবেন Tini **nirbachon** kore thakben

Passive Voice	
First candidate is chosen.	প্রথম প্রার্থী **নির্বাচিত** হল। Prothom prarthi **nirba**chito holoo.

Negative Sense	
Do not choose a wrong candidate.	অপাত্র কে **নির্বাচিত** করিও না। **Opatroke nirbachito koro** na.

Obligatory Sense	
You should choose a good candidate.	ভালো প্রার্থী **নির্বাচিত** করা উচিত। Bhalo prarthi **nirba**chito kora uchit.

Bengali Language: 101 Bengali Verbs

Verb: to close- বন্ধ করা। (**bondho** kora)

1st Person	2nd person (Very Familiar)	2nd person (Familiar)	2nd person (Respectable)	3rd person (Familiar)	3rd person (Respectable)
Simple Present Tense					
আমি বন্ধ করি। Ami **bondho** kori.	তুই বন্ধ করিস। Tui **bondho** koris.	তুমি বন্ধ কর। Tumi **bondho** koro.	আপনি বন্ধ করেন। Apni **bondho** koren.	সে বন্ধ করে। Se **bondho** kore.	তিনি বন্ধ করেন। Tini **bondho** korn.
Present Continuous Tense					
আমি বন্ধ করছি। Ami **bondho** korchhi.	তুই বন্ধ করছিস। Tui **bondho** korchhis.	তুমি বন্ধ করছ। Tumi **bondho** korchha.	আপনি বন্ধ করছেন। Apni **bondho** korchhen.	সে বন্ধ করছে। Se **bondho** korchhe.	তিনি বন্ধ করছেন। Tini **bondho** korchhen.
Present Perfect Tense					
আমি বন্ধ করেছি। Ami **bondho** korechhi	তুই বন্ধ করেছিস। Tui **bondho** korechhis.	তুমি বন্ধ করেছ। Tumi **bondho** korechho.	আপনি বন্ধ করেছেন। Apni **bondho** korechhen.	সে বন্ধ করেছে। Se **bondho** korechhe.	তিনি বন্ধ করেছেন। Tini **bondho** korechhen.
Simple Past Tense					
আমি বন্ধ করলাম। Ami **bondho** korlam.	তুই বন্ধ করলি। Tui **bondho** korli.	তুমি বন্ধ করলে। Tumi **bondho** korle.	আপনি বন্ধ করলেন। Apni **bondho** korlen.	সে বন্ধ করল। Se **bondho** korlo.	তিনি বন্ধ করলেন। Tini **bondho** korlen
Past Continuous Tense					
আমি বন্ধ করছিলাম। Ami **bondho** korchhilam.	তুই বন্ধ করছিলি। Tui **bondho** korchhili.	তুমি বন্ধ করছিলে। tumi **bondho** korchhile.	আপনি বন্ধ করছিলেন। Apni **bondho** korchhilen.	সে বন্ধ করছিল। Se **bondho** korchhilo.	তিনি বন্ধ করছিলেন। Tini **bondho** korchhilen.
Past Perfect Tense					
আমি বন্ধ করেছিলাম। Ami **bondho** korechhilam.	তুই বন্ধ করেছিলি। Tui **bondho** korechhili.	তুমি বন্ধ করেছিলে। Tumi **bondho** korechhile.	আপনি বন্ধ করেছিলেন। Apni **bondho** korechhilen.	সে বন্ধ করেছিল। Se **bondho** korechhilo.	তিনি বন্ধ করেছিলেন। Tini **bondho** korechhilen.
Simple Future Tense					
আমি বন্ধ করব। Ami **bondho** korbo.	তুই বন্ধ করবি। Tui **bondho** korbi.	তুমি বন্ধ করবে। Tumi **bondho** korbe.	আপনি বন্ধ করবেন। Apni **bondho** korben.	সে বন্ধ করবে। Se **bondho** korbe.	তিনি বন্ধ করবেন। Tini **bondho** korben
Future continuous Tense					
আমি বন্ধ করতে থাকব Ami **bondho** korte thakbo	তুই বন্ধ করতে থাকবি Tui **bondho** korte thakbi	তুমি বন্ধ করতে থাকবে Tumi **bondho** korte thakbe	আপনি বন্ধ করতে থাকবেন Apni **bondho** korte thakben	সে বন্ধ করতে থাকবে Se **bondho** korte thakbe	তিনি বন্ধ করতে থাকবেন Tini **bondho** korte thakben
Future Perfect Tense					
আমি বন্ধ করে থাকব Ami **bondho** kore thakbo	তুই বন্ধ করে থাকবি Tui **bondho** kore thakbi	তুমি বন্ধ করে থাকবে Tumi **bondho** kore thakbe	আপনি বন্ধ করে থাকবেন Apni **bondho** kore thakben	সে বন্ধ করে থাকবে Se **bondho** kore thakbe	তিনি বন্ধ করে থাকবেন Tini **bondho** kore thakben
Passive Voice					
The door may be closed.		দরজা বন্ধ করা হউক। Dorja **bondho** kora howk.			
Negative Sense					
Do not close the door.		দরজা বন্ধ করবেন না। Dorja **bondho** korben na.			

Obligatory Sense	
You should close the door.	আপনার দরজা **বন্ধ** করা উচিত। Apnar dorja **bondho** kora uchit.

Bengali Language: 101 Bengali Verbs

Verb: to come - আসা। (asha)

1st Person	2nd person (Very Familiar)	2nd person (Familiar)	2nd person (Respectable)	3rd person (Familiar)	3rd person (Respectable)
Simple Present Tense					
আমি আসি। Ami ashi.	তুই আসিস। Tui ashis.	তুমি আস। Tumi asho.	আপনি আসেন। Apni ashen.	সে আসে। Se ashe.	তিনি আসেন। Tini ashen.
Present Continuous Tense					
আমি আসছি। Ami ashchhi.	তুই আসছিস। Tui ashchhis.	তুমি আসছ। Tumi ashchho.	আপনি আসছেন। Apni ashchhen.	সে আসছে। Se ashchhe.	তিনি আসছেন। Tini ashchhen.
Present Perfect Tense					
আমি এসেছি। Ami eshechhi	তুই এসেছিস। Tui eshechhis.	তুমি এসেছ। Tumi eshechho.	আপনি এসেছেন। Apni eshechhen.	সে এসেছে। Se eshechhe.	তিনি এসেছেন। Tini eshechhen.
Simple Past Tense					
আমি আসলাম Ami ashlam.	তুই আসলি Tui ashli.	তুমি আসলে Tumi ashle.	আপনি আসলেন Apni ashlen.	সে আসল Se ashlo.	তিনি আসলেন Tini ashlen
Past Continuous Tense					
আমি আসছিলাম। Ami ashchhilam.	তুই আসছিলি। Tui ashchhili.	তুমি আসছিলে। tumi ashchhile.	আপনি আসছিলেন। Apni ashchhilen.	সে আসছিল। Se ashchhilo.	তিনি আসছিলেন। Tini ashchhilen.
Past Perfect Tense					
আমি এসেছিলাম। Ami eshechhilam.	তুই এসেছিলি। Tui eshechhili.	তুমি এসেছিলে। Tumi eshechhile.	আপনি এসেছিলেন। Apni eshechhilen.	সে এসেছিল। Se eshechhilo.	তিনি এসেছিলেন। Tini eshechhilen.
Simple Future Tense					
আমি আসব। Ami ashbo.	তুই আসবি। Tui ashbi.	তুমি আসবে। Tumi ashbe.	আপনি আসবেন। Apni ashben	সে আসবে। Se ashbe.	তিনি আসবেন Tini ashben
Future Continuous Tense					
আমি আসতে থাকব Ami ashte thakbo	তুই আসতে থাকবি Tui ashte thakbi	তুমি আসতে থাকবে Tumi ashte thakbe	আপনি আসতে থাকবেন Apni ashte thakben	সে আসতে থকবে Se ashte thakbe	তিনি আসতে থাকবেন Tini ashte thakben
Future Perfect Tense					
আমি এসে থাকব Ami eshe thakbo	তুই এসে থাকবি Tui eshe thakbi	তুমি এসে থাকবে Tumi eshe thakbe	আপনি এসে থাকবেন Apni eshe thakben	সে এসে থাকবে Se eshe thakbe	তিনি এসে থাকবেন Tini eshe thakben
Passive Voice					
Not applicable			N/A		
Negative Sense					
You need not to come.			আপনার আসার দরকার নেই। Apnar ashar dorkar nei.		
Obligatory Sense					
You should come.			আপনার আসা উচিত। Apnar asha uchit.		

Verb: to cook - রান্না করা। (ranna kora)

1st Person	2nd person (Very Familiar)	2nd person (Familiar)	2nd person (Respectable)	3rd person (Familiar)	3rd person (Respectable)
Simple Present Tense					
আমি রান্না করি। Ami **ranna** kori.	তুই রান্না করিস। Tui **ranna** koris.	তুমি রান্না কর। Tumi **ranna** koro.	আপনি রান্না করেন। Apni **ranna** koren.	সে রান্না করে। Se **ranna** kore.	তিনি রান্না করেন। Tini **ranna** koren.
Present Continuous Tense					
আমি রান্না করছি। Ami **ranna** korchhi.	তুই রান্না করছিস। Tui **ranna** korchhis.	তুমি রান্না করছ। Tumi **ranna** korchho.	আপনি রান্না করছেন। Apni **ranna** korchhen.	সে রান্না করছে। Se **ranna** korchhe.	তিনি রান্না করছেন। Tini **ranna** korchhen.
Present Perfect Tense					
আমি রান্না করেছি। Ami **ranna** korechhi	তুই রান্না করেছিস। Tui **ranna** korechhis.	তুমি রান্না করেছ। Tumi **ranna** korechho.	আপনি রান্না করেছেন। Apni **ranna** korechhen.	সে রান্না করেছে। Se **ranna** korechhe.	তিনি রান্না করেছেন। Tini **ranna** korechhen.
Simple Past Tense					
আমি রান্না করলাম। Ami **ranna** korlam.	তুই রান্না করলি। Tui **ranna** korli.	তুমি রান্না করলে। Tumi **ranna** korle.	আপনি রান্না করলেন। Apni **ranna** korlen.	সে রান্না করল। Se **ranna** korlo.	তিনি রান্না করলেন। Tini **ranna** korlen
Past Continuous Tense					
আমি রান্না করছিলাম। Ami **ranna** korchhilam.	তুই রান্না করছিলি। Tui **ranna** korchhili.	তুমি রান্না করছিলে। Tumi **ranna** korchhile.	আপনি রান্না করছিলেন। Apni **ranna** korchhilen.	সে রান্না করছিল। Se **ranna** korchhilo.	তিনি রান্না করছিলেন। Tini **ranna** korchhilen.
Past Perfect Tense					
আমি রান্না করেছিলাম। Ami **ranna** korechhilam.	তুই রান্না করেছিলি। Tui **ranna** korechhili.	তুমি রান্না করেছিলে। Tumi **ranna** korechhile.	আপনি রান্না করেছিলেন। Apni **ranna** korechhilen.	সে রান্না করেছিল। Se **ranna** korechhilo.	তিনি রান্না করেছিলেন। Tini **ranna** korechhilen.
Simple Future Tense					
আমি রান্না করব। Ami **ranna** korbo.	তুই রান্না করবি। Tui **ranna** korbi.	তুমি রান্না করবে। Tumi **ranna** korbe.	আপনি রান্না করবেন। Apni **ranna** korben	সে রান্না করবে। Se **ranna** korbe.	তিনি রান্না করবেন। Tini **ranna** korben
Future Continuous Tense					
আমি রান্না করতে থাকব। Ami **raana** korte thakbo	তুই রান্না করতে থাকবি। Tui **raana** korte thakbi	তুমি রান্না করতে থাকবে। Tumi **raana** korte thakbe	আপনি রান্না করতে থাকবেন। Apni **raana** korte thakben	সে রান্না করতে থাকবে। Se **raana** korte thakbe	তিনি রান্না করতে থাকবেন। Tini **raana** korte thakben
Future Perfect Tense					
আমি রান্না করে থাকব। Ami **ranna** kore thakbo	তুই রান্না করে থাকবি। Tui **ranna** kore thakbi	তুমি রান্না করে থাকবে। Tumi **ranna** kore thakbe	আপনি রান্না করে থাকবেন। Apni **ranna** kore thakben	সে রান্না করে থাকবে। Se **ranna** kore thakbe	তিনি রান্না করে থাকবেন। Tini **ranna** kore thakben

Passive Voice	
The food is cooked.	খাবার রান্না করা হল। Khabar **ranna** kora hoilo.

Negative Sense	
The food is not yet cooked..	এখনো রান্না হয়নি। Ekhono **ranna** hoyni.

Obligatory Sense	
Food should be cooked with easily digestible vegetables.	খাবারে সুপাচ্য সবজি **রান্না** করা উচিত। Khabare supachya shobji **ranna** kora uchit.

Verb: to cry- কাঁদা। (kanda)

1st Person	2nd person (Very Familiar)	2nd person (Familiar)	2nd person (Respectable)	3rd person (Familiar)	3rd person (Respectable)
Simple Present Tense					
আমি কাঁদি। Ami kandi.	তুই কাঁদিস। Tui kandis.	তুমি কাঁদ। Tumi kando.	আপনি কাঁদেন। Apni kanden.	সে কাঁদে। Se kande.	তিনি কাঁদেন। Tini kanden.
Present Continuous Tense					
আমি কাঁদছি। Ami kandchhi.	তুই কাঁদছিস। Tui kandchhis.	তুমি কাঁদছ। Tumi kandchho.	আপনি কাঁদছেন। Apni kandchhen.	সে কাঁদছে। Se kandchhe.	তিনি কাঁদছেন। Tini kandchhen.
Present Perfect Tense					
আমি কেঁদেছি। Ami kendechhi	তুই কেঁদেছিস। Tui kendechhis.	তুমি কেঁদেছ। Tumi kendechho.	আপনি কেঁদেছেন। Apni kendechhen.	সে কেঁদেছে। Se kendechhe.	তিনি কেঁদেছেন। Tini kendechhen.
Simple Past Tense					
আমি কাঁদলাম। Ami kandlam.	তুই কাঁদলি। Tui kandli.	তুমি কাঁদলে। Tumi kandle.	আপনি কাঁদলেন। Apni kandlen.	সে কাঁদল। Se kandlo.	তিনি কাঁদলেন। Tini kandlen
Past Continuous Tense					
আমি কাঁদছিলাম। Ami kandchhilam.	তুই কাঁদছিলি। Tui kandchhili.	তুমি কাঁদছিলে। tumi kandchhile.	আপনি কাঁদছিলেন। Apni kandchhilen.	সে কাঁদছিল। Se kandchhilo.	তিনি কাঁদছিলেন। Tini kandchhilen.
Past Perfect Tense					
আমি কেঁদেছিলাম। Ami kendechhilam.	তুই কেঁদেছিলি। Tui kendechhili.	তুমি কেঁদেছিলে। Tumi kendechhile.	আপনি কেঁদেছিলেন। Apni kendechhilen.	সে কেঁদেছিল। Se kendechhilo.	তিনি কেঁদেছিলেন। Tini kendechhilen.
Simple Future Tense					
আমি কাঁদব। Ami kandbo.	তুই কাঁদবি। Tui kandbi.	তুমি কাঁদবে। Tumi kandbe.	আপনি কাঁদবেন। Apni kandben	সে কাঁদবে। Se kandbe.	তিনি কাঁদবেন। Tini kandben
Future Continuous Tense					
আমি কাঁদতে থাকব Ami kandte thakbo	তুই কাঁদতে থাকবি Tui kandte thakbi	তুমি কাঁদতে থাকবে Tumi kandte thakbe	আপনি কাঁদতে থাকবেন Apni kandte thakben	সে কাঁদতে থাকবে Se kandte thakbe	তিনি কাঁদতে থাকবেন Tini kandte thakben
Future Perfect Tense					
N/A	N/A	N/A	N/A	N/A	N/A
Passive Voice					
Not apllicable			N/A		
Negative Sense					
Do not cry.			কাঁদবেন না । Kandben na.		
Obligatory Sense					
You should not cry.			আপনার কাঁদা উচিত নয়। Apnar kanda uchit noy.		

Verb: to dance- নাচা। (**na**cha)

1st Person	2nd person (Very Familiar)	2nd person (Familiar)	2nd person (Respectable)	3rd person (Familiar)	3rd person (Respectable)
Simple Present Tense					
আমি **না**চি। Ami **na**chi.	তুই **না**চিস। Tui **na**chis.	তুমি **না**চ। Tumi **na**cho.	আপনি **না**চেন। Apni **na**chen.	সে **না**চে। Se **na**che.	তিনি **না**চেন। Tini **na**chen.
Present Continuous Tense					
আমি **না**চছি। Ami **na**chchhi.	তুই **না**চছিস। Tui **na**chchhis.	তুমি **না**চছ। Tumi **na**chchho.	আপনি **না**চছেন। Apni **na**chchhen.	সে **না**চছে। Se **na**chchhe.	তিনি **না**চছেন। Tini **na**chchhen.
Present Perfect Tense					
আমি **নে**চেছি। Ami **ne**chechhi.	তুই **নে**চেছিস। Tui **ne**chechhis.	তুমি **নে**চেছ। Tumi **ne**chechho.	আপনি **নে**চেছেন। Apni **ne**chechhen.	সে **নে**চেছে। Se **ne**chechhe.	তিনি **নে**চেছেন। Tini **ne**chechhen.
Simple Past Tense					
আমি **না**চলাম। Ami **na**chlam.	তুই **না**চলি। Tui **na**chli.	তুমি **না**চলে। Tumi **na**chle.	আপনি **না**চলেন। Apni **na**chlen.	সে **না**চল। Se **na**chlo.	তিনি **না**চলেন। Tini **na**chlen
Past Continuous Tense					
আমি **না**চছিলাম। Ami **na**chchhilam.	তুই **না**চছিলি। Tui **na**chchhili.	তুমি **না**চছিলে। tumi **na**chchhile.	আপনি **না**চছিলেন। Apni **na**chchhilen.	সে **না**চছিল। Se **na**chchhilo.	তিনি **না**চছিলেন। Tini **na**chchhilen.
Past Perfect Tense					
আমি **নে**চেছিলাম। Ami **ne**chechhilam.	তুই **নে**চেছিলি। Tui **ne**chechhili.	তুমি **নে**চেছিলে। Tumi **ne**chechhile.	আপনি **নে**চেছিলেন। Apni **ne**chechhilen.	সে **নে**চেছিল। Se **ne**chechhilo.	তিনি **নে**চেছিলেন। Tini **ne**chechhilen.
Simple Future Tense					
আমি **না**চব। Ami **na**chbo.	তুই **না**চবি। Tui **na**chbi.	তুমি **না**চবে। Tumi **na**chbe.	আপনি **না**চবেন। Apni **na**chben	সে **না**চবে। Se **na**chbe.	তিনি **না**চবেন। Tini **na**chben
Future Continuous Tense					
আমি **না**চতে থাকব Ami nachte thakbo	তুই **না**চতে থাকবি Tui nachte thakbi	তুমি **না**চতে থাকবে Tumi nachte thakbe	আপনি **না**চতে থাকবেন Apni nachte thakben	সে **না**চতে থাকবে Se nachte thakbe	তিনি **না**চতে থাকবেন Tini nachte thaben
Future Perfect Tense					
আমি **নে**চে থাকব Ami neche thakbo	তুই **নে**চে থাকবি Tui neche thakbi	তুমি **নে**চে থাকবে Tumi neche thakbe	আপনি **নে**চে থাকবেন Apni neche thakben	সে **নে**চে থাকবে Se neche thakbe	তিনি **নে**চে থাকবেন Tini neche thakben
Passive Voice					
Fox trot was danced by all participants.			সকল প্রতিযোগীদ্বারা ফক্স ট্রট **না**চা হল। Sokol protijogi dara fox trot **na**cha holoo.		
Negative Sense					
Do not dance in public place.			সর্ব সাধারণ স্থলে **না**চবেন **না**। Shorbo shadharon sthole **na**chben na.		
Obligatory Sense					
Your should dance for health.			আপনার স্বাস্থ্যর জন্য **না**চা উচিত। Apnar shasthyer janya **na**cha uchit.		

BENGALI LANGUAGE: 101 BENGALI VERBS

Verb: to decide- **নির্ণয়** করা। (**nirnoy** kora)

This verb 'to decide' or **নির্ণয়** করা *is made up of two words and constructed by adding 'do' to the noun form of 'decide', hence while speaking stress is always on* **নির্ণয়** *.*

1st Person	2nd person (Very Familiar)	2nd person (Familiar)	2nd person (Respectable)	3rd person (Familiar)	3rd person (Respectable)
Simple Present Tense					
আমি **নির্ণয়** করি। Ami **nirnoy** kori.	তুই **নির্ণয়** করিস। Tui **nirnoy** koris.	তুমি **নির্ণয়** কর। Tumi **nirnoy** koro.	আপনি **নির্ণয়** করেন। Apni **nirnoy** koren.	সে **নির্ণয়** করে। Se **nirnoy** kore.	তিনি **নির্ণয়** করেন। Tini **nirnoy** koren.
Present Continuous Tense					
আমি **নির্ণয়** করছি। Ami **nirnoy** korchhi.	তুই **নির্ণয়** করছিস। Tui **nirnoy** korchhis.	তুমি **নির্ণয়** করছ। Tumi **nirnoy** korchho.	আপনি **নির্ণয়** করছেন। Apni **nirnoy** korchhen.	সে **নির্ণয়** করছে। Se **nirnoy** korchhe.	তিনি **নির্ণয়** করছেন। Tini **nirnoy** korchhen.
Present Perfect Tense					
আমি **নির্ণয়** করেছি। Ami **nirnoy** korechhi	তুই **নির্ণয়** করেছিস। Tui **nirnoy** korechhis.	তুমি **নির্ণয়** করেছ। Tumi **nirnoy** korechho.	আপনি **নির্ণয়** করেছেন। Apni **nirnoy** korechhen.	সে **নির্ণয়** করেছে। Se **nirnoy** korechhe.	তিনি **নির্ণয়** করেছেন। Tini **nirnoy** korechhen.
Simple Past Tense					
আমি **নির্ণয়** করলাম। Ami **nirnoy** korlam.	তুই **নির্ণয়** করলি। Tui **nirnoy** korli.	তুমি **নির্ণয়** করলে। Tumi **nirnoy** korle.	আপনি **নির্ণয়** করলেন। Apni **nirnoy** korlen.	সে **নির্ণয়** করল। Se **nirnoy** korlo.	তিনি **নির্ণয়** করলেন। Tini **nirnoy** korlen
Past Continuous Tense					
আমি **নির্ণয়** করছিলাম। Ami **nirnoy** korchhilam.	তুই **নির্ণয়** করছিলি। Tui **nirnoy** korchhili.	তুমি **নির্ণয়** করছিলে। tumi **nirnoy** korchhile.	আপনি **নির্ণয়** করছিলেন। Apni **nirnoy** korchhilen.	সে **নির্ণয়** করছিল। Se **nirnoy** korchhilo.	তিনি **নির্ণয়** করছিলেন। Tini **nirnoy** korchhilen.
Past Perfect Tense					
আমি **নির্ণয়** করেছিলাম। Ami **nirnoy** korechhilam.	তুই **নির্ণয়** করেছিলি। Tui **nirnoy** korechhili.	তুমি **নির্ণয়** করেছিলে। Tumi **nirnoy** korechhile.	আপনি **নির্ণয়** করেছিলেন। Apni **nirnoy** korechhilen.	সে **নির্ণয়** করেছিল। Se **nirnoy** korechhilo.	তিনি **নির্ণয়** করেছিলেন। Tini **nirnoy** korechhilen.
Simple Future Tense					
আমি **নির্ণয়** করব। Ami **nirnoy** korbo.	তুই **নির্ণয়** করবি। Tui **nirnoy** korbi.	তুমি **নির্ণয়** করবে। Tumi **nirnoy** korbe.	আপনি **নির্ণয়** করবেন। Apni **nirnoy** korben	সে **নির্ণয়** করবে। Se **nirnoy** korbe.	তিনি **নির্ণয়** করবেন। Tini **nirnoy** korben
Future Continuous Tense					
আমি **নির্ণয়** করতে থাকব Ami nirnoy korte thakbo	তুই **নির্ণয়** করতে থাকবি Tui nirnoy korte thakbi	তুমি **নির্ণয়** করতে থাকবে Tumi **nirnoy** korte thakbe	আপনি **নির্ণয়** করতে থাকবেন Apni **nirnoy** korte thakben	সে **নির্ণয়** করতে থাকবে Se **nirnoy** korte thakbe	তিনি **নির্ণয়** করতে করতে থাকবেন Tini **nirnoy** korte thakben
Future Perfect Tense					
আমি **নির্ণয়** করে থাকব Ami **nirnoy** kore thakbo	তুই **নির্ণয়** করে থাকবি Tui **nirnoy** kore thakbi	তুমি **নির্ণয়** করে থাকবে Tumi **nirnoy** kore thakbe	আপনি **নির্ণয়** করে থাকবেন Apni **nirnoy** kore thakben	সে **নির্ণয়** করে থাকবে Se **nirnoy** kore thakbe	তিনি **নির্ণয়** করে থাকবেন Tini **nirnoy** kore thakben

Passive Voice	
The case was decided in his favor.	মামলার **নির্ণয়** তার পক্ষে করা হল।
	Mamlar **nirnoy** tar pokkhey kora holo.
Negative Sense	
The case is not yet decided.	মামলার **নির্ণয়** এখনো হয়নি।
	Mamlar **nirnoy** ekhono hoyni.
Obligatory Sense	
The case should be decided in our favor.	মামলার **নির্ণয়** আমাদের পক্ষে হওয়া উচিত।
	Mamlar **nirnoy** amader pokkhe howa uchit.

Verb: to decrease- কমানো । (**komano**)

1st Person	2nd person (Very Familiar)	2nd person (Familiar)	2nd person (Respectable)	3rd person (Familiar)	3rd person (Respectable)
Simple Present Tense					
আমি **কমা**ই। Ami **koma**i.	তুই **কমা**স। Tui **koma**s.	তুমি **কমা**ও। Tumi **koma**o.	আপনি **কমা**ন। Apni **koma**n.	সে **কমা**য়। Se **koma**y.	তিনি **কমা**ন। Tini **koma**n.
Present Continuous Tense					
আমি **কমা**চ্ছি। Ami **koma**chhi.	তুই **কমা**চ্ছিস। Tui **koma**chchhis.	তুমি **কমা**চ্ছ। Tumi **koma**chchho.	আপনি **কমা**চ্ছেন । Apni **koma**chchhen.	সে **কমা**চ্ছে । Se **koma**chchhe.	তিনি **কমা**চ্ছেন । Tini **koma**chchhen.
Present Perfect Tense					
আমি **কমি**য়েছি। Ami **komi**yechhi.	তুই **কমি**য়েছিস। Tui **kaomi**yechhis.	তুমি **কমি**য়েছ। Tumi **komi**yechho.	আপনি **কমি**য়েছেন। Apni **komi**yechhen.	সে **কমি**য়েছে। Se **komi**yechhe.	তিনি **কমি**য়েছেন। Tini **koma**iyechhen.
Simple Past Tense					
আমি **কমা**লাম । Ami **koma**lam.	তুই **কমা**লি। Tui **koma**li.	তুমি **কমা**লে। Tumi **koma**le.	আপনি **কমা**লেন। Apni **koma**len.	সে **কমা**ল। Se **koma**lo.	তিনি **কমা**লেন। Tini **koma**len
Past Continuous Tense					
আমি **কমা**চ্ছিলাম। Ami **koma**chchhilam.	তুই **কমা**চ্ছিলি। Tui **koma**chchhili.	তুমি **কমা**চ্ছিলে। tumi **koma**chchhile.	আপনি **কমা**চ্ছিলেন। Apni **koma**chchhilen.	সে **কমা**চ্ছিল। Se **koma**chchhilo.	তিনি **কমা**চ্ছিলেন। Tini **koma**chchhilen.
Past Perfect Tense					
আমি **কমি**য়েছিলাম। Ami **komi**yechhilam.	তুই **কমি**য়েছিলি। Tui **komi**yechhili.	তুমি **কমি**য়েছিলে। Tumi **komi**yechhile.	আপনি **কমি**য়েছিলেন। Apni **komi**yechhilen.	সে **কমি**য়েছিল। Se **komiy**echhilo.	তিনি **কমি**য়েছিলেন। Tini **komiy**echhilen.
Simple Future Tense					
আমি **কমা**ব। Ami **koma**bo.	তুই **কমা**বি। Tui **koma**bi.	তুমি **কমা**বে। Tumi **koma**be.	আপনি **কমা**বেন। Apni **koma**ben	সে **কমা**বে। Se **koma**be.	তিনি **কমা**বেন। Tini **koma**ben
Future Continuous Tense					
আমি **কমা**তে থাকব Ami **kom**ate thakbo	তুই **কমা**তে থাকবি Tui **kom**ate thakbi	তুমি **কমা**তে থাকবে Tumi **kom**ate thakbe	আপনি **কমা**তে থাকবেন Apni **kom**ate thakben	সে **কমা**তে থাকবে Se **kom**ate thakbe	তিনি **কমা**তে থাকবেন Tini **kom**ate thakben
Future Perfect Tense					
আমি **কমি**য়ে থাকব Ami komiye thakbo	তুই **কমি**য়ে থাকবি Tui **komi**ye thakbi	তুমি **কমি**য়ে থাকবে Tumi **komi**ye thakbe	আপনি **কমি**য়ে থাকবেন Apni **komi**ye thakben	সে **কমি**য়ে থাকবে Se **komi**iye thakbe	তিনি **কমি**য়ে থাকবেন Tini **komi**ye thakben
Passive Voice					
Road distance was decreased.			রাস্তার দুরত্ব **কমা**নো হয়েছিল Rastar durotto **kome** gelo.		
Negative Sense					
Distances cannot be decreased without the help of improved technologies.			উন্নত প্রযুক্তির **সাহায্য** ছাড়া দুরত্ব **কমা**নো সম্ভব নয়। Unnoto projuktir sahajjo chara durotto **komano** shombhob noy..		
Obligatory Sense					
Salaries should not be decreased.			বেতন **কমা**নো উচিত নয়। Beton **komano** uchit noy.		

Bengali Language: 101 Bengali Verbs

Verb: to die- মরা (mora)

1st Person	2nd person (Very Familiar)	2nd person (Familiar)	2nd person (Respectable)	3rd person (Familiar)	3rd person (Respectable)
Simple Present Tense					
আমি মরি। Ami **mor**i.	তুই **মর**িস। Tui **mor**is.	তুমি **মর**। Tumi **mor**o.	আপনি **মর**েন। Apni **mor**en.	সে **মর**ে। Se **mor**e.	তিনি **মর**েন। Tini **mor**en.
Present Continuous Tense					
আমি মরছি। Ami **mor**chhi.	তুই **মর**ছিস। Tui **mor**chhis.	তুমি **মর**ছ। Tumi **mor**chho.	আপনি **মর**ছেন। Apni **mor**chhen.	সে **মর**ছে। Se **mor**chhe.	তিনি **মর**ছেন। Tini **mor**chhen.
Present Perfect Tense					
আমি মরেছি। Ami **mor**echhi.	তুই **মর**েছিস। Tui **mor**echhis.	তুমি **মর**েছ। Tumi **mor**echho.	আপনি **মর**েছেন। Apni **mor**echhen.	সে **মর**েছে। Se **mor**echhe.	তিনি **মর**েছেন। Tini **mor**echhen.
Simple Past Tense					
আমি মরলাম। Ami **mor**lam.	তুই **মর**লি। Tui **mor**li.	তুমি **মর**লে। Tumi **mor**le.	আপনি **মর**লেন। Apni **mor**len.	সে **মর**ল। Se **mor**lo.	তিনি **মর**লেন Tini **mor**len
Past Continuous Tense					
আমি মরছিলাম। Ami **mor**chhilam.	তুই **মর**ছিলি। Tui **mor**chhili.	তুমি **মর**ছিলে। tumi **mor**chhile.	আপনি **মর**ছিলেন। Apni **mor**chhilen.	সে **মর**ছিল। Se **mor**chhilo.	তিনি **মর**ছিলেন। Tini **mor**chhilen.
Past Perfect Tense					
আমি মরে গিয়েছিলাম। Ami **more** giiyechhilam.	তুই **মরে** গিয়েছিলি। Tui **more** giyechhili.	তুমি **মরে** গিয়েছিলে। Tumi **more** giyechhile.	আপনি **মরে** গিয়েছিলেন। Apni **more** giyechhilen.	সে **মরে** গিয়েছিল। Se **more** giyechhilo.	তিনি **মরে** গিয়েছিলেন। Tini **more** giyechhilen.
Simple Future Tense					
আমি মরব। Ami **mor**bo.	তুই **মর**বি। Tui **mor**bi.	তুমি **মর**বে। Tumi **mor**be.	আপনি **মর**বেন। Apni **mor**ben	সে **মর**বে। Se **mor**be.	তিনি **মর**বেন। Tini **mor**ben
Future Continuous Tense					
আমি মরতে থাকব Ami **mor**te thakbo	তুই **মর**তে থাকবি Tui **mor**te thakbi	তুমি **মর**তে থাকবে Tumi **mor**te thakbe	আপনি **মর**তে থাকবেন Apni **mor**te thakben	সে **মর**তে থাকবে Se **mor**te thakbe	তিনি **মর**তে থাকবেন Tini **mor**te thakben
Future Perfect Tense					
N/A	N/A	N/A	N/A	N/A	N/A
Passive Voice					
Not applicable			N/A		
Negative Sense					
He cannot die.			সে মরতে পারেনা। Se **mor**te parena.		
Obligatory Sense					
No one should die of hunger.			কারুর ক্ষুধায় মরা উচিত নয়। Karur khudhay **mormora** uchit noy.		

Bengali Language: 101 Bengali Verbs

Verb: to do- করা। (kora)

1st Person	2nd person (Very Familiar)	2nd person (Familiar)	2nd person (Respectable)	3rd person (Familiar)	3rd person (Respectable)
Simple Present Tense					
আমি করি। Ami kori.	তুই করিস। Tui koris.	তুমি কর। Tumi koro.	আপনি করেন। Apni koren.	সে করে। Se kore.	তিনি করেন। Tini koren.
Present Continuous Tense					
আমি করছি। Ami korchhi.	তুই করছিস। Tui korchhis.	তুমি করছ। Tumi korchh.	আপনি করছেন। Apni korchhen.	সে করছে। Se korchhe.	তিনি করছেন। Tini korchhen.
Present Perfect Tense					
আমি করেছি। Ami korechhi.	তুই করেছিস। Tui korechhis.	তুমি করেছ। Tumi korechho.	আপনি করেছেন। Apni korechhen.	সে করেছে। Se korechhe.	তিনি করেছেন। Tini korechhen.
Simple Past Tense					
আমি করলাম। Ami korlam.	তুই করলি। Tui korli.	তুমি করলে। Tumi korle.	আপনি করলেন। Apni korlen.	সে করল। Se korlo.	তিনি করলেন। Tini korlen
Past Continuous Tense					
আমি করছিলাম। Ami korchhilam.	তুই করছিলি। Tui korchhili.	তুমি করছিলে। tumi korchhile.	আপনি করছিলেন। Apni korchhilen.	সে করছিল। Se korchhilo.	তিনি করছিলেন। Tini korchhilen.
Past Perfect Tense					
আমি করেছিলাম। Ami korechhilam.	তুই করেছিলি। Tui korechhili.	তুমি করেছিলে। Tumi korechhile.	আপনি করেছিলেন। Apni korechhilen.	সে করেছিল। Se korechhilo.	তিনি করেছিলেন। Tini korechhilen.
Simple Future Tense					
আমি করব। Ami korbo.	তুই করবি। Tui korbi.	তুমি করবে। Tumi korbe.	আপনি করবেন। Apni korben	সে করবে। Se korbe.	তিনি করবেন। Tini korben
Future Continuous Tense					
আমি করতে থাকব Ami korte thakbo	তুই করতে থাকবি Tui korte thakbi	তুমি করতে থাকবে Tumi korte thakbe	আপনি করতে থাকবেন Apni korte thakben	সে করতে থাকবে Se korte thakbe	তিনি করতে থাকবেন Tini korte thakben
Future Perfect Tense					
আমি করে থাকব Ami kore thakbo	তুই করে থাকবি Tui kore thakbi	তুমি করে থাকবে Tumi kore thakbe	আপনি করে থাকবেন Apni kore thakben	সে করে থাকবে Se kore thakbe	তিনি করে থাকবেন Tini kore thakben

Passive Voice	
The job was done by him.	কাজটা তার দ্বারা করা হল। Kajta tar dara kora holoo.
Negative Sense	
He cannot do.	সে করতে পারেনা। Se korte parena.
Obligatory Sense	
You should do some job.	তোমার কিছু কাজ করা উচিত Tomar kichu kaj kora uchit.

Bengali Language: 101 Bengali Verbs

Verb: to drink - পান করা। (pan kora)

1st Person	2nd person (Very Familiar)	2nd person (Familiar)	2nd person (Respectable)	3rd person (Familiar)	3rd person (Respectable)
Simple Present Tense					
আমি পান করি। Ami **pan** kori.	তুই পান করিস। Tui **pan** koris.	তুমি পান কর। Tumi **pan** koro.	আপনি পান করেন। Apni **pan** koren.	সে পান করে। Se **pan** kore.	তিনি পান করেন। Tini **pan** koren.
Present Continuous Tense					
আমি পান করছি। Ami **pan** korchhi.	তুই পান করছিস। Tui **pan** korchhis.	তুমি পান করছ। Tumi **pan** korchho.	আপনি পান করছেন। Apni **pan** korchhen.	সে পান করছে। Se **pan** korchhe.	তিনি পান করছেন। Tini **pan** korchhen.
Present Perfect Tense					
আমি পান করেছি। Ami **pan** korechhi	তুই পান করেছিস। Tui **pan** korechhis.	তুমি পান করেছ। Tumi **pan** korechho.	আপনি পান করেছেন। Apni **pan** korechhen.	সে পান করেছে। Se **pan** korechhe.	তিনি পান করেছেন। Tini **pan** korechhen.
Simple Past Tense					
আমি পান করলাম। Ami **pan** korlam.	তুই পান করলি। Tui **pan** korli.	তুমি পান করলে। Tumi **pan** korle.	আপনি পান করলেন। Apni **pan** korlen.	সে পান করল। Se **pan** korlo.	তিনি পান করলেন Tini **pan** korlen
Past Continuous Tense					
আমি পান করছিলাম। Ami **pan** korchhilam.	তুই পান করছিলি। Tui **pan** korchhili.	তুমি পান করছিলে। tumi **pan** korchhile.	আপনি পান করছিলেন। Apni **pan** korchhilen.	সে পান করছিল। Se **pan** korchhilo.	তিনি পান করছিলেন। Tini **pan** korchhilen.
Past Perfect Tense					
আমি পান করেছিলাম। Ami **pan** korechhilam.	তুই পান করেছিলি। Tui **pan** korechhili.	তুমি পান করেছিলে। Tumi **pan** korechhile.	আপনি পান করেছিলেন। Apni **pan** korechhilen.	সে পান করেছিল। Se **pan** korechhilo.	তিনি পান করেছিলেন। Tini **pan** korechhilen.
Simple Future Tense					
আমি পান করব। Ami **pan** korbo.	তুই পান করবি। Tui **pan** korbi.	তুমি পান করবে। Tumi **pan** korbe.	আপনি পান করবেন। Apni **pan** korben	সে পান করবে। Se **pan** korbe.	তিনি পান করবেন Tini **pan** korben
Future Continuous Tense					
আমি পান করতে থাকব Ami **pan** korte thakbo	তুই পান করতে থাকবি Tui **pan** korte thakbi	তুমি পান করতে থাকবে Tumi **pan** korte thakbe	আপনি পান করতে থাকবেন Apni **pan** korte thakben	সে পান করতে থাকবে Se **pan** korte thakbe	তিনি পান করতে থাকবেন Tin **pan** korte thakben
Future Perfect Tense					
আমি পান করে থাকব Ami **pan** kore thakbo	তুই পান করে থাকবি Tui **pan** kore thakbi	তুমি পান করে থাকবে Tumi **pan** kore thakbe	আপনি পান করে থাকবেন Apni **pan** kore thakben	সে পান করে থাকবে Se **pan** kore thakbe	তিনি পান করে থাকবেন Tini **pan** kore thakben
Passive Voice					
He is dead drunk.			সে মদ্য পান_করে মাতাল হয়েছে। Se moddyo **pan** kore matal hoyeche.		
Negative Sense					
Do not drink too much alcohol.			অতিরিক্ত মদ্য**পান** করবেন না। Otirikto maddyo**pan** korben na.		

Obligatory Sense	
You should drink enough water for good health..	আপনার ভালো স্বাস্থ্যের জন্য পর্যাপ্ত পানি **পান** করা উচিত। Apnar bhalo shasthyer janya parjapto pani **pan** kora uchit.

Verb: to drive- **চালান**। (**chala**no)

1st Person	2nd person (Very Familiar)	2nd person (Familiar)	2nd person (Respectable)	3rd person (Familiar)	3rd person (Respectable)
Simple Present Tense					
আমি **চালা**ই। Ami **chala**i.	তুই **চালা**স। Tui **chala**s.	তুমি **চালা**ও। Tumi **chala**o.	আপনি **চালা**ন। Apni **chala**n.	সে **চালা**য়। Se **chala**y.	তিনি **চালা**ন। Tini **chala**n.
Present Continuous Tense					
আমি **চালা**চ্ছি। Ami **chala**chhi.	তুই **চালা**চ্ছিস। Tui **chala**chhis.	তুমি **চালা**চ্ছ। Tumi **chala**chho.	আপনি **চালা**চ্ছেন। Apni **chala**chhen.	সে **চালা**চ্ছে। Se **chala**chhe.	তিনি **চালা**চ্ছেন। Tini **chala**chhen.
Present Perfect Tense					
আমি **চালি**য়েছি। Ami **chali**yechhi.	তুই **চালি**য়েছিস। Tui **chali**yechhis.	তুমি **চালি**য়েছ। Tumi **chali**yechho.	আপনি **চালি**য়েছেন। Apni **chali**yechhen.	সে **চালি**য়েছে। Se **chali**yechhe.	তিনি **চালি**য়েছেন। Tini **chali**yechhen.
Simple Past Tense					
আমি **চালা**লাম। Ami **chala**lam.	তুই **চালা**লি। Tui **chala**li.	তুমি **চালা**লে। Tumi **chala**le.	আপনি **চালা**লেন। Apni **chala**len.	সে **চালা**ল। Se **chala**lo.	তিনি **চালা**লেন। Tini **chala**len
Past Continuous Tense					
আমি **চালা**চ্ছিলাম। Ami **chala**chhilam.	তুই **চালা**চ্ছিলি। Tui **chala**chhili.	তুমি **চালা**চ্ছিলে। tumi **chala**chhile.	আপনি **চালা**চ্ছিলেন। Apni **chala**chhilen.	সে **চালা**চ্ছিল। Se **chala**chhilo.	তিনি **চালা**চ্ছিলেন। Tini **chala**chhilen.
Past Perfect Tense					
আমি **চালি**য়েছিলাম। Ami **chali**yechhilam.	তুই **চালি**য়েছিলি। Tui **chali**yechhili.	তুমি **চালি**য়েছিলে। Tumi **chali**yechhile.	আপনি **চালি**য়েছিলেন। Apni **chali**yechhilen.	সে **চালি**য়েছিল। Se **chali**yechhilo.	তিনি **চালি**য়েছিলেন। Tini **chali**yechhilen.
Simple Future Tense					
আমি **চালা**ব। Ami **chala**bo.	তুই **চালা**বি। Tui **chala**bi.	তুমি **চালা**বে। Tumi **chala**be.	আপনি **চালা**বেন। Apni **chala**ben	সে **চালা**বে। Se **chala**be.	তিনি **চালা**বেন। Tini **chala**ben
Future Continuous Tense					
আমি **চালাতে** থাকব Ami **chalate** thakbo	তুই **চালাতে** থাকবি Tui **chalate** thakbi	তুমি **চালাতে** থাকবে Tumi **chalate** thakbe	আপনি **চালাতে** থাকবেন Apni **chalate** thakben	সে **চালাতে** থাকবে Se **chalate** thakbe	তিনি **চালাতে** থাকবেন Tini **chalate** thakben
Future Perfect Tense					
আমি **চালিয়ে** থাকব Ami **chaliye** thakbo	তুই **চালিয়ে** থাকবি Tui **chaliye** thakbi	তুমি **চালিয়ে** থাকবে Tumi **chaliye** thakbe	আপনি **চালিয়ে** থাকবেন Apni **chaliye** thakben	সে **চালিয়ে** থাকবে Se **chaliye** thakbe	তিনি **চালিয়ে** থাকবেন Tini **chaliye** thakben
Passive Voice					
The car was driven by him.			গাড়ি তার দ্বারা **চালা**নো হয়েছিল। Gari tar dara **chala**no hoyechhilo.		
Negative Sense					
He cannot drive.			সে **চালা**তে পারেনা। Se **chalate** parena.		
Obligatory Sense					
You should drive cautiously.			আপনার সাবধানে **চালা**নো উচিত। Apnar shabdhane **chala**no uchit.		

Bengali Language: 101 Bengali Verbs

Verb: to eat- খাওয়া। (khaowa)

1st Person	2nd person (Very Familiar)	2nd person (Familiar)	2nd person (Respectable)	3rd person (Familiar)	3rd person (Respectable)
Simple Present Tense					
আমি খাই। Ami khai.	তুই খাস। Tui khas.	তুমি খাও। Tumi khao.	আপনি খান। Apni khan.	সে খায়। Se khay.	তিনি খান। Tini khan.
Present Continuous Tense					
আমি খাচ্ছি। Ami khachhi.	তুই খাচ্ছিস। Tui khachhis.	তুমি খাচ্ছ। Tumi khachho.	আপনি খাচ্ছেন। Apni khachhen.	সে খাচ্ছে। Se khachhe.	তিনি খাচ্ছেন। Tini khachhen.
Present Perfect Tense					
আমি খেয়েছি। Ami kheyechhi.	তুই খেয়েছিস। Tui kheyechhis.	তুমি খেয়েছ। Tumi kheyechho.	আপনি খেয়েছেন। Apni kheyechhen.	সে খেয়েছে। Se kheyechhe.	তিনি খেয়েছেন। Tini kheyechhen.
Simple Past Tense					
আমি খেলাম। Ami khelam.	তুই খেলি। Tui kheli.	তুমি খেলে। Tumi khele.	আপনি খেলেন। Apni khelen.	সে খেল। Se khelo.	তিনি খেলেন Tini khelen
Past Continuous Tense					
আমি খাচ্ছিলাম। Ami khachhilam.	তুই খাচ্ছিলি। Tui khachhili.	তুমি খাচ্ছিলে। tumi khachhile.	আপনি খাচ্ছিলেন। Apni khachhilen.	সে খাচ্ছিল। Se khachhilo.	তিনি খাচ্ছিলেন। Tini khachhilen.
Past Perfect Tense					
আমি খেয়েছিলাম। Ami kheyechhilam.	তুই খেয়েছিলি। Tui kheyechhili.	তুমি খেয়েছিলে। Tumi kheyechhile.	আপনি খেয়েছিলেন। Apni kheyechhilen.	সে খেয়েছিল। Se kheyechhilo.	তিনি খেয়েছিলেন। Tini kheyechhilen.
Simple Future Tense					
আমি খাব। Ami khabo.	তুই খাবি। Tui khabi.	তুমি খাবে। Tumi khabe.	আপনি খাবেন Apni khaben	সে খাবে। Se khabe.	তিনি খাবেন Tini khaben
Future Continuous Tense					
আমি খেতে থাকব Ami khete thakbo	তুই খেতে থাকবি Tui khete thakbi	তুমি খেতে থাকবে Tumi khete thakbe	আপনি খেতে থাকবেন Apni khete thakben	সে খেতে থাকবেন Se khete thakbe	তিনি খেতে থাকবেন Tini khete thakben
Future Perfect Tense					
আমি খেয়ে থাকব Ami kheye thakbo	তুই খেয়ে থাকবি Tui kheye thakbi	তুমি খেয়ে থাকবে Tumi kheye thakbe	আপনি খেয়ে থাকবেন Apni kheye thakben	সে খেয়ে থাকবে Se kheye thakbe	তিনি খেয়ে থাকবেন Tini kheye thakben
Passive Voice					
Fruits were eaten by all.			সবার দ্বারা ফল খাওয়া হল Shobar dara fol khaowa holo.		
Negative Sense					
He cannot eat with left hand.			সে বাম হাতে খেতে পারেনা। Se bam hate khete parena.		
Obligatory Sense					
Everybody should eat healthy food.			সবার স্বাস্থ্যবর্ধক খাবার খাওয়া উচিত। shobar shashtho bordhok khabar khaowa uchit.		

BENGALI LANGUAGE: 101 BENGALI VERBS

Verb: to enter- ঢোকা। (**dho**ka)

1st Person	2nd person (Very Familiar)	2nd person (Familiar)	2nd person (Respectable)	3rd person (Familiar)	3rd person (Respectable)
Simple Present Tense					
আমি ঢুকি। Ami **dhu**ki.	তুই ঢুকিস। Tui **dhu**kis.	তুমি ঢোক। Tumi **dho**ko.	আপনি ঢোকেন। Apni **dho**ken.	সে ঢোকে। Se **dho**ke.	তিনি ঢোকেন। Tini **dho**ken.
Present Continuous Tense					
আমি ঢুকছি। Ami **dhu**kchhi.	তুই ঢুকছিস। Tui **dhu**kchhis.	তুমি ঢুকছ। Tumi **dhu**kchho.	আপনি ঢুকছেন। Apni **dhu**kchhen.	সে ঢুকছে। Se **dhu**kchhe.	তিনি ঢুকছেন। Tini **dhu**kchhen.
Present Perfect Tense					
আমি ঢুকেছি। Ami **dhu**kechhi.	তুই ঢুকেছিস। Tui **dhu**kechhis.	তুমি ঢুকেছ। Tumi **dhu**kechho.	আপনি ঢুকেছেন। Apni **dhu**kechhen.	সে ঢুকেছে। Se **dhu**kechhe.	তিনি ঢুকেছেন। Tini **dhu**kechhen.
Simple Past Tense					
আমি ঢুকলাম। Ami **dhu**klam.	তুই ঢুকলি। Tui **dhu**kli.	তুমি ঢুকলে। Tumi **dhu**kle.	আপনি ঢুকলেন। Apni **dhu**klen.	সে ঢুকল। Se **dhu**klo.	তিনি ঢুকলেন। Tini **dhu**klen
Past Continuous Tense					
আমি ঢুকছিলাম। Ami **dhu**kchhilam.	তুই ঢুকছিলি। Tui **dhu**kchhili.	তুমি ঢুকছিলে। tumi **dhu**kchhile.	আপনি ঢুকছিলেন। Apni **dhu**kchhilen.	সে ঢুকছিল। Se **dhu**kchhilo.	তিনি ঢুকছিলেন। Tini **dhu**kchhilen.
Past Perfect Tense					
আমি ঢুকেছিলাম। Ami **dhu**kechhilam.	তুই ঢুকেছিলি। Tui **dhu**kechhili.	তুমি ঢুকেছিলে। Tumi **dhu**kechhile.	আপনি ঢুকেছিলেন। Apni **dhu**kechhilen.	সে ঢুকেছিল। Se **dhu**kechhilo.	তিনি ঢুকেছিলেন। Tini **dhu**kechhilen.
Simple Future Tense					
আমি ঢুকব। Ami **dhu**kbo.	তুই ঢুকবি। Tui **dhu**kbi.	তুমি ঢুকবে। Tumi **dhu**kbe.	আপনি ঢুকবেন। Apni **dhu**kben	সে ঢুকবে। Se **dhu**kbe.	তিনি ঢুকবেন। Tini **dhu**kben
Future Continuous Tense					
আমি ঢুকতে থাকব Ami **dhu**kte thakbo	তুই ঢুকতে থাকবি Tui **dhu**kte thakbi	তুমি ঢুকতে থাকবে Tumi **dhu**kte thakbe	আপনি ঢুকতে থাকবেন Apni **dhu**kte thakben	সে ঢুকতে থাকবে Se **dhu**kte thakbe	তিনি ঢুকতে থাকবেন Tini **dhu**kte thakben
Future Perfect Tense					
আমি ঢুকে থাকব Ami **dhu**ke thakbo	তুই ঢুকে থাকবি Tui **dhu**ke thakbi	তুমি ঢুকে থাকবে Tumi **dhu**ke thakbe	আপনি ঢুকে থাবেন Apni **dhu**ke thakben	সে ঢুকে থাকবে Se **dhu**ke thakbe	তিনি ঢুকে থকবেন Tini **dhu**ke thakben
Passive Voice					
Not applicable			N/A		
Negative Sense					
He cannot enter this room.			সে এই ঘরে ঢুকতে পারে না। Se ei ghore **dhu**kte parena.		
Obligatory Sense					
Everybody should enter the temple.			সবার মন্দিরে ঢোকা উচিত। Shobarshobar mondire **dho**ka uchit.		

Bengali Language: 101 Bengali Verbs

Verb: to exit - বেরিয়ে যাওয়া। (beriye jaowa)

1st Person	2nd person (Very Familiar)	2nd person (Familiar)	2nd person (Respectable)	3rd person (Familiar)	3rd person (Respectable)
Simple Present Tense					
আমি বেরিয়ে যাই। Ami **beriye** jai.	তুই বেরিয়ে যাস। Tui **beriye** jas.	তুমি বেরিয়ে যাও। Tumi **beriye** jao.	আপনি বেরিয়ে যান। Apni **beriye** jan.	সে বেরিয়ে যায়। Se **beriye** jay.	তিনি বেরিয়ে যান। Tini **beriye** jan.
Present Continuous Tense					
আমি বেরিয়ে যাচ্ছি। Ami **beriye** jachhi.	তুই বেরিয়ে যাচ্ছিস। Tui **beriye** jachhis.	তুমি বেরিয়ে যাচ্ছ। Tumi **beriye** jachho.	আপনি বেরিয়ে যাচ্ছেন। Apni **beriye** jachhen.	সে বেরিয়ে যাচ্ছে। Se **beriye** jachhe.	তিনি বেরিয়ে যাচ্ছেন। Tini **beriye** jachhen.
Present Perfect Tense					
আমি বেরিয়ে গেছি। Ami **beriye** gechhi.	তুই বেরিয়ে গেছিস। Tui **beriye** gechhis.	তুমি বেরিয়ে গেছ। Tumi **beriye** gechho.	আপনি বেরিয়ে গেছেন। Apni **beriye** gechhen.	সে বেরিয়ে গেছে। Se **beriye** gechhe.	তিনি বেরিয়ে গেছেন। Tini **beriye** gechhen.
Simple Past Tense					
আমি বেরিয়ে গেলাম। Ami **beriye** gelam.	তুই বেরিয়ে গেলি। Tui **beriye** geli.	তুমি বেরিয়ে গেলে। Tumi **beriye** gele.	আপনি বেরিয়ে গেলেন। Apni **beriye** gelen.	সে বেরিয়ে গেল। Se **beriye** gelo.	তিনি বেরিয়ে গেলেন Tini **beriye** gelen
Past Continuous Tense					
আমি বেরিয়ে যাচ্ছিলাম। Ami **beriye** jachhilam.	তুই বেরিয়ে যাচ্ছিলি। Tui **beriye** jachhili.	তুমি বেরিয়ে যাচ্ছিলে। tumi **beriye** jachhile.	আপনি বেরিয়ে যাচ্ছিলেন। Apni **beriye** jachhilen.	সে বেরিয়ে যাচ্ছিল। Se **beriye** jachhilo.	তিনি বেরিয়ে যাচ্ছিলেন। Tini **beriye** jachhilen.
Past Perfect Tense					
আমি বেরিয়ে গেছিলাম। Ami **beriye** gechhilam.	তুই বেরিয়ে গেছিলি। Tui **beriye** gechhili.	তুমি বেরিয়ে গেছিলে। Tumi **beriye** gechhile.	আপনি বেরিয়ে গেছিলেন। Apni **beriye** gechhilen.	সে বেরিয়ে গেছিল। Se **beriye** gechhilo.	তিনি বেরিয়ে গেছিলেন। Tini **beriye** gechhilen.
Simple Future Tense					
আমি বেরিয়ে যাব। Ami **beriye** jabo.	তুই বেরিয়ে যাবি। Tui **beriye** jabi.	তুমি বেরিয়ে যাবে। Tumi **beriye** jabe.	আপনি বেরিয়ে যাবেন Apni **beriye** jaben	সে বেরিয়ে যাবে। Se **beriye** jabe.	তিনি বেরিয়ে যাবেন। Tini **beriye** jaben
Future Continuous Tense					
আমি বেরুতে থাকব Ami **beru**te thakbo	তুই বেরুতে থাকবি Tui **beru**te thakbi	তুমি বেরুতে থাকবে Tumi **beru**te thakbe	আপনি বেরুতে থাকবেন Apni **beru**te thakben	সে বেরুতে থাকবে Se **beru**te thakbe	তিনি বেরুতে থাকবেন Tini **beru**te thakben
Future Perfect Tense					
আমি বেরিয়ে থাকব Ami **beri**ye thakbo	তুই বেরিয়ে থাকবে Tui **beri**ye thakbi	তুমি বেরিয়ে থাকবে Tumi **beri**ye thakbe	আপনি বেরিয়ে থাকবেন Apni **beri**ye thakben	সে বেরিয়ে থাকবে Se **beri**ye thakbe	তিনি বেরিয়ে থাকবেন Tini **beri**ye thakben
Passive Voice					
Not applicable.			N/A		

Negative Sense	
He cannot exit the hall till the end of the program.	সে কার্যক্রম **শেষ** হওয়া পর্যন্ত **বেরিয়ে** যেতে পারবে না।
	Se karjokrom shesh howa porjonto **beriye** jete parbe na.
Obligatory Sense	
You should exit the hall before the program begins.	কার্যক্রম আরম্ভ হওয়ার আগে আপনার **বেরিয়ে** যাওয়া উচিত।
	Karjokrom arombho howar age apnar **beriye** jaowa uchit.

Verb: to expalin- বোঝানো (bojhano)

1st Person	2nd person (Very Familiar)	2nd person (Familiar)	2nd person (Respectable)	3rd person (Familiar)	3rd person (Respectable)
Simple Present Tense					
আমি বুঝি। Ami **bujh**i.	তুই **বুঝি**স। Tui **bujh**is.	তুমি বোঝ। Tumi **bojh**o.	আপনি **বোঝে**ন। Apni **bojh**en.	সে **বোঝে**। Se **bojh**e.	তিনি **বোঝে**ন। Tini **bojh**en.
Present Continuous Tense					
আমি **বুঝ**ছি। Ami **bujh**chhi.	তুই **বুঝ**ছিস। Tui **bujh**chhis.	তুমি **বুঝ**ছ। Tumi **bujh**chho.	আপনি **বুঝ**ছেন। Apni **bujh**chhen.	সে **বুঝ**ছে। Se **bujh**chhe.	তিনি **বুঝ**ছেন। Tini **bujh**chhen.
Present Perfect Tense					
আমি **বুঝে**ছি। Ami **bujhe**chhi.	তুই **বুঝে**ছিস। Tui **bujhe**chhis.	তুমি **বুঝে**ছ। Tumi **bujhe**chho.	আপনি **বুঝে**ছেন। Apni **bujhe**chhen.	সে **বুঝে**ছে। Se **bujhe**chhe.	তিনি **বুঝে**ছেন। Tini **bujhe**chhen.
Simple Past Tense					
আমি **বুঝ**লাম। Ami **bujh**lam.	তুই **বুঝ**লি। Tui **bujh**li.	তুমি **বুঝ**লে। Tumi **bujh**le.	আপনি **বুঝ**লেন। Apni **bujh**len.	সে **বুঝ**ল। Se **bujh**lo.	তিনি **বুঝ**লেন Tini **bujh**len
Past Continuous Tense					
আমি **বুঝ**ছিলাম। Ami **bujh**chhilam.	তুই **বুঝ**ছিলি। Tui **bujh**chhili.	তুমি **বুঝ**ছিলে। tumi **bujh**chhile.	আপনি **বুঝ**ছিলেন। Apni **bujh**chhilen.	সে **বুঝ**ছিল। Se **bujh**chhilo.	তিনি **বুঝ**ছিলেন। Tini **bujh**chhilen.
Past Perfect Tense					
আমি **বুঝে**ছিলাম। Ami **bujhe**chhilam.	তুই **বুঝে**ছিলি। Tui **bujhe**chhili.	তুমি **বুঝে**ছিলে। Tumi **bujhe**chhile.	আপনি **বুঝে**ছিলেন। Apni **bujhe**chhilen.	সে **বুঝে**ছিল। Se **bujhe**chhilo.	তিনি **বুঝে**ছিলেন। Tini **bujhe**chhilen.
Simple Future Tense					
আমি **বুঝ**ব। Ami **bujh**bo.	তুই **বুঝ**বি। Tui **bujh**bi.	তুমি **বুঝ**বে। Tumi **bujh**be.	আপনি **বুঝ**বেন। Apni **bujh**ben	সে **বুঝ**বে। Se **bujh**be.	তিনি **বুঝ**বেন। Tini **bujh**ben
Future Continuous Tense					
আমি বুঝাতে থাকব Ami **bujh**ate thakbo	তুই বুঝাতে থাকবি Tui **bujh**ate thakbi	তুমি বুঝাতে থাকবে Tumi **bujh**ate thakbe	আপনি বুঝাতে থাকবেন Apni **bujh**ate thakben	সে বুঝাতে থকবে Se **bujh**ate thakbe	তিনি বুঝাতে থাকবেন Tini **bujh**ate thakben
Future Perfect Tense					
আমি **বুঝি**য়ে থাকব Ami **bujh**iye thakbo	তুই **বুঝি**য়ে থাকবি Tui **bujh**iye thakbi	তুমি **বুঝি**য়ে থাকবে Tumi **bujh**iye thakbe	আপনি **বুঝি**য়ে থাকবেন Apni **bujh**iye thakben	সে **বুঝি**য়ে থাকবে Se **bujh**iye thakbe	তিনি **বুঝি**য়ে থাকবেন Tini **bujh**iye thakben

Passive Voice	
The story was explained to him.	তাকে গল্পটা **বোঝানো** হল। Ta ke golpo ta **bojhano** holo.
Negative Sense	
Some incidents cannot be explained.	কিছু **ঘট**না **বোঝানো** যায়না। Kichhu ghotona **bojhano** jayna.
Obligatory Sense	
You should explain the situation to him.	আপনার তাকে পরিস্থিতি টি **বোঝানো** উচিত। Apnar take poristhiti ti **bojhano** uchit.

Verb: to fall - পড়ে যাওয়া। (**pore** jaowa)

1st Person	2nd person (Very Familiar)	2nd person (Familiar)	2nd person (Respectable)	3rd person (Familiar)	3rd person (Respectable)
Simple Present Tense					
আমি পড়ে যাই। Ami **pore** jai.	তুই **পড়ে** যাস। Tui **pore** jas.	তুমি **পড়ে** যাও। Tumi **pore** jao.	আপনি **পড়ে** যান। Apni **pore** jan.	সে **পড়ে** যায়। Se **pore** jay.	তিনি **পড়ে** যান। Tini **pore** jan.
Present Continuous Tense					
আমি **পড়ে** যাচ্ছি। Ami **pore** jachhi.	তুই **পড়ে** যাচ্ছিস। Tui **pore** jachhis.	তুমি **পড়ে** যাচ্ছ। Tumi **pore** jachho.	আপনি **পড়ে** যাচ্ছেন। Apni **pore** jachhen.	সে **পড়ে** যাচ্ছে। Se **pore** jachhe.	তিনি **পড়ে** যাচ্ছেন। Tini **pore** jachhen.
Present Perfect Tense					
আমি **পড়ে** গেছি। Ami **pore** gechhi.	তুই **পড়ে** গেছিস। Tui **pore** gechhis.	তুমি **পড়ে** গেছ। Tumi **pore** gechho.	আপনি **পড়ে** গেছেন। Apni **pore** gechhen.	সে **পড়ে** গেছে। Se **pore** gechhe.	তিনি **পড়ে** গেছেন। Tini **pore** gechhen.
Simple Past Tense					
আমি **পড়ে** গেলাম। Ami **pore** gelam.	তুই **পড়ে** গেলি। Tui **pore** geli.	তুমি **পড়ে** গেলে। Tumi **pore** gele.	আপনি **পড়ে** গেলেন। Apni **pore** gelen.	সে **পড়ে** গেল। Se **pore** gelo.	তিনি **পড়ে** গেলেন। Tini **pore** gelen
Past Continuous Tense					
আমি **পড়ে** যাচ্ছিলাম। Ami **pore** jachhilam.	তুই **পড়ে** যাচ্ছিলি। Tui **pore** jachhili.	তুমি **পড়ে** যাচ্ছিলে। tumi **pore** jachhile.	আপনি **পড়ে** যাচ্ছিলেন। Apni **pore** jachhilen.	সে **পড়ে** যাচ্ছিল। Se **pore** jachhilo.	তিনি **পড়ে** যাচ্ছিলেন। Tini **pore** jachhilen.
Past Perfect Tense					
আমি **পড়ে** গেছিলাম। Ami **pore** gechhilam.	তুই **পড়ে** গেছিলি। Tui **pore** gechhili.	তুমি **পড়ে** গেছিলে। Tumi **pore** gechhile.	আপনি **পড়ে** গেছিলেন। Apni **pore** gechhilen.	সে **পড়ে** গেছিল। Se **pore** gechhilo.	তিনি **পড়ে** গেছিলেন। Tini **pore** gechhilen.
Simple Future Tense					
আমি **পড়ে** যাব। Ami **pore** jabo.	তুই **পড়ে** যাবি। Tui **pore** jabi.	তুমি **পড়ে** যাবে। Tumi **pore** jabe.	আপনি **পড়ে** যাবেন। Apni **pore** jaben	সে **পড়ে** যাবে। Se **pore** jabe.	তিনি **পড়ে** যাবেন। Tini **pore** jaben
Future Continuous Tense					
আমি **পড়ে** যেতে থাকব Ami **pore** jete thakbo	তুই **পড়ে** যেতে থাকবি Tui **pore** jete thakbi	তুমি **পড়ে** যেতে থাকবে Tumi **pore** jete thakbe	আপনি **পড়ে** যেতে থাকবেন Apni **pore** jete thakben	সে **পড়ে** যেতে থাকবে Se **pore** jete thakbe	তিনি **পড়ে** যেতে থাকবেন Tini **pore** jete thakbe
Future Perfect Tense					
আমি **পড়ে** গিয়ে থাকব Ami **pore** giye thakbo	তুই **পড়ে** গিয়ে থাকবি Tui **pore** giye thakbi	তুমি **পড়ে** গিয়ে থকবে Tumi **pore** giye thakbe	আপনি **পড়ে** গিয়ে থাকবেন Apni **pore** giye thakben	সে **পড়ে** গিয়ে থাকবে Se **pore** giye thakbe	তিনি **পড়ে** গিয়ে থাকবেন Tini **pore** giye thakbe
Passive Voice					
Not applicable.					
Negative Sense					
He did not fall off a tree			সে গাছ থেকে **পড়ে**নি। Se gachh theke **pore**ni.		
Obligatory Sense					
One should not fall in his own eyes.			নিজের নজরে **পড়ে** যাওয়া উচিত নয়। Nijer nojore **pore** jaowa uchit noy.		

Bengali Language: 101 Bengali Verbs

Verb: to feel- **অনুভব** করা। (**onubhob** kora)

1st Person	2nd person (Very Familiar)	2nd person (Familiar)	2nd person (Respectable)	3rd person (Familiar)	3rd person (Respectable)
Simple Present Tense					
আমি **অনুভব** করি। Ami **onubhob** kori.	তুই **অনুভব** করিস। Tui **onubhob** koris.	তুমি **অনুভব** কর। Tumi **onubhob** koro.	আপনি **অনুভব** করেন। Apni **onubhob** koren.	সে **অনুভব** করে। Se **onubhob** kore.	তিনি **অনুভব** করেন। Tini **onubhob** koren.
Present Continuous Tense					
আমি **অনুভব** করছি। Ami **onubhob** korchhi.	তুই **অনুভব** করছিস। Tui **onubhob** korchhis.	তুমি **অনুভব** করছ। Tumi **onubhob** korchho.	আপনি **অনুভব** করছেন। Apni **onubhob** korchhen.	সে **অনুভব** করছে। Se **onubhob** korchhe.	তিনি **অনুভব** করছেন। Tini **onubhob** korchhen.
Present Perfect Tense					
আমি **অনুভব** করেছি। Ami **onubhob** korechhi	তুই **অনুভব** করেছিস। Tui **onubhob** korechhis.	তুমি **অনুভব** করেছ। Tumi **onubhob** korechho.	আপনি **অনুভব** করেছেন। Apni **onubhob** korechhen.	সে **অনুভব** করেছে। Se **onubhob** korechhe.	তিনি **অনুভব** করেছেন। Tini **onubhob** korechhen.
Simple Past Tense					
আমি **অনুভব** করলাম। Ami **onubhob** korlam.	তুই **অনুভব** করলি। Tui **onubhob** korli.	তুমি **অনুভব** করলে। Tumi **onubhob** korle.	আপনি **অনুভব** করলেন। Apni **onubhob** korlen.	সে **অনুভব** করল। Se **onubhob** korlo.	তিনি **অনুভব** করলেন। Tini **onubhob** korlen
Past Continuous Tense					
আমি **অনুভব** করছিলাম। Ami **onubhob** korchhilam.	তুই **অনুভব** করছিলি। Tui **onubhob** korchhili.	তুমি **অনুভব** করছিলে। tumi **onubhob** korchhile.	আপনি **অনুভব** করছিলেন। Apni **onubhob** korchhilen.	সে **অনুভব** করছিল। Se **onubhob** korchhilo.	তিনি **অনুভব** করছিলেন। Tini **onubhob** korchhilen.
Past Perfect Tense					
আমি **অনুভব** করেছিলাম। Ami **onubhob** korechhilam.	তুই **অনুভব** করেছিলি। Tui **onubhob** korechhili.	তুমি **অনুভব** করেছিলে। Tumi **onubhob** korechhile.	আপনি **অনুভব** করেছিলেন। Apni **onubhob** korechhilen.	সে **অনুভব** করেছিল। Se **onubhob** korechhilo.	তিনি **অনুভব** করেছিলেন। Tini **onubhob** korechhilen.
Simple Future Tense					
আমি **অনুভব** করব। Ami **onubhob** korbo.	তুই **অনুভব** করবি। Tui **onubhob** korbi.	তুমি **অনুভব** করবে। Tumi **onubhob** korbe.	আপনি **অনুভব** করবেন। Apni **onubhob** korben	সে **অনুভব** করবে। Se **onubhob** korbe.	তিনি **অনুভব** করবেন। Tini **onubhob** korben
Future Continuous Tense					
আমি **অনুভব** করতে থাকব Ami **onubhob** korte thakbo	তুই **অনুভব** করতে থাকবি Tui **onubhob** korte thakbi	তুমি **অনুভব** করতে থাকবে Tumi **onubhob** korte thakbe	আপনি **অনুভব** করতে থাকবেন Apni **onubhob** korte thakben	সে **অনুভব** করতে থাকবে Se **onubhob** korte thakbe	তিনি **অনুভব** করতে থাকবেন Tini **onubhob** korte thakben
Future Perfect Tense					
আমি **অনুভব** করে থাকব Ami **onubhob** kore thakbo	তুই **অনুভব** করে থাকবি Tui **onubhob** kore thakbi	তুমি **অনুভব** করে থাকবে Tumi **onubhob** kore thakbe	আপনি **অনুভব** করে থাকবেন Apni **onubhob** kore thakben	সে **অনুভব** করে থাকবে Se **onubhob** kore thakbe	তিনি **অনুভব** করে থাকবেন Tini **onubhob** kore thakben

Passive Voice	
Pain was felt by him.	তার ব্যথা **অনুভব** হল।
	Tar betha **onubhob** holoo.
Negative Sense	
He did not feel the pain when he fell from a tree.	গাছ থেকে **পড়ে** সে কোনো ব্যথা **অনুভব** করেনি।
	Gachh theke pore se kono betha **onubhob** kore ni..
Obligatory Sense	
You should feel the pain of handicapped persons.	প্রতিবন্ধী লোকের ব্যথা আপনার **অনুভব** করা উচিত।
	Protibondhi loker betha apnar **onubhob** kora uchit.

Bengali Language: 101 Bengali Verbs

Verb: to fight- **লড়াই** করা। (**lorai** kora)

1st Person	2nd person (Very Familiar)	2nd person (Familiar)	2nd person (Respectable)	3rd person (Familiar)	3rd person (Respectable)
Simple Present Tense					
আমি **লড়াই** করি। Ami **lorai** kori.	তুই **লড়াই** করিস। Tui **lorai** koris.	তুমি **লড়াই** কর। Tumi **lorai** koro.	আপনি **লড়াই** করেন। Apni **lorai** koren.	সে **লড়াই** করে। Se **lorai** kore.	তিনি **লড়াই** করেন। Tini **lorai** koren.
Present Continuous Tense					
আমি **লড়াই** করছি। Ami **lorai** korchhi.	তুই **লড়াই** করছিস। Tui **lorai** korchhis.	তুমি **লড়াই** করছ। Tumi **lorai** korchho.	আপনি **লড়াই** করছেন। Apni **lorai** korchhen.	সে **লড়াই** করছে। Se **lorai** korchhe.	তিনি **লড়াই** করছেন। Tini **lorai** korchhen.
Present Perfect Tense					
আমি **লড়াই** করেছি। Ami lorai korechhi	তুই **লড়াই** করেছিস। Tui **lorai** korechhis.	তুমি **লড়াই** করেছ। Tumi lorai korechho.	আপনি **লড়াই** করেছেন। Apni **lorai** korechhen.	সে **লড়াই** করেছে। Se **lorai** korechhe.	তিনি **লড়াই** করেছেন। Tini **lorai** korechhen.
Simple Past Tense					
আমি **লড়াই** করলাম। Ami **lorai** korlam.	তুই **লড়াই** করলি। Tui **lorai** korli.	তুমি **লড়াই** করলে। Tumi **lorai** korle.	আপনি **লড়াই** করলেন। Apni **lorai** korlen.	সে **লড়াই** করল। Se **lorai** korlo.	তিনি **লড়াই** করলেন। Tini **lorai** korlen
Past Continuous Tense					
আমি **লড়াই** করছিলাম। Ami **lorai** korchhilam.	তুই **লড়াই** করছিলি। Tui **lorai** korchhili.	তুমি **লড়াই** করছিলে। tumi **lorai** korchhile.	আপনি **লড়াই** করছিলেন। Apni **lorai** korchhilen.	সে **লড়াই** করছিল। Se **lorai** korchhilo.	তিনি **লড়াই** করছিলেন। Tini lorai korchhilen.
Past Perfect Tense					
আমি **লড়াই** করেছিলাম। Ami **lorai** korechhilam.	তুই **লড়াই** করেছিলি। Tui **lorai** korechhili.	তুমি **লড়াই** করেছিলে। Tumi **lorai** korechhile.	আপনি **লড়াই** করেছিলেন। Apni **lorai** korechhilen.	সে **লড়াই** করেছিল। Se **lorai** korechhilo.	তিনি **লড়াই** করেছিলেন। Tini **lorai** korechhilen.
Simple Future Tense					
আমি **লড়াই** করব। Ami **lorai** korbo.	তুই **লড়াই** করবি। Tui **lorai** korbi.	তুমি **লড়াই** করবে। Tumi lorai korbe.	আপনি **লড়াই** করবেন। Apni lorai korben.	সে **লড়াই** করবে। Se **lorai** korbe.	তিনি **লড়াই** করবেন। Tini **lorai** korben
Future Continuous Tense					
আমি **লড়াই** করতে থাকব Ami **lorai** korte thakbo	তুই **লড়াই** করতে থাকবি Tui **lorai** korte thakbi	তুমি **লড়াই** করতে থাকবে Tumi **lorai** korte thakbe	আপনি **লড়াই** করতে থাকবেন Apni **lorai** korte thakben	সে **লড়াই** করতে থাকবে Se **lorai** korte thakbe	তিনি **লড়াই** করতে থাকবেন Tini **lorai** korte thakben
Future Perfect Tense					
আমি **লড়াই** করে থাকব Ami **lorai** kore thakbo	তুই **লড়াই** করে থাকবি Tui **lorai** kore thakbi	তুমি **লড়াই** করে থাকবে Tumi **lorai** kore thakbe	আপনি **লড়াই** করে থাকবেন Apni **lorai** kore thakben	সে **লড়াই** করে থাকবে Se **lor**ai kore thakbe	তিনি **লড়াই** করে থাকবেন Tini **lor**ai kore thakben
Passive Voice					
A verbal dual was fought between them.			তাদের দুজনার মধ্যে জিভহার **লড়াই** হল। Tader dujonar modhye jivhar **lorai** holo.		

Negative Sense	
They could not put up a good fight against corruption.	তারা ভ্রষ্টাচারের বিরুদ্ধে একটি ভালো **লড়াই** করতে পারলনা। Tara bhrashtacharer biruddhe ekti bhalo **lorai** korte parlona.
Obligatory Sense	
It is everybody's responsibility to fight against corruption.	ভ্রষ্টাচারের বিরুদ্ধে **লড়াই** সবার দায়িত্ব। Bhroshtacharer biruddhe **lorai** shobar dayitva.

Verb: to find- খুঁজে বের করা। (khuje ber kora)

1st Person	2nd person (Very Familiar)	2nd person (Familiar)	2nd person (Respectable)	3rd person (Familiar)	3rd person (Respectable)
Simple Present Tense					
আমি খুঁজে বের করি। Ami **khuje** ber kori.	তুই খুঁজে বের করিস। Tui **khuje** ber koris.	তুমি খুঁজে বের কর। Tumi **khuje** ber koro.	আপনি খুঁজে বের করেন। Apni **khuje** ber koren.	সে খুঁজে বের করে। Se **khuje** ber kore.	তিনি খুঁজে বের করেন। Tini **khuje** ber koren.
Present Continuous Tense					
আমি খুঁজে বের করছি। Ami **khuje** ber korchhi.	তুই খুঁজে বের করছিস। Tui **khuje** ber korchhis.	তুমি খুঁজে বের করছ। Tumi **khuje** ber korchho.	আপনি খুঁজে বের করছেন। Apni **khuje** ber korchhen.	সে খুঁজে বের করছে। Se **khuje** ber korchhe.	তিনি খুঁজে বের করছেন। Tini **khuje** ber korchhen.
Present Perfect Tense					
আমি খুঁজে বের করেছি। Ami **khuje** ber korechhi.	তুই খুঁজে বের করেছিস। Tui **khuje** ber korechhis.	তুমি খুঁজে বের করেছ। Tumi **khuje** ber korechho.	আপনি খুঁজে বের করেছেন। Apni **khuje** ber korechhen.	সে খুঁজে বের করেছে। Se **khuje** ber korechhe.	তিনি খুঁজে বের করেছেন। Tini **khuje** ber korechhen.
Simple Past Tense					
আমি খুঁজে বের করলাম। Ami **khuje** ber korlam.	তুই খুঁজে বের করলি। Tui **khuje** ber korli.	তুমি খুঁজে বের করলে। Tumi **khuje** ber korle.	আপনি খুঁজে বের করলেন। Apni **khuje** ber korlen.	সে খুঁজে বের করল। Se **khuje** ber korlo.	তিনি খুঁজে বের করলেন। Tini **khuje** ber korlen.
Past Continuous Tense					
আমি খুঁজে বের করছিলাম। Ami **khuje** ber korchhilam.	তুই খুঁজে বের করছিলি। Tui **khuje** ber korchhili.	তুমি খুঁজে বের করছিলে। tumi **khuje** ber korchhile.	আপনি খুঁজে বের করছিলেন। Apni **khuje** ber korchhilen.	সে খুঁজে বের করছিল। Se **khuje** ber korchhilo.	তিনি খুঁজে বের করছিলেন। Tini **khuje** ber korchhilen.
Past Perfect Tense					
আমি খুঁজে বের করেছিলাম। Ami **khuje ber** korechhilam.	তুই খুঁজে বের করেছিলি। Tui **khuje** ber korechhili.	তুমি খুঁজে বের করেছিলে। Tumi **khuje** ber korechhile.	আপনি খুঁজে বের করেছিলেন। Apni **khuje** ber korechhilen.	সে খুঁজে বের করেছিল। Se **khuje** ber korechhilo.	তিনি খুঁজে বের করেছিলেন। Tini **khuje** ber korechhilen.
Simple Future Tense					
আমি খুঁজে বের করব। Ami **khuje ber** korbo.	তুই খুঁজে বের করবি। Tui **khuje** ber korbi.	তুমি খুঁজে বের করবে। Tumi **khuje** ber korbe.	আপনি খুঁজে বের করবেন। Apni **khuje** ber korben.	সে খুঁজে বের করবে। Se **khuje** ber korbe.	তিনি খুঁজে বের করবেন। Tini **khuje** ber korben
Future Continuous Tense					
আমি খুঁজতে থাকব Ami **khuj**te thakbo	তুই খুঁজতে থাকবি Tui **khuj**te thakbi	তুমি খুঁজতে থাকবে Tumi **khuj**te thakbe	আপনি খুঁজতে থাকবেন Apni **khuj**te thakben	সে খুঁজতে থাকবে Se **khuj**te thakbe	তিনি খুঁজতে থাকবেন Tini **khuj**te thakben
Future Perfect Tense					
আমি খুঁজে থাকব Ami **khuj**e thakbo	তুই খুঁজে থাকবি Tui **khuj**e thakbi	তুমি খুঁজে থাকবে Tumi **khuj**e thakbe	আপনি খুঁজে থাকবেন Apni **khuj**e thakben	সে খুঁজে থাকবে Se **khuj**e thakbe	তিনি খুঁজে থাকবেন Tini **khuj**e thakben

Passive Voice	
The book was found by me.	বইটি আমার দ্বারা **খুঁজে** বের করা হল।
	Boiti amar dwara **khuje ber** kora holo.
Negative Sense	
I could not find the book	আমি বইটি **খুঁজে** বের করতে পারলাম না।
	Ami boiti **khuje ber** korte parlam na.
Obligatory Sense	
You should find a suitable person.	আপনার সঠিক লোক **খুঁজে** বের করা উচিত।
	Apnar shothik lok **khuje ber** kora uchit.

Bengali Language: 101 Bengali Verbs

Verb: to finish - শেষ করা। (shes kora)

1st Person	2nd person (Very Familiar)	2nd person (Familiar)	2nd person (Respectable)	3rd person (Familiar)	3rd person (Respectable)
Simple Present Tense					
আমি শেষ করি। Ami **shes** kori.	তুই শেষ করিস। Tui **shes** koris.	তুমি শেষ কর। Tumi **shes** koro.	আপনি শেষ করেন। Apni **shes** koren.	সে শেষ করে। Se **shes** kore.	তিনি শেষ করেন। Tini **shes** koren.
Present Continuous Tense					
আমি শেষ করছি। Ami **shes** korchhi.	তুই শেষ করছিস। Tui **shes** korchhis.	তুমি শেষ করছ। Tumi **shes** korchho.	আপনি শেষ করছেন। Apni **shes** korchhen.	সে শেষ করছে। Se **shes** korchhe.	তিনি শেষ করছেন। Tini **shes** korchhen.
Present Perfect Tense					
আমি শেষ করেছি। Ami **shes** korechhi	তুই শেষ করেছিস। Tui **shes** korechhis.	তুমি শেষ করেছ। Tumi **shes** korechho.	আপনি শেষ করেছেন। Apni **shes** korechhen.	সে শেষ করেছে। Se **shes** korechhe.	তিনি শেষ করেছেন। Tini **shes** korechhen.
Simple Past Tense					
আমি শেষ করলাম। Ami **shes** korlam.	তুই শেষ করলি। Tui **shes** korli.	তুমি শেষ করলে। Tumi **shes** korle.	আপনি শেষ করলেন। Apni **shes** korlen.	সে শেষ করল। Se **shes** korlo.	তিনি শেষ করলেন। Tini **shes** korlen
Past Continuous Tense					
আমি শেষ করছিলাম। Ami **shes** korchhilam.	তুই শেষ করছিলি। Tui **shes** korchhili.	তুমি শেষ করছিলে। Tumi **shes** korchhile.	আপনি শেষ করছিলেন। Apni **shes** korchhilen.	সে শেষ করছিল। Se **shes** korchhilo.	তিনি শেষ করছিলেন। Tini **shes** korchhilen.
Past Perfect Tense					
আমি শেষ করেছিলাম। Ami **shes** korechhilam.	তুই শেষ করেছিলি। Tui **shes** korechhili.	তুমি শেষ করেছিলে। Tumi **shes** korechhile.	আপনি শেষ করেছিলেন। Apni **shes** korechhilen.	সে শেষ করেছিল। Se **shes** korechhilo.	তিনি শেষ করেছিলেন। Tini **shes** korechhilen.
Simple Future Tense					
আমি শেষ করব। Ami **shes** korbo.	তুই শেষ করবি। Tui **shes** korbi.	তুমি শেষ করবে। Tumi **shes** korbe.	আপনি শেষ করবেন। Apni **shes** korben	সে শেষ করবে। Se **shes** korbe.	তিনি শেষ করবেন। Tini **shes** korben
Future Continuous Tense					
আমি শেষ করতে থাকব Ami **shes** korte thakbo	তুই শেষ করতে থাকবি Tui **shes** korte thakbi	তুমি শেষ করতে থাকবে Tumi **shes** korte thakbe	আপনি শেষ করতে থাকবেন Apni **shes** korte thakben	সে শেষ করতে থাকবে Se **shes** korte thakbe	তিনি শেষ করতে থাকবে Tini **shes** korte thakben
Future Perfect Tense					
আমি শেষ করে থাকব Ami **shes** kore thakbo	তুই শেষ করে থাকবি Tui **shes** kore thakbi	তুমি শেষ করে থাকবে Tumi **shes** kore thakbe	আপনি শেষ করে থাকবেন Apni **shes** kore thakben	সে শেষ করে থাকবে Se **shes** kore thakbe	তিনি শেষ করে থাকবেন Tini **shes** kore thakben
Passive Voice					
The job was finished by him in time.			কাজটি তার দ্বারা সময় মত শেষ করা হল। Kajti tar dara shomoy moto **shes** kora holo.		
Negative Sense					
He did not finish the job..			সে কাজ শেষ করল না। Se kaj **shes** korlo na.		

Obligatory Sense	
You should finsh the job.	আপনার কাজটি **শেষ** করা উচিত। Apnar kajti **shes** kora uchit.

Verb: to fly- উড়া (ura)

1st Person	2nd person (Very Familiar)	2nd person (Familiar)	2nd person (Respectable)	3rd person (Familiar)	3rd person (Respectable)
Simple Present Tense					
আমি উড়ি। Ami uri.	তুই উড়িস। Tui uris.	তুমি উড়। Tumi uro.	আপনি উড়েন। Apni uren.	সে উড়ে। Se ure.	তিনি উড়েন। Tini uren.
Present Continuous Tense					
আমি উড়ছি। Ami urchhi.	তুই উড়ছিস। Tui urchhis.	তুমি উড়ছ। Tumi urchho.	আপনি উড়ছেন। Apni urchhen.	সে উড়ছে। Se urchhe.	তিনি উড়ছেন। Tini urchhen.
Present Perfect Tense					
আমি উড়েছি। Ami urechhi.	তুই উড়েছিস। Tui urechhis.	তুমি উড়েছ। Tumi urechho.	আপনি উড়েছেন। Apni urechhen.	সে উড়েছে। Se urechhe.	তিনি উড়েছেন। Tini urechhen.
Simple Past Tense					
আমি উড়লাম। Ami urlam.	তুই উড়লি। Tui urli.	তুমি উড়লে। Tumi urle.	আপনি উড়লেন। Apni urlen.	সে উড়ল। Se urlo.	তিনি উড়লেন Tini urlen
Past Continuous Tense					
আমি উড়ছিলাম। Ami urchhilam.	তুই উড়ছিলি। Tui urchhili.	তুমি উড়ছিলে। tumi urchhile.	আপনি উড়ছিলেন। Apni urchhilen.	সে উড়ছিল। Se urchhilo.	তিনি উড়ছিলেন। Tini urchhilen.
Past Perfect Tense					
আমি উড়েছিলাম। Ami urechhilam.	তুই উড়েছিলি। Tui urechhili.	তুমি উড়েছিলে। Tumi urechhile.	আপনি উড়েছিলেন। Apni urechhilen.	সে উড়েছিল। Se urechhilo.	তিনি উড়েছিলেন। Tini urechhilen.
Simple Future Tense					
আমি উড়ব। Ami urbo.	তুই উড়বি। Tui urbi.	তুমি উড়বে। Tumi urbe.	আপনি উড়বেন। Apni urben	সে উড়বে। Se urbe.	তিনি উড়বেন। Tini urben
Future Continuous Tense					
আমি উড়তে থাকব Ami urte thakbo	তুই উড়তে থাকবি Tui urte thakbi	তুমি উড়তে থাকবে Tumi urte thakbe	আপনি উড়তে থাকবেন Apni urte thakben	সে উড়তে থাকবে Se urte thakbe	তিনি উড়তে থাকবেন Tini urte thakben
Future Perfect Tense					
আমি উড়ে থাকব Ami ure thakbo	তুই উড়ে থাকবি Tui ure thakbi	তুমি উড়ে থাকবে Tumi ure thakbe	আপনি উড়ে থাকবেন Apni ure thakben	সে উড়ে থাকবে Se ure thakbe	তিনি উড়ে থাকবেন Tini ure thakben

Passive Voice	
He was flown to London.	তাকে লন্ডন উড়িয়ে নিয়ে যাওয়া হল। Ta ke London urie niye jaowa holo.
Negative Sense	
This bird cannot fly.	এই পাখি উড়তে পারে না। Ei pakhi urte pare na.
Obligatory Sense	
You should not fly high.	আপনার উঁচুতে উড়া উচিত নয়। Apnar unchute ura uchit noy.

Verb: to forget- ভুলে যাওয়া। (bhule jaowa)

1st Person	2nd person (Very Familiar)	2nd person (Familiar)	2nd person (Respectable)	3rd person (Familiar)	3rd person (Respectable)
Simple Present Tense					
আমি ভুলে যাই। Ami **bhule** jai.	তুই ভুলে যাস। Tui **bhule** jas.	তুমি ভুলে যাও। Tumi **bhule** jao.	আপনি ভুলে যান। Apni **bhule** jan.	সে ভুলে যায়। Se **bhule** jay.	তিনি ভুলে যান। Tini **bhule** jan.
Present Continuous Tense					
আমি ভুলে যাচ্ছি। Ami **bhule** jachhi.	তুই ভুলে যাচ্ছিস। Tui **bhule** jachhis.	তুমি ভুলে যাচ্ছ। Tumi **bhule** jachho.	আপনি ভুলে যাচ্ছেন। Apni **bhule** jachhen.	সে ভুলে যাচ্ছে। Se **bhule** jachhe.	তিনি ভুলে যাচ্ছেন। Tini **bhule** jachhen.
Present Perfect Tense					
আমি ভুলে গেছি। Ami **bhule** gechhi.	তুই ভুলে গেছিস। Tui **bhule** gechhis.	তুমি ভুলে গেছ। Tumi **bhule** gechho.	আপনি ভুলে গেছেন। Apni **bhule** gechhen.	সে ভুলে গেছে। Se **bhule** gechhe.	তিনি ভুলে গেছেন। Tini **bhule** gechhen.
Simple Past Tense					
আমি ভুলে গেলাম। Ami **bhule** gelam.	তুই ভুলে গেলি। Tui **bhule** geli.	তুমি ভুলে গেলে। Tumi **bhule** gele.	আপনি ভুলে গেলেন। Apni **bhule** gelen.	সে ভুলে গেল। Se **bhule** gelo.	তিনি ভুলে গেলেন। Tini **bhule** gelen
Past Continuous Tense					
আমি ভুলে যাচ্ছিলাম। Ami **bhule** jachhilam.	তুই ভুলে যাচ্ছিলি। Tui **bhule** jachhili.	তুমি ভুলে যাচ্ছিলে। tumi **bhule** jachhile.	আপনি ভুলে যাচ্ছিলেন। Apni **bhule** jachhilen.	সে ভুলে যাচ্ছিল। Se **bhule** jachhilo.	তিনি ভুলে যাচ্ছিলেন। Tini **bhule** jachhilen.
Past Perfect Tense					
আমি ভুলে গেছিলাম। Ami **bhule** gechhilam.	তুই ভুলে গেছিলি। Tui **bhule** gechhili.	তুমি ভুলে গেছিলে। Tumi **bhule** gechhile.	আপনি ভুলে গেছিলেন। Apni **bhule** gechhilen.	সে ভুলে গেছিল। Se **bhule** gechhilo.	তিনি ভুলে গেছিলেন। Tini **bhule** gechhilen.
Simple Future Tense					
আমি ভুলে যাব। Ami **bhule** jabo.	তুই ভুলে যাবি। Tui **bhule** jabi.	তুমি ভুলে যাবে। Tumi **bhule** jabe.	আপনি ভুলে যাবেন। Apni **bhule** jaben	সে ভুলে যাবে। Se **bhule** jabe.	তিনি ভুলে যাবেন। Tini **bhule** jaben
Future Continuous Tense					
N/A	N/A	N/A	N/A	N/A	N/A
Future Perfect Tense					
N/A	N/A	N/A	N/A	N/A	N/A
Passive Voice					
Past can never be forgotten.			ভূতকাল কখনো ভুলে যাওয়া যায়না Bhutkal kokhono **bhule** jaowa jayna.		
Negative Sense					
He did not forget the obligation.			সে উপকার ভুলে যায়নি। Se upokar **bhule** jayni.		
Obligatory Sense					
History should never be forgotten.			ইতিহাস কখনো ভুলে যাওয়া উচিত নয়। Itihas kokhono **bhule** jaowa uchit noy.		

Verb: to get up- ওঠা। **(otha)**

1st Person	2nd person (Very Familiar)	2nd person (Familiar)	2nd person (Respectable)	3rd person (Familiar)	3rd person (Respectable)
Simple Present Tense					
আমি **উঠি**। Ami **uthi.**	তুই **উঠি**স। Tui **uth**is.	তুমি **ওঠ**। Tumi **otho**.	আপনি **ওঠে**ন। Apni **othe**n.	সে **ওঠে**। Se **othe**.	তিনি **ওঠে**ন। Tini **othe**n.
Present Continuous Tense					
আমি **উঠ**ছি। Ami **uth**chhi.	তুই **উঠ**ছিস। Tui **uth**chhis.	তুমি **উঠ**ছ। Tumi **uth**chho.	আপনি **উঠ**ছেন। Apni **uth**chhen.	সে **উঠ**ছে। Se **uth**chhe.	তিনি **উঠ**ছেন। Tini **uth**chhen.
Present Perfect Tense					
আমি **উঠে**ছি। Ami **uthe**chhi.	তুই **উঠে**ছিস। Tui **uthe**chhis.	তুমি **উঠে**ছ। Tumi **uthe**chho.	আপনি **উঠে**ছেন। Apni **uthe**chhen.	সে **উঠে**ছে। Se **uthe**chhe.	তিনি **উঠে**ছেন। Tini **uthe**chhen.
Simple Past Tense					
আমি **উঠ**লাম। Ami **uth**lam.	তুই **উঠ**লি। Tui **uth**li.	তুমি **উঠ**লে। Tumi **uth**le.	আপনি **উঠ**লেন। Apni **uth**len.	সে **উঠ**ল। Se **uth**lo.	তিনি **উঠ**লেন। Tini **uth**len
Past Continuous Tense					
আমি **উঠ**ছিলাম। Ami **uth**chhilam.	তুই **উঠ**ছিলি। Tui **uth**chhili.	তুমি **উঠ**ছিলে। tumi **uth**chhile.	আপনি **উঠ**ছিলেন। Apni **uth**chhilen.	সে **উঠ**ছিল। Se **uth**chhilo.	তিনি **উঠ**ছিলেন। Tini **uth**chhilen.
Past Perfect Tense					
আমি **উঠে**ছিলাম। Ami **uthe**chhilam.	তুই **উঠে**ছিলি। Tui **uthe**chhili.	তুমি **উঠে**ছিলে। Tumi **uthe**chhile.	আপনি **উঠে**ছিলেন। Apni **uthe**chhilen.	সে **উঠে**ছিল। Se **uthe**chhilo.	তিনি **উঠে**ছিলেন। Tini **uthe**chhilen.
Simple Future Tense					
আমি **উঠ**ব। Ami **uth**bo.	তুই **উঠ**বি। Tui **uth**bi.	তুমি **উঠ**বে। Tumi **uth**be.	আপনি **উঠ**বেন। Apni **uth**ben	সে **উঠ**বে। Se **uth**be.	তিনি **উঠ**বেন। Tini **uth**ben
Future Continuous Tense					
আমি **উঠ**তে থাকব Ami **utthte** thakbo	তুই **উঠ**তে থাকবি Tui **utthte** thakbi	তুমি **উঠ**তে থকবে Tumi **utthte** thakbe	আপনি **উঠ**তে থাকবেন Apni **utthte** thakben	সে **উঠ**তে থাকবে Se **utthte** thakbe	তিনি **উঠ**তে থাকবেন Tini **utthte** thakben
Future Perfect Tense					
আমি **উঠে** থাকব Ami **utthe** thakbo	তুই **উঠে** থাকবি Tui **utthe** thakbi	তুমি **উঠে** থাকবে Tumi **utthe** thakbe	আপনি **উঠে** থাকবেন Apni **utthe** thakben	সে **উঠে** থাকবে Se **utthe** thakbe	তিনি **উঠে** থাকবেন Tini **utthe** thakben
Passive Voice					
Not applicable.			N/A		
Negative Sense					
He never gets up from sleep before 8 o'clock.			সে কখনো আটটার আগে ঘুম থেকে **ওঠে** না। se kokhono attar age ghum theke **othe** na.		
Obligatory Sense					
You should get up at dawn.			তোমার ভোর বেলা **ওঠা** উচিত। Tomor bhor bela **otha** uchit.		

BENGALI LANGUAGE: 101 BENGALI VERBS

Verb: to give- দাওয়া। (deowa)

1st Person	2nd person (Very Familiar)	2nd person (Familiar)	2nd person (Respectable)	3rd person (Familiar)	3rd person (Respectable)
Simple Present Tense					
আমি দিই। Ami **di**i.	তুই দিস। Tui **di**s.	তুমি দাও। Tumi **da**o.	আপনি দেন। Apni **de**n.	সে দেয়। Se **de**y.	তিনি দেন। Tini **de**n.
Present Continuous Tense					
আমি দিচ্ছি। Ami **di**chhi.	তুই দিচ্ছিস। Tui **di**chhis.	তুমি দিচ্ছ। Tumi **di**chho.	আপনি দিচ্ছেন। Apni **di**chhen.	সে দিচ্ছে। Se **di**chhe.	তিনি দিচ্ছেন। Tini **di**chhen.
Present Perfect Tense					
আমি দিয়েছি। Ami **di**echhi.	তুই দিয়েছিস। Tui **di**echhis.	তুমি দিয়েছ। Tumi **di**echho.	আপনি দিয়েছেন। Apni **di**echhen.	সে দিয়েছে। Se **di**echhe.	তিনি দিয়েছেন। Tini **di**echhen.
Simple Past Tense					
আমি দিলাম। Ami **di**lam.	তুই দিলি। Tui **di**li.	তুমি দিলে। Tumi **di**le.	আপনি দিলেন। Apni **di**len.	সে দিল। Se **di**lo.	তিনি দিলেন। Tini **di**len
Past Continuous Tense					
আমি দিচ্ছিলাম। Ami **di**chhilam.	তুই দিচ্ছিলি। Tui **di**chhili.	তুমি দিচ্ছিলে। tumi **di**chhile.	আপনি দিচ্ছিলেন। Apni **di**chhilen.	সে দিচ্ছিল। Se **di**chhilo.	তিনি দিচ্ছিলেন। Tini **di**chhilen.
Past Perfect Tense					
আমি দিয়েছিলাম। Ami **di**echhilam.	তুই দিয়েছিলি। Tui **di**echhili.	তুমি দিয়েছিলে। Tumi **di**echhile.	আপনি দিয়েছিলেন। Apni **di**echhilen.	সে দিয়েছিল। Se **di**echhilo.	তিনি দিয়েছিলেন। Tini **di**echhilen.
Simple Future Tense					
আমি দেব। Ami **de**bo.	তুই দিবি। Tui **di**bi.	তুমি দেবে। Tumi **de**be.	আপনি দেবেন। Apni **de**ben	সে দেবে। Se **de**be.	তিনি দেবেন। Tini **de**ben
Future Continuous Tense					
আমি দিতে থকব Ami **dite** thakbo	তুই দিতে থাকবি Tui **dite** thakbi	তুমি দিতে থাকবে Tumi **dite** thakbe	আপনি দিতে থাকবেন Apni **dite** thakben	সে দিতে থাকবে Se **dite** thakbe	তিনি দিতে থাকবেন Tini **dite** thakben
Future Perfect Tense					
আমি দিয়ে থাকব Ami **diye** thakbo	তুই দিয়ে থাকবি Tui **diye** thakbi	তুমি দিয়ে থাকবে Tumi **diye** thakbe	আপনি দিয়ে থাকবেন Apni **diye** thakben	সে দিয়ে থাকবে Se **diye** thakbe	তিনি দিয়ে থাকবেন Tini **diye** thakben
Passive Voice					
The money was given.			টাকাটা দেওয়া হল। Takata **deowa** holo.		
Negative Sense					
Big money cannot be given in cash.			বেশি টাকা নগদে দেওয়া যায় না। Beshi taka nogode **deowa** jayna.		
Obligatory Sense					
You should give a reason for your absence.			তোমার নিজের অনুপস্থিতির একটি কারণ দেওয়া উচিত। Tomor nijer onupo**sthit**ir ekti karon **deowa** uchit.		

BENGALI LANGUAGE: 101 BENGALI VERBS

Verb: to go- যাওয়া।   (jaowa)

1st Person	2nd person (Very Familiar)	2nd person (Familiar)	2nd person (Respectable)	3rd person (Familiar)	3rd person (Respectable)
Simple Present Tense					
আমি যাই। Ami jai.	তুই যাস। Tui jas.	তুমি যাও। Tumi jao.	আপনি যান। Apni jan.	সে যায়। Se jay.	তিনি যান। Tini jan.
Present Continuous Tense					
আমি যাচ্ছি। Ami jachhi.	তুই যাচ্ছিস। Tui jachhis.	তুমি যাচ্ছ। Tumi jachho.	আপনি যাচ্ছেন। Apni jachhen.	সে যাচ্ছে। Se jachhe.	তিনি যাচ্ছেন। Tini jachhen.
Present Perfect Tense					
আমি গেছি। Ami gechhi.	তুই গেছিস। Tui gechhis.	তুমি গেছ। Tumi gechho.	আপনি গেছেন। Apni gechhen.	সে গেছে। Se gechhe.	তিনি গেছেন। Tini gechhen.
Simple Past Tense					
আমি গেলাম। Ami gelam.	তুই গেলি। Tui geli.	তুমি গেলে। Tumi gele.	আপনি গেলেন। Apni gelen.	সে গেল। Se gelo.	তিনি গেলেন। Tini gelen
Past Continuous Tense					
আমি যাচ্ছিলাম। Ami jachhilam.	তুই যাচ্ছিলি। Tui jachhili.	তুমি যাচ্ছিলে। tumi jachhile.	আপনি যাচ্ছিলেন। Apni jachhilen.	সে যাচ্ছিল। Se jachhilo.	তিনি যাচ্ছিলেন। Tini jachhilen.
Past Perfect Tense					
আমি গেছিলাম। Ami gechhilam.	তুই গেছিলি। Tui gechhili.	তুমি গেছিলে। Tumi gechhile.	আপনি গেছিলেন। Apni gechhilen.	সে গেছিল। Se gechhilo.	তিনি গেছিলেন। Tini gechhilen.
Simple Future Tense					
আমি যাব। Ami jabo.	তুই যাবি। Tui jabi.	তুমি যাবে। Tumi jabe.	আপনি যাবেন। Apni jaben	সে যাবে। Se jabe.	তিনি যাবেন। Tini jaben
Future Continuous Tense					
আমি যেতে থাকব Ami jete thakbo	তুই যেতে থাকবি Tui jete thakbi	তুমি যেতে থাকবে Tumi jete thakbe	আপনি যেতে থাকবেন Apni jete thakben	সে যেতে থাকবেন Se jete thakben	তিনি যেতে থাকবেন Tini jete thakben
Future Perfect Tense					
আমি গিয়ে থাকব Ami giye thakbo	তুই গিয়ে থাকবি Tui giye thakbi	তুমি গিয়ে থাকবে Tumi giye thakbe	আপনি গিয়ে থাকবেন Apni giye thakben	সে গিয়ে থাকবে Se giye thakbe	তিনি গিয়ে থাকবেন Tini giye thakben
Passive Voice					
He was gone .			তার যাওয়া হল।		tar jaowa holo.
Negative Sense					
I shall not go to London.			আমি লন্ডন যাবনা।		ami London jabona.
Obligatory Sense					
He should go to his ailing mother.			তার নিজের অসুস্থ মায়ের কাছে যাওয়া উচিত। Tar nijer oshustho mayer kachhe jaowa uchit.		

Verb: to have- হওয়া। **(howa)**(in possessive sense)

1st Person	2nd person (Very Familiar)	2nd person (Familiar)	2nd person (Respectable)	3rd person (Familiar)	3rd person (Respectable)
Simple Present Tense					
আমার আছে। Amar achhe.	তোর **আছে**। Tor achhe.	তোমার **আছে**। Tomar achhe.	আপনার **আছে**। Apnar ache.	তার **আছে**। Tar achhe.	ওনার **আছে**। Onar achhe.
Present Continuous Tense(the meaning changes and it is now in the sense of taking - নেওয়া					
আমি **নিচ্ছি**। Ami **nichhi**.	তুই **নিচ্ছি**স। Tui **nichhis**.	তুমি **নিচ্ছ**। Tumi **nichho**.	আপনি **নিচ্ছেন**। Apni **nichhen**.	সে **নিচ্ছে**। Se **nichhe**.	তিনি **নিচ্ছেন**। Tini **nichhen**.
Present Perfect Tense (in sense of taking- নাওয়া। **)**					
আমি **নিয়েছি**। Ami **niyechhi**	তুই **নিয়েছি**স। Tui **niyechhis**	তুমি **নিয়েছ**। Tumi **niyechho**	আপনি **নিয়েছেন**। Apni **niyechhen**.	সে **নিয়েছে**। Se **niyechhe**.	তিনি **নিয়েছেন**। **Tini** ni**yechhen.**
Simple Past Tense (Possessive)					
আমার ছিল। Amar **chhilo**.	তোর **ছিল**। Tor **chhilo**.	তোমার **ছিল**। Tomar **chhilo**	আপনার **ছিল**। Apnar **chhilo**.	তার **ছিল**। Tar **chhilo**.	ওনার **ছিল**। Onar **chhilo**.
Past Continuous Tense (in sense of taking- নাওয়া। **)**					
আমি **নিচ্ছিলাম**। Ami **nichhilam**.	তুই **নিচ্ছিলি**। Tui **nichhili**.	তুমি **নিচ্ছিলে**। tumi **nichhile**.	আপনি **নিচ্ছিলেন**। Apni **nichhilen**.	সে **নিচ্ছিল**। Se **nichhilo**.	তিনি **নিচ্ছিলেন**। Tini **nichhilen**.
Past Perfect Tense (in sense of taking- নাওয়া। **)**					
আমি **নিয়েছি**লাম। Ami **niyechhilam**.	তুই **নিয়েছি**লি। Tui **niyechhili**.	তুমি **নিয়েছি**লে। Tumi **niyechhile**.	আপনি **নিয়েছি**লেন। Apni **niyechhilen**.	সে **নিয়েছি**ল। Se **niyechhilo**.	তিনি **নিয়েছি**লেন। Tini **niyechhilen**.
Simple Future Tense (in sense of taking- নাওয়া। **)**					
আমি **নেব**। Ami **nebo**.	তুই **নিবি**। Tui **nibi**.	তুমি **নেবে**। Tumi **nebe**.	আপনি **নেবেন**। Apni **neben**	সে **নেবে**। Se **nebe**.	তিনি **নেবেন**। Tini **neben**
Future Continuous Tense					
আমি **নিতে** থাকব Ami **nite** thakbo	তুই **নিতে** থাকবি Tui **nite** thakbi	তুমি **নিতে** থাকবে Tumi **nite** thakbe	আপনি **নিতে** থাকবেন Apni **nite** thakben	সে **নিতে** থাকবে Se **nite** thakbe	তিনি **নিতে** থাকবেন Tini **nite** thakben
Future Perfect Tense					
আমি **নিয়ে** থাকব Ami **niye** thakbo	তুই **নিয়ে** থাকবি Tui **niye** thakbi	তুমি **নিয়ে** থাকবে Tumi **niye** thakbe	আপনি **নিয়ে** থাকবেন Apni **niye** thakben	সে **নিয়ে** নিয়ে থাকবে Se **niye** thakbe	তিনি **নিয়ে** থাকবেন Tini **niye** thakben
Passive Voice					
Snacks were had by him.			তার জল খাবার খাওয়া **হল**। Tar jol khabar khaowa **holo**.		
Negative Sense					
I shall not have any breakfast.			আমি জল খাবার **খাব**না। Ami jol khabar **kha**bona.		
Obligatory Sense					
One should have medicines regularly.			ঔষধ নিয়ম করে **নাও**য়া উচিত। Owshodh niyom kore **neow**a uchit.		

Verb: to happen- ঘটা। **(ghota)**

It is always used as third person in Bengali language.

1st Person	2nd person (Very Familiar)	2nd person (Familiar)	2nd person (Respectable)	3rd person (Familiar)	3rd person (Respectable)
Simple Present Tense					
It happens with me. Eti amar sathe **ghote**. এটি আমার সাথে **ঘটে**।	It happens with you. Eti tor sathe **ghote.** এটি তোর সাথে **ঘটে**।	It happens with you. Eti tomar sathe **ghote.** এটি তোমার সাথে **ঘটে**।	It happens with you. Eti apnar sathe **ghote**. এটি আপনার সাথে **ঘটে**।	It happens with him. Eti tar sathe **ghote.** এটি তার সাথে **ঘটে**।	It happens with him. Eti onar sathe **ghote.** এটি ওনার সাথে **ঘটে**।
Present Continuous Tense(the meaning changes and it is now in the sense of taking - নেওয়া					
It is happening with me. Eti amar sathe **ghot**chhe. এটি আমার সাথে **ঘট**ছে।	It is happening with you. Eti tor sathe **ghotchhe**. এটি তোর সাথে **ঘট**ছে।	It is happening with you. Eti tomar sathe **ghotchhe**. এটি তোমার সাথে **ঘট**ছে।	It is happening with you. Eti apnar sathe **ghotchhe**. এটি তোমার সাথে **ঘট**ছে।	It is happening with him. Eti tar sathe **ghotchhe**. এটি তার সাথে **ঘট**ছে।	It is happening with him. Eti onar sathe **ghotchhe**এটি ওনার সাথে **ঘট**ছে।
Present Perfect Tense (in sense of taking- নেওয়া)					
It has happened with me. Eti amar sathe **ghote**chhe. এটি আমার সাথে **ঘটে**ছে।	It has happened with you. Eti tor sathe **ghote**chhe. এটি তোর সাথে **ঘটে**ছে।	It has happened with you. Eti tomar sathe **ghote**chhe. এটি তোমার সাথে **ঘটে**ছে।	It has happened with you. Eti apnar sathe **ghote**chhe. এটি আপনার সাথে **ঘটে**ছে।	It has happened with him. Eti tar sathe **ghote**chhe. এটি তার সাথে **ঘটে**ছে।	It has happened with him. Eti onar sathe **ghote**chhe. এটি ওনার সাথে **ঘটে**ছে।
Simple Past Tense (Possessive)					
It happened with me. Eti amar sathe **ghote**chhilo. এটি আমার সাথে **ঘটে**ছিল।	It happened with you. Eti tor sathe **ghote**chhilo. এটি তোর সাথে **ঘটে**ছিল।	It happened with you. Eti tomar sathe **ghote**chhilo. এটি তোমার সাথে **ঘটে**ছিল।	It happened with you. Eti apnar sathe **ghote**chhilo. এটি আপনার সাথে **ঘটে**ছিল।	It happened with him. Eti tar sathe **ghote**chhilo. এটি তার সাথে **ঘটে**ছিল।	It happened with him. Eti onar sathe **ghote**chhilo. এটি ওনার সাথে **ঘটে**ছিল।
Past Continuous Tense (in sense of taking- নেওয়া**)**					
It was happening with me. Eti amar sathe **ghot**chhilo. এটি আমার সাথে **ঘট**ছিল।	It was happening with you. Eti tor sathe **ghot**chhilo. এটি তোর সাথে **ঘট**ছিল।	It was happening with you. Eti tomar sathe **ghot**chhilo. এটি তোমার সাথে **ঘট**ছিল।	It was happening with you. Eti apnar sathe **ghot**chhilo. এটি আপনার সাথে **ঘট**ছিল।	It was happening with him. Eti taar sathe **ghot**chhilo. এটি তার সাথে **ঘট**ছিল।	It was happening with him. Eti onar sathe **ghot**chhilo. এটি ওনার সাথে **ঘট**ছিল।
Past Perfect Tense (in sense of taking- নেওয়া**)**					
It had happened with me. Eti amar sathe **ghote**chhilo. এটি আমার সাথে **ঘটে**ছিল।	It had happened with you. Eti tor sathe **ghotechhilo**. এটি তোর সাথে **ঘটে**ছিল।	It had happened with you. Eti tomar sathe **ghotechhilo**. এটি তোমার সাথে **ঘটে**ছিল।	It had happened with you. Eti apnar sathe **ghotechhilo**. এটি আপনার সাথে **ঘটে**ছিল।	It had happened with him. Eti tar sathe **ghotechhilo**. এটি তার সাথে **ঘটে**ছিল।	It had happened with him. Eti onar sathe **ghotechhilo**. এটি ওনার সাথে **ঘটে**ছিল।

Simple Future Tense (in sense of taking- নেওয়া)					
It will happen with me. Eti amar sathe **ghotbe**. এটি আমার সাথে **ঘট**বে।	It will happen with you. Eti tor sathe **ghotbe**. এটি তোর সাথে **ঘট**বে।	It will happen with you. Eti tomor sathe **ghotbe**. এটি তোমার সাথে **ঘট**বে।	It will happen with you. Eti apnar sathe **ghotbe**. এটি আপনার সাথে **ঘট**বে।	It will happen with him. Eti tar sathe **ghotbe**. এটি তার সাথে **ঘট**বে।	It will happen with him. Eti onar sathe ghotbe. এটি ওনার সাথে **ঘট**বে।

Bengali Language: 101 Bengali Verbs

Verb: to hear - শোনা। **(shona)**

1st Person	2nd person (Very Familiar)	2nd person (Familiar)	2nd person (Respectable)	3rd person (Familiar)	3rd person (Respectable)
Simple Present Tense					
আমি শুনি। Ami **shuni**.	তুই শুনিস। Tui **shun**is.	তুমি শোন। Tumi **shono**.	আপনি শোনেন। Apni **shon**en.	সে শোনে। Se **shon**e.	তিনি শোনেন। Tini **shon**en.
Present Continuous Tense					
আমি শুনছি। Ami **shun**chhi.	তুই শুনছিস। Tui **shun**chhis.	তুমি শুনছ। Tumi **shun**chho.	আপনি শুনছেন। Apni **shun**chhen.	সে শুনছে। Se **shun**chhe.	তিনি শুনছেন। Tini **shun**chhen.
Present Perfect Tense					
আমি শুনেছি। Ami **shune**chhi.	তুই শুনেছিস। Tui **shune**chhis.	তুমি শুনেছ। Tumi **shune**chho.	আপনি শুনেছেন। Apni **shune**chhen.	সে শুনেছে। Se **shune**chhe.	তিনি শুনেছেন। Tini **shune**chhen.
Simple Past Tense					
আমি শুনলাম। Ami **shun**lam.	তুই শুনলি। Tui **shun**li.	তুমি শুনলে। Tumi **shun**le.	আপনি শুনলেন। Apni **shun**len.	সে শুনল। Se **shun**lo.	তিনি শুনলেন। Tini **shun**len
Past Continuous Tense					
আমি শুনছিলাম। Ami **shun**chhilam.	তুই শুনছিলি। Tui **shun**chhili.	তুমি শুনছিলে। tumi **shun**chhile.	আপনি শুনছিলেন। Apni **shun**chhilen.	সে শুনছিল। Se **shun**chhilo.	তিনি শুনছিলেন। Tini **shun**chhilen.
Past Perfect Tense					
আমি শুনেছিলাম। Ami **shune**chhilam.	তুই শুনেছিলি। Tui **shune**chhili.	তুমি শুনেছিলে। Tumi **shune**chhile.	আপনি শুনেছিলেন। Apni **shune**chhilen.	সে শুনেছিল। Se **shune**chhilo.	তিনি শুনেছিলেন। Tini **shune**chhilen.
Simple Future Tense					
আমি শুনব। Ami **shun**bo.	তুই শুনবি। Tui **shun**bi.	তুমি শুনবে। Tumi **shun**be.	আপনি শুনবেন। Apni **shun**ben	সে শুনবে। Se **shun**be.	তিনি শুনবেন। Tini **shun**ben
Future Continuous Tense					
আমি শুনতে থাকব Ami **shunte** thakbo	তুই শুনতে থাকবি Tui **shunte** thakbi	তুমি শুনতে থাকবে Tumi **shunte** thakbe	আপনি শুনতে থাকবেন Apni **shunte** thakben	সে শুনতে থাকবে Se **shunte** thakbe	তিনি শুনতে থাকবেন Tini **shunte** thakben
Future Perfect Tense					
আমি শুনে থাকব Ami **shune** thakbo	তুই শুনে থাকবি Tui **shune** thakbi	তুমি শুনে থাকবে Tumi **shune** thakbe	আপনি শুনে থাকবেন Apni **shune** thakben	সে শুনে থাকবে Se **shune** thakbe	তিনি শুনে থাকবেন Tini **shune** thakben
Passive Voice					
The sound was heard.			আওয়াজটি শোনা গেল। Awajti **shon**a gelo.		
Negative Sense					
I could not hear the speech.			আমি ভাষনটি শুনতে পারিনি। Ami bhashon ti **shun**te parini.		
Obligatory Sense					
Everyone should hear that song.			সবার সেই গানটি শোনা উচিত। Shobar sei ganti **shon**a uchit.		

Verb: to help- সাহায্য করা (shahajjo kora)

1st Person	2nd person (Very Familiar)	2nd person (Familiar)	2nd person (Respectable)	3rd person (Familiar)	3rd person (Respectable)
Simple Present Tense					
আমি সাহায্য করি। Ami shahajjo kori.	তুই সাহায্য করিস। Tui shahajjo koris.	তুমি সাহায্য কর। Tumi shahajjo koro.	আপনি সাহায্য করেন। Apni shahajjo koren.	সে সাহায্য করে। Se shahajjo kore.	তিনি সাহায্য করেন। Tini shahajjo koren.
Present Continuous Tense					
আমি সাহায্য করছি। Ami shahajjo korchhi.	তুই সাহায্য করছিস। Tui shahajjo korchhis.	তুমি সাহায্য করছ। Tumi shahajjo korchho.	আপনি সাহায্য করছেন। Apni shahajjo korchhen.	সে সাহায্য করছে। Se shahajjo korchhe.	তিনি সাহায্য করছেন। Tini shahajjo korchhen.
Present Perfect Tense					
আমি সাহায্য করেছি। Ami shahajjo korechhi	তুই সাহায্য করেছিস। Tui shahajjo korechhis.	তুমি সাহায্য করেছ। Tumi shahajjo korechho.	আপনি সাহায্য করেছেন। Apni shahajjo korechhen.	সে সাহায্য করেছে। Se shahajjo korechhe.	তিনি সাহায্য করেছেন। Tini shahajjo korechhen.
Simple Past Tense					
আমি সাহায্য করলাম। Ami shahajjo korlam.	তুই সাহায্য করলি। Tui shahajjo korli.	তুমি সাহায্য করলে। Tumi shahajjo korle.	আপনি সাহায্য করলেন। Apni shahajjo korlen.	সে সাহায্য করল। Se shahajjo korlo.	তিনি সাহায্য করলেন। Tini shahajjo korlen
Past Continuous Tense					
আমি সাহায্য করছিলাম। Ami shahajjo korchhilam.	তুই সাহায্য করছিলি। Tui shahajjo korchhili.	তুমি সাহায্য করছিলে। tumi shahajjo korchhile.	আপনি সাহায্য করছিলেন। Apni shahajjo korchhilen.	সে সাহায্য করছিল। Se shahajjo korchhilo.	তিনি সাহায্য করছিলেন। Tini shahajjo korchhilen.
Past Perfect Tense					
আমি সাহায্য করেছিলাম। Ami shahajjo korechhilam.	তুই সাহায্য করেছিলি। Tui shahajjo korechhili.	তুমি সাহায্য করেছিলে। Tumi shahajjo korechhile.	আপনি সাহায্য করেছিলেন। Apni shahajjo korechhilen.	সে সাহায্য করেছিল। Se shahajjo korechhilo.	তিনি সাহায্য করেছিলেন। Tini shahajjo korechhilen.
Simple Future Tense					
আমি সাহায্য করব। Ami shahajjo korbo.	তুই সাহায্য করবি। Tui shahajjo korbi.	তুমি সাহায্য করবে। Tumi shahajjo korbe.	আপনি সাহায্য করবেন। Apni shahajjo korben	সে সাহায্য করবে। Se shahajjo korbe.	তিনি সাহায্য করবেন। Tini shahajjo korben
Future Continuous Tense					
আমি সাহায্য করতে থাকব। Ami shahajjo korte thakbo	তুই সাহায্য করতে থাকবি। Tui shahajjo korte thakbi	তুমি সাহায্য করতে থাকবে। Tumi shahajjo korte thakbe	আপনি সাহায্য করতে থাকবেন। Apni shahajjo korte thakben	সে সাহায্য করতে থাকবে। Se shahajjo korte thakbe	তিনি সাহায্য করতে থাকবেন। Tini shahajjo korte thakben
Future Perfect Tense					
আমি সাহায্য করে থাকব। Ami shahajjo korte thakbo	তুই সাহায্য করে থাকবি। Tui shahajjo kore thakbi	তুমি সাহায্য করে থাকবে। Tumi shahajjo kore thakbe	আপনি সাহায্য করে থাকবেন। Apni shahajjo kore thakben	সে সাহায্য করে থাকবে। Se shahajjo kore thakbe	তিনি সাহায্য করে থাকবেন। Tini shahajjo kore thakben

Passive Voice	
He was helped by everybody.	সবাই তার **সাহায্য** করলো।
	Shobai tar **shahajjo** korlo.
Negative Sense	
Nobody helped him on the street.	তাকে রাস্তায় কেউ **সাহায্য** করলো না।
	Ta ke rastay keu **shahajjo** korlo na.
Obligatory Sense	
Poor should be helped.	গরিব মানুষের **সাহায্য** করা উচিত।
	Garib manusher **shahajjo** kora uchit.

Bengali Language: 101 Bengali Verbs

Verb: to hold- ধরা। (dhora)

1st Person	2nd person (Very Familiar)	2nd person (Familiar)	2nd person (Respectable)	3rd person (Familiar)	3rd person (Respectable)
Simple Present Tense					
আমি ধরি। Ami **dhor**i.	তুই ধরিস। Tui **dhor**is.	তুমি ধর। Tumi **dhor**o.	আপনি ধরেন। Apni **dhor**en.	সে ধরে। Se **dhor**e.	তিনি ধরেন। Tini **dhor**en.
Present Continuous Tense					
আমি ধরছি। Ami **dhor**chhi.	তুই ধরছিস। Tui **dhor**chhis.	তুমি ধরছ। Tumi **dhor**chho.	আপনি ধরছেন। Apni **dhor**chhen.	সে ধরছে। Se **dhor**chhe.	তিনি ধরছেন। Tini **dhor**chhen.
Present Perfect Tense					
আমি ধরেছি। Ami **dhor**echhi.	তুই ধরেছিস। Tui **dhor**echhis.	তুমি ধরেছ। Tumi **dhor**echho.	আপনি ধরেছেন। Apni **dhor**echhen.	সে ধরেছে। Se **dhor**echhe.	তিনি ধরেছেন। Tini **dhor**echhen.
Simple Past Tense					
আমি ধরলাম। Ami **dhor**lam.	তুই ধরলি। Tui **dhor**li.	তুমি ধরলে। Tumi **dhor**le.	আপনি ধরলেন। Apni **dhor**len.	সে ধরল। Se **dhor**lo.	তিনি ধরলেন। Tini **dhor**len
Past Continuous Tense					
আমি ধরছিলাম। Ami **dhor**chhilam.	তুই ধরছিলি। Tui **dhor**chhili.	তুমি ধরছিলে। tumi **dhor**chhile.	আপনি ধরছিলেন। Apni **dhor**chhilen.	সে ধরছিল। Se **dhor**chhilo.	তিনি ধরছিলেন। Tini **dhor**chhilen.
Past Perfect Tense					
আমি ধরেছিলাম। Ami **dhor**echhilam.	তুই ধরেছিলি। Tui **dhor**echhili.	তুমি ধরেছিলে। Tumi **dhor**echhile.	আপনি ধরেছিলেন। Apni **dhor**echhilen.	সে ধরেছিল। Se **dhor**echhilo.	তিনি ধরেছিলেন। Tini **dhor**echhilen.
Simple Future Tense					
আমি ধরব। Ami **dhor**bo.	তুই ধরবি। Tui **dhor**bi.	তুমি ধরবে। Tumi **dhor**be.	আপনি ধরবেন। Apni **dhor**ben	সে ধরবে। Se **dhor**be.	তিনি ধরবেন। Tini **dhor**ben
Future Continuous Tense					
আমি ধরতে থাকব Ami **dhor**te thakbo	তুই ধরতে থাকবি Tui **dhor**te thakbi	তুমি ধরতে থাকবে Tumi **dhor**te thakbe	আপনি ধরতে থাকবেন Apni **dhor**te thakben	সে ধরতে থাকবে Se **dhor**te thakbe	তিনি ধরতে থাকবেন Tini **dhor**te thakben
Future Perfect Tense					
আমি ধরে থাকব Ami **dhor**e thakbo	তুই ধরে থাকবি Tui **dhor**e thakbi	তুমি ধরে থাকবে Tumi **dhor**e thakbe	আপনি ধরে থাকবেন Apni **dhor**e thakben	সে ধরে থাকবে Se **dhor**e thakbe	তিনি ধরে থাকবেন Tini **dhor**e thakben

Passive Voice	
He was held by a hand.	তাকে হাত দিয়ে ধরা হল। Take hath diye **dhor**a holo.
Negative Sense	
Nobody held him on the street.	তাকে রাস্তায় কেউ ধরল না। Ta ke rastay keu **dhor**lo na.
Obligatory Sense	
He should be held responsible for environmental issues.	পরিবেশ সংক্রান্ত বিষয়ে তার দায়িত্ব নেওয়া উচিত। Poribesh shonkranto bishoye tar dayittoa **neowa** uchit.

Verb: to increase- **বাড়িয়ে** দাওয়া। (**bariye** deowa)

1st Person	2nd person (Very Familiar)	2nd person (Familiar)	2nd person (Respectable)	3rd person (Familiar)	3rd person (Respectable)
Simple Present Tense					
আমি **বাড়িয়ে** দিই। Ami **bariye** dii.	তুই **বাড়িয়ে** দিস। Tui **bariye** dis.	তুমি **বাড়িয়ে** দাও। Tumi **bariye** dao.	আপনি **বাড়িয়ে** দিন। Apni **bariye** den.	সে **বাড়িয়ে** দেয়। Se **bariye** day.	তিনি **বাড়িয়ে** দেন। Tini **bariye** den.
Present Continuous Tense					
আমি **বাড়িয়ে** দিচ্ছি। Ami **bariye** dichhi.	তুই **বাড়িয়ে** দিচ্ছিস। Tui **bariye** dichhis.	তুমি **বাড়িয়ে** দিচ্ছ। Tumi **bariye** dichho.	আপনি **বাড়িয়ে** দিচ্ছেন। Apni **bariye** dichhen.	সে **বাড়িয়ে** দিচ্ছে। Se **bariye** dichhe.	তিনি **বাড়িয়ে** দিচ্ছেন। Tini **bariye** dichhen.
Present Perfect Tense					
আমি **বাড়িয়ে** দিয়েছি। Ami **bariye** diyechhi	তুই **বাড়িয়ে** দিয়েছিস। Tui **bariye** diyechhis.	তুমি **বাড়িয়ে** দিয়েছ। Tumi **bariye** diyechho.	আপনি **বাড়িয়ে** দিয়েছেন। Apni **bariye** diyechhen.	সে **বাড়িয়ে** দিয়েছে। Se **bariye** diyechhe.	তিনি **বাড়িয়ে** দিয়েছেন। Tini **bariye** diyechhen.
Simple Past Tense					
আমি **বাড়িয়ে** দিলাম। Ami **bariye** dilam.	তুই **বাড়িয়ে** দিলি। Tui **bariye** dili.	তুমি **বাড়িয়ে** দিলে। Tumi **bariye** dile.	আপনি **বাড়িয়ে** দিলেন। Apni **bariye** dilen.	সে **বাড়িয়ে** দিল। Se **bariy**e dilo.	তিনি **বাড়িয়ে** দিলেন। Tini **bariye** dilen.
Past Continuous Tense					
আমি **বাড়িয়ে** দিচ্ছিলাম। Ami **bariye** dichhilam.	তুই **বাড়িয়ে** দিচ্ছিলি। Tui **bariye** dichhili.	তুমি **বাড়িয়ে** দিচ্ছিলে। tumi **bariye** dichhile.	আপনি **বাড়িয়ে** দিচ্ছিলেন। Apni **bariye** dichhilen.	সে **বাড়িয়ে** দিচ্ছিল। Se **bariye** dichhilo.	তিনি **বাড়িয়ে** দিচ্ছিলেন। Tini **bariye** dichhilen.
Past Perfect Tense					
আমি **বাড়িয়ে** দিয়েছিলাম। Ami **bariye** diyechhilam.	তুই **বাড়িয়ে** দিয়েছিলি। Tui **bariye** diyechhili.	তুমি **বাড়িয়ে** দিয়েছিলে। Tumi **bariye** diyechhile.	আপনি **বাড়িয়ে** দিয়েছিলেন। Apni **bariye** diyechhilen.	সে **বাড়িয়ে** দিয়েছিল। Se **bariye** diyechhilo.	তিনি **বাড়িয়ে** দিয়েছিলেন। Tini **bariye** diyechhilen.
Simple Future Tense					
আমি **বাড়িয়ে** দেব। Ami **bariye** debo.	তুই **বাড়িয়ে** দিবি। Tui **bariye** dibi.	তুমি **বাড়িয়ে** দেবে। Tumi **bariye** debe.	আপনি **বাড়িয়ে** দেবেন। Apni **bariye** deben.	সে **বাড়িয়ে** দেবে। Se **bariye** debe.	তিনি **বাড়িয়ে** দেবেন। Tini **bariye** deben.
Future Continuous Tense					
আমি বাড়াতে থাকব Ami **barate** thakbo	তুই **বাড়াতে** থাকবি Tui **barate** thakbi	তুমি **বাড়াতে** থাকবে Tumi **barate** thakbe	আপনি **বাড়াতে** থাকবেন Apni **barate** thakben	সে **বাড়াতে** থাকবে Se **barate** thakbe	তিনি **বাড়াতে** থাকবেন Tini **barate** thakben
Future Perfect Tense					
আমি **বাড়িয়ে** থাকব Ami **bar**iye thakbo	তুই **বাড়িয়ে** থাকবি Tui **bar**iye thakbi	তুমি **বাড়িয়ে** থাকবে Tumi **bar**iye thakbe	আপনি **বাড়িয়ে** থাকবেন Apni **bar**iye thakben	সে **বাড়িয়ে** থাকবে Se **bar**iye thakbe	তিনি **বাড়িয়ে** থাকবেন Tini **bar**iye thakben

Passive Voice	
Your wages are increased.	আপনার বেতন **বাড়িয়ে** দেওয়া হল।
	Apnar beton **bariye** deowa holo.
Negative Sense	
I cannot increase your salary.	আমি তোমার বেতন বাড়াতে পারিনা।
	Ami tomar beton **bara**te parina.
Obligatory Sense	
Your wages should be increased.	তোমার বেতন বাড়া উচিত।
	Tomar beton **bara** uchit.

Bengali Language: 101 Bengali Verbs

Verb: to introduce- **পরিচয়** করানো। (**porichoy** korano)

1st Person	2nd person (Very Familiar)	2nd person (Familiar)	2nd person (Respectable)	3rd person (Familiar)	3rd person (Respectable)
Simple Present Tense					
আমি **পরিচয়** করাই। Ami **porichoy** korai.	তুই **পরিচয়** করাস। Tui **porichoy** koras.	তুমি **পরিচয়** করাও। Tumi **porichoy** korao.	আপনি **পরিচয়** করান। Apni **porichoy** koran.	সে **পরিচয়** করায়। Se **porichoy** koray.	তিনি **পরিচয়** করান। Tini **porichoy** koran.
Present Continuous Tense					
আমি **পরিচয়** করাচ্ছি। Ami **porichoy** korachhi.	তুই **পরিচয়** করাচ্ছিস। Tui **porichoy** korachhis.	তুমি **পরিচয়** করাচ্ছ। Tumi **porichoy** korachho.	আপনি **পরিচয়** করাচ্ছেন। Apni **porichoy** korachhen.	সে **পরিচয়** করাচ্ছে। Se **porichoy** korachhe.	তিনি **পরিচয়** করাচ্ছেন। Tini **porichoy** korachhen.
Present Perfect Tense					
আমি **পরিচয়** করিয়েছি। Ami **porichoy** koriyechhi	তুই **পরিচয়** করিয়েছিস। Tui **porichoy** koriyechhis.	তুমি **পরিচয়** করিয়েছ। Tumi **porichoy** koriyechho.	আপনি **পরিচয়** করিয়েছেন। Apni **porichoy** koriyechhen.	সে **পরিচয়** করিয়েছে। Se **porichoy** koriyechhe.	তিনি **পরিচয়** করিয়েছেন। Tini **porichoy** koriyechhen.
Simple Past Tense					
আমি **পরিচয়** করালাম। Ami **porichoy** koralam.	তুই **পরিচয়** করালি। Tui **porichoy** korali.	তুমি **পরিচয়** করালে। Tumi **porichoy** korale.	আপনি **পরিচয়** করালেন। Apni **porichoy** koralen.	সে **পরিচয়** করাল। Se **porichoy** koralo.	তিনি **পরিচয়** করালেন। Tini **porichoy** koralen
Past Continuous Tense					
আমি **পরিচয়** করাচ্ছিলাম। Ami **porichoy** korachhilam.	তুই **পরিচয়** করাচ্ছিলি। Tui **porichoy** korachhili.	তুমি **পরিচয়** করাচ্ছিলে। tumi **porichoy** korachhile.	আপনি **পরিচয়** করাচ্ছিলেন। Apni **porichoy** korachhilen.	সে **পরিচয়** করাচ্ছিল। Se **porichoy** korachhilo.	তিনি **পরিচয়** করাচ্ছিলেন। Tini **porichoy** korachhilen.
Past Perfect Tense					
আমি **পরিচয়** করিয়েছিলাম। Ami **porichoy** koriyechhilam.	তুই **পরিচয়** করিয়েছিলি। Tui **porichoy** koriyechhili.	তুমি **পরিচয়** করিয়েছিলে। Tumi **porichoy** koriyechhile.	আপনি **পরিচয়** করিয়েছিলেন। Apni **porichoy** koriyechhilen.	সে **পরিচয়** করিয়েছিল। Se **porichoy** koriyechhilo.	তিনি **পরিচয়** করিয়েছিলেন। Tini **porichoy** koriyechhilen.
Simple Future Tense					
আমি **পরিচয়** করাব। Ami **porichoy** korabo.	তুই **পরিচয়** করাবি। Tui **porichoy** korabi.	তুমি **পরিচয়** করাবে। Tumi **porichoy** korabe.	আপনি **পরিচয়** করাবেন। Apni **porichoy** koraben	সে **পরিচয়** করাবে। Se **porichoy** korabe.	তিনি **পরিচয়** করাবেন। Tini **porichoy** koraben
Future Continuous Tense					
N/A	N/A	N/A	N/A	N/A	N/A
Future Perfect Tense					
N/A	N/A	N/A	N/A	N/A	N/A
Passive Voice					
He was introduced to the house.			তাকে বাড়িতে **পরিচয়** করান হল। Take barite **porichoy** korano holo.		
Negative Sense					
He did not introduce his wife.			সে নিজের স্ত্রীর সাথে **পরিচয়** করালো না। Se nijer strir sathe **porichoy** koralo na.		

Obligatory Sense	
You should introduce yourself to the Board.	আপনার বোর্ড কে নিজের **পরিচয়** দেওয়া উচিত। Apnar board ke nijer **porichoy** deowa uchit.

Bengali Language: 101 Bengali Verbs

Verb: to invite - আমন্ত্রিত করা। (amontrito kora)

1st Person	2nd person (Very Familiar)	2nd person (Familiar)	2nd person (Respectable)	3rd person (Familiar)	3rd person (Respectable)
Simple Present Tense					
আমি আমন্ত্রিত করি। Ami amontrito kori.	তুই আমন্ত্রিত করিস। Tui amontrito koris.	তুমি আমন্ত্রিত কর। Tumi amontrito koro.	আপনি আমন্ত্রিত করেন। Apni amontrito koren.	সে আমন্ত্রিত করে। Se amontrito kore.	তিনি আমন্ত্রিত করেন। Tini amontrito koren.
Present Continuous Tense					
আমি আমন্ত্রিত করছি। Ami amontrito korchhi.	তুই আমন্ত্রিত করছিস। Tui amontrito korchhis.	তুমি আমন্ত্রিত করছ। Tumi amontrito korchho.	আপনি আমন্ত্রিত করছেন। Apni amontrito korchhen.	সে আমন্ত্রিত করছে। Se amontrito korchhe.	তিনি আমন্ত্রিত করছেন। Tini amontrito korchhen.
Present Perfect Tense					
আমি আমন্ত্রিত করেছি। Ami amontrito korechhi	তুই আমন্ত্রিত করেছিস। Tui amontrito korechhis.	তুমি আমন্ত্রিত করেছ। Tumi amontrito korechho.	আপনি আমন্ত্রিত করেছেন। Apni amontrito korechhen.	সে আমন্ত্রিত করেছে। Se amontrito korechhe.	তিনি আমন্ত্রিত করেছেন। Tini amontrito korechhen.
Simple Past Tense					
আমি আমন্ত্রিত করলাম। Ami amontrito korlam.	তুই আমন্ত্রিত করলি। Tui amontrito korli.	তুমি আমন্ত্রিত করলে। Tumi amontrito korle.	আপনি আমন্ত্রিত করলেন। Apni amontrito korlen.	সে আমন্ত্রিত করল। Se amontrito korlo.	তিনি আমন্ত্রিত করলেন। Tini amontrito korlen
Past Continuous Tense					
আমি আমন্ত্রিত করছিলাম। Ami amontrito korchhilam.	তুই আমন্ত্রিত করছিলি। Tui amontrito korchhili.	তুমি আমন্ত্রিত করছিলে। Tumi amontrito korchhile.	আপনি আমন্ত্রিত করছিলেন। Apni amontrito korchhilen.	সে আমন্ত্রিত করছিল। Se amontrito korchhilo.	তিনি আমন্ত্রিত করছিলেন। Tini amontrito korchhilen.
Past Perfect Tense					
আমি আমন্ত্রিত করেছিলাম। Ami amontrito korechhilam.	তুই আমন্ত্রিত করেছিলি। Tui amontrito korechhili.	তুমি আমন্ত্রিত করেছিলে। Tumi amontrito korechhile.	আপনি আমন্ত্রিত করেছিলেন। Apni amontrito korechhilen.	সে আমন্ত্রিত করেছিল। Se amontrito korechhilo.	তিনি আমন্ত্রিত করেছিলেন। Tini amontrito korechhilen.
Simple Future Tense					
আমি আমন্ত্রিত করব। Ami amontrito korbo.	তুই আমন্ত্রিত করবি। Tui amontrito korbi.	তুমি আমন্ত্রিত করবে। Tumi amontrito korbe.	আপনি আমন্ত্রিত করবেন। Apni amontrito korben	সে আমন্ত্রিত করবে। Se amontrito korbe.	তিনি আমন্ত্রিত করবেন। Tini amontrito korben
Future Continuous Tense					
N/A	N/A	N/A	N/A	N/A	N/A
Future Perfect Tense					
N/A	N/A	N/A	N/A	N/A	N/A
Passive Voice					
He was invited to the meeting.			তাকে সভায় আমন্ত্রিত করা হয়েছিল। Take shobhay amontrito kora hoyechhilo.		
Negative Sense					
He did not invite me for the dinner.			সে আমাকে রাত্রিভোজে আমন্ত্রিত করেনি। Se amake ratribhoje amontrito kore ni.		

Obligatory Sense	
You should invite him.	আপনার তাকে **আমন্ত্রিত** করা উচিত। Apnar ta ke **amontrito** kora uchit.

Verb: to kill- **মেরে** ফেলা। (**mere** fela)

1st Person	2nd person (Very Familiar)	2nd person (Familiar)	2nd person (Respectable)	3rd person (Familiar)	3rd person (Respectable)
Simple Present Tense					
আমি **মেরে** ফেলি। Ami **mere** feli.	তুই **মেরে** ফেলিস। Tui **mere** felis.	তুমি **মেরে** ফেল। Tumi **mere** felo.	আপনি**মেরে** ফেলেন। Apni **mere** felen.	সে **মেরে** ফেলে। Se **mere** fele.	তিনি **মেরে** ফেলেন। Tini **mere** felen.
Present Continuous Tense					
আমি **মেরে** ফেলছি। Ami **mere** felchhi.	তুই **মেরে** ফেলছিস। Tui **mere** felchhis.	তুমি **মেরে** ফেলছ। Tumi **mere** felchho.	আপনি **মেরে** ফেলছেন। Apni **mere** felchhen.	সে **মেরে** ফেলছে। Se **mere** felchhe.	তিনি **মেরে** ফেলছেন। Tini **mere** felchhen.
Present Perfect Tense					
আমি **মেরে** ফেলেছি। Ami **mere** felechhi	তুই **মেরে** ফেলেছিস। Tui **mere** felechhis.	তুমি **মেরে** ফেলেছ। Tumi **mere** felechho.	আপনি **মেরে** ফেলেছেন। Apni **mere** felechhen.	সে **মেরে** ফেলেছে। Se **mere** felechhe.	তিনি **মেরে** ফেলেছেন। Tini **mere** felechhen.
Simple Past Tense					
আমি **মেরে** ফেললাম। Ami **mere** fellam.	তুই **মেরে** ফেললি। Tui **mere** felli.	তুমি **মেরে** ফেললে। Tumi **mere** felle.	আপনি **মেরে** ফেললেন। Apni **mere** fellen.	সে **মেরে** ফেলল। Se **mere** fello.	তিনি **মেরে** ফেললেন। Tini **mere** fellen
Past Continuous Tense					
আমি **মেরে** ফেলছিলাম। Ami **mere** felchhilam.	তুই **মেরে** ফেলছিলি। Tui **mere** felchhili.	তুমি **মেরে** ফেলছিলে। Tumi **mere** felchhile.	আপনি **মেরে** ফেলছিলেন। Apni **mere** felchhilen.	সে **মেরে** ফেলছিল। Se **mere** felchhilo.	তিনি **মেরে** ফেলছিলেন। Tini **mere** felchhilen.
Past Perfect Tense					
আমি **মেরে** ফেলেছিলাম। Ami **mere** felechhilam.	তুই **মেরে** ফেলেছিলি। Tui **mere** felechhili.	তুমি **মেরে** ফেলেছিলে। Tumi **mere** felechhile.	আপনি **মেরে** ফেলেছিলেন। Apni **mere** felechhilen.	সে **মেরে** ফেলেছিল। Se **mere** felechhilo.	তিনি **মেরে** ফেলেছিলেন। Tini **mere** felechhilen.
Simple Future Tense					
আমি **মেরে** ফেলব। Ami **mere** felbo.	তুই **মেরে** ফেলবি। Tui **mere** felbi.	তুমি **মেরে** ফেলবে। Tumi **mere** felbe.	আপনি **মেরে** ফেলবেন। Apni **mere** felben	সে **মেরে** ফেলবে। Se **mere** felbe.	তিনি **মেরে** ফেলবেন। Tini **mere** felben
Future Continuous Tense					
আমি **মেরে** ফেলতে থাকব Ami **mere** felte thakbo	তুই **মেরে** ফেলতে থাকবি Tui **mere** felte thakbi	তুমি **মেরে** ফেলতে থাকবে Tumi **mere** felte thakbe	আপনি **মেরে** ফেলতে থাকবেন Apni **mere** felte thakben	সে **মেরে** ফেলতে থাকবে Se **mere** felte thakbe	তিনি **মেরে** ফেলতে থাকবেন Tini **mere** felte thakben
Future Perfect Tense					
আমি **মেরে** ফেলে থাকব Ami **mere** fele thakbo	তুই **মেরে** ফেলে থাকবি Tui **mere** fele thakbi	তুমি **মেরে** ফেলে থাকবে Tumi **mere** fele thakbe	আপনি **মেরে** ফেলে থাকবেন Apni **mere** fele thakben	সে **মেরে** ফেলে থাকবে Se **mere** fele thakbe	তিনি **মেরে** ফেলে থাকবেন Tini **mere** fele thakben
Passive Voice					
He was killed in an accident.			একটি দুর্ঘটনায় সে **মারা** গেল। Ekti durghotonay se **mara** gelo.		

Negative Sense	
He cannot kill even a fly.	সে একটি মাছি ও **মারতে** পারে না।
	Se ekti machhio **mar**te pare na.
Obligatory Sense	
You should not kill an animal without any reason.	আপনার অকারনে কোনো জন্তুকে **মেরে** ফেলা উচিত নয়।
	Apnar okarone kono jontuke **mere** fela uchit noy.

Verb: to kiss- **চুম্বন** করা। (**chumbon** kora)

1st Person	2nd person (Very Familiar)	2nd person (Familiar)	2nd person (Respectable)	3rd person (Familiar)	3rd person (Respectable)
Simple Present Tense					
আমি **চুম্বন** করি। Ami **chumbon** kori.	তুই **চুম্বন** করিস। Tui **chumbon** koris.	তুমি **চুম্বন** কর। Tumi **chumbon** koro.	আপনি **চুম্বন** করেন। Apni **chumbon** koren.	সে **চুম্বন** করে। Se **chumbon** kore.	তিনি **চুম্বন** করেন। Tini **chumbon** koren.
Present Continuous Tense					
আমি **চুম্বন** করছি। Ami **chumbon** korchhi.	তুই **চুম্বন** করছিস। Tui **chumbon** korchhis.	তুমি **চুম্বন** করছ। Tumi **chumbon** korchho.	আপনি **চুম্বন** করছেন। Apni **chumbon** korchhen.	সে **চুম্বন** করছে। Se **chumbon** korchhe.	তিনি **চুম্বন** করছেন। Tini **chumbon** korchhen.
Present Perfect Tense					
আমি **চুম্বন** করেছি। Ami **chumbon** korechhi	তুই **চুম্বন** করেছিস। Tui **chumbon** korechhis.	তুমি **চুম্বন** করেছ। Tumi **chumbon** korechho.	আপনি **চুম্বন** করেছেন। Apni chumbon korechhen.	সে **চুম্বন** করেছে। Se **chumbon** korechhe.	তিনি **চুম্বন** করেছেন। Tini **chumbon** korechhen.
Simple Past Tense					
আমি **চুম্বন** করলাম। Ami **chumbon** korlam.	তুই **চুম্বন** করলি। Tui **chumbon** korli.	তুমি **চুম্বন** করলে। Tumi **chumbon** korle.	আপনি **চুম্বন** করলেন। Apni **chumbon** korlen.	সে **চুম্বন** করল। Se **chumbon** korlo.	তিনি **চুম্বন** করলেন। Tini **chumbon** korlen
Past Continuous Tense					
আমি **চুম্বন** করছিলাম। Ami **chumbon** korchhilam.	তুই **চুম্বন** করছিলি। Tui **chumbon** korchhili.	তুমি **চুম্বন** করছিলে। tumi **chumbon** korchhile.	আপনি **চুম্বন** করছিলেন। Apni **chumbon** korchhilen.	সে **চুম্বন** করছিল। Se **chumbon** korchhilo.	তিনি **চুম্বন** করছিলেন। Tini **chumbon** korchhilen.
Past Perfect Tense					
আমি **চুম্বন** করেছিলাম। Ami **chumbon** korechhilam.	তুই **চুম্বন** করেছিলি। Tui **chumbon** korechhili.	তুমি **চুম্বন** করেছিলে। Tumi **chumbon** korechhile.	আপনি **চুম্বন** করেছিলেন। Apni **chumbon** korechhilen.	সে **চুম্বন** করেছিল। Se **chumbon** korechhilo.	তিনি **চুম্বন** করেছিলেন। Tini **chumbon** korechhilen.
Simple Future Tense					
আমি **চুম্বন** করব। Ami **chumbon** korbo.	তুই **চুম্বন** করবি। Tui **chumbon** korbi.	তুমি **চুম্বন** করবে। Tumi **chumbon** korbe.	আপনি **চুম্বন** করবেন। Apni **chumbon** korben	সে **চুম্বন** করবে। Se **chumbon** korbe.	তিনি **চুম্বন** করবেন। Tini **chumbon** korben
Future Continuous Tense					
আমি **চুম্বন** করতে থাকব Ami **chumbon** korte thakbo	তুই **চুম্বন** করতে থাকবি Tui **chumbon** korte thakbi	তুমি **চুম্বন** করতে থাকবে Tumi **chumbon** korte thabe	আপনি **চুম্বন** করতে থাকবেন Apni **chumbon** korte thakben	সে **চুম্বন** করতে থাকবে Se **chumbon** korte thakbe	তিনি **চুম্বন** করতে থাকবে Tini **chumbon** korte thakben
Future Perfect Tense					
আমি **চুম্বন** করে থাকব Ami **chumbon** kore thakbo	তুই **চুম্বন** করে থাকবি Tui **chumbon** kore thakbe	তুমি **চুম্বন** করে থাকবে Tumi **chumbon** kore thakbe	আপনি **চুম্বন** করে থাকবেন Apni **chumbon** kore thakben	সে **চুম্বন** করে থাকবে Se **chumbon** kore thakbe	তিনি **চুম্বন** করে থাকবেন Tini **chumbon** kore thakben

Passive Voice	
She was kissed by him.	তাহার দ্বারা তাকে একটি **চুম্বন** করা হল।
	Tahar dara take ekti **chumbon** kora holo.
Negative Sense	
He did not kiss his wife publicly.	সে নিজের স্ত্রীকে সবার সামনে **চুম্বন** করল না।
	se nijer striike shobar samne **chumbon** korlo na.
Obligatory Sense	
You should kiss to show your love.	**চুম্বন** দ্বারা আপনার প্রেম প্রকাশ করা উচিত।
	chumbon dara apnar prem prokash kora uchit.

Verb: to know- জানা (jana)

1st Person	2nd person (Very Familiar)	2nd person (Familiar)	2nd person (Respectable)	3rd person (Familiar)	3rd person (Respectable)
Simple Present Tense					
আমি জানি। Ami jani.	তুই জানিস। Tui janis.	তুমি জান। Tumi jano.	আপনি জানেন। Apni janen.	সে জানে। Se jane.	তিনি জানেন। Tini janen.
Present Continuous Tense					
আমি জানছি। Ami janchhi.	তুই জানছিস। Tui janchhis.	তুমি জানছ। Tumi janchho.	আপনি জানছেন। Apni janchhen.	সে জানছে। Se janchhe.	তিনি জানছেন। Tini janchhen.
Present Perfect Tense					
আমি জেনেছি। Ami jenechhi.	তুই জেনেছিস। Tui jenechhis.	তুমি জেনেছ। Tumi jenechho.	আপনি জেনেছেন। Apni jenechhen.	সে জেনেছে। Se jenechhe.	তিনি জেনেছেন। Tini jenechhen.
Simple Past Tense					
আমি জানলাম। Ami janlam.	তুই জানলি। Tui janli.	তুমি জানলে। Tumi janle.	আপনি জানলেন। Apni janlen.	সে জানল। Se janlo.	তিনি জানলেন। Tini janlen
Past Continuous Tense					
আমি জানছিলাম। Ami janchhilam.	তুই জানছিলি। Tui janchhili.	তুমি জানছিলে। tumi janchhile.	আপনি জানছিলেন। Apni janchhilen.	সে জানছিল। Se janchhilo.	তিনি জানছিলেন। Tini janchhilen.
Past Perfect Tense					
আমি জেনেছিলাম। Ami jenechhilam.	তুই জেনেছিলি। Tui jenechhili.	তুমি জেনেছিলে। Tumi jenechhile.	আপনি জেনেছিলেন। Apni jenechhilen.	সে জেনেছিল। Se jenechhilo.	তিনি জেনেছিলেন। Tini jenechhilen.
Simple Future Tense					
আমি জানব। Ami janbo.	তুই জানবি। Tui janbi.	তুমি জানবে। Tumi janbe.	আপনি জানবেন। Apni janben.	সে জানবে। Se janbe.	তিনি জানবেন। Tini janben
Future Continuous Tense					
আমি জানতে থাকব Ami jante thakbo	তুই জানতে থাকবি Tui jante thakbe	তুমি জানতে থাকবে Tumi jante thakbe	আপনি জানতে থাকবেন Apni jante thakben	সে জানতে থাকবে Se jante thakbe	তিনি জানতে থাকবেন Tini jante thakben
Future Perfect Tense					
আমি জেনে থাকব Ami jene thakbo	তুই জেনে থাকবি Tui jene thakbi	তুমি জেনে থাকবে Tumi jene thakbe	আপনি জেনে থাকবেন Apni jene thakben	সে জেনে থাকবে Se jene thakbe	তিনি জেনে থাকবেন Tini jene thakben

Passive Voice					
It was known to him.			তার এটা জানা ছিল। Tar eta jana chhilo.		
Negative Sense					
It was not known to him.			তার এটা জানা ছিলনা। Tar eta jana chhilona.		
Obligatory Sense					
You should know each other.			আপনাদের একে অপরকে জানা_উচিত। Apnader eke oporke jana uchit.		

Verb: to laugh - হাঁসা। (hansa)

1st Person	2nd person (Very Familiar)	2nd person (Familiar)	2nd person (Respectable)	3rd person (Familiar)	3rd person (Respectable)
Simple Present Tense					
আমি হাঁসি। Ami hansi.	তুই হাঁসিস। Tui hansis.	তুমি হাঁস। Tumi hanso.	আপনি হাঁসেন। Apni hansen.	সে হাঁসে। Se hanse.	তিনি হাঁসেন। Tini hansen.
Present Continuous Tense					
আমি হাঁসছি। Ami hanschhi.	তুই হাঁসছিস। Tui hanschhis.	তুমি হাঁসছ। Tumi hanschho.	আপনি হাঁসছেন। Apni hanschhen.	সে হাঁসছে। Se hanschhe.	তিনি হাঁসছেন। Tini hanschhen.
Present Perfect Tense					
আমি হেঁসেছি। Ami hensechhi.	তুই হেঁসেছিস। Tui hensechhis.	তুমি হেঁসেছ। Tumi hensechho.	আপনি হেঁসেছেন। Apni hensechhen.	সে হেঁসেছে। Se hensechhe.	তিনি হেঁসেছেন। Tini hensechhen.
Simple Past Tense					
আমি হাঁসলাম। Ami hanslam.	তুই হাঁসলি। Tui hansli.	তুমি হাঁসলে। Tumi hansle.	আপনি হাঁসলেন। Apni hanslen.	সে হাঁসল। Se hanslo.	তিনি হাঁসলেন। Tini hanslen
Past Continuous Tense					
আমি হাঁসছিলাম। Ami hanschhilam.	তুই হাঁসছিলি। Tui hanschhili.	তুমি হাঁসছিলে। tumi hanschhile.	আপনি হাঁসছিলেন। Apni hanschhilen.	সে হাঁসছিল। Se hanschhilo.	তিনি হাঁসছিলেন। Tini hanschhilen.
Past Perfect Tense					
আমি হেঁসেছিলাম। Ami hensechhilam.	তুই হেঁসেছিলি। Tui hensechhili.	তুমি হেঁসেছিলে। Tumi hensechhile.	আপনি হেঁসেছিলেন। Apni hensechhilen.	সে হেঁসেছিল। Se hensechhilo.	তিনি হেঁসেছিলেন। Tini hensechhilen.
Simple Future Tense					
আমি হাঁসব। Ami hansbo.	তুই হাঁসবি। Tui hansbi.	তুমি হাঁসবে। Tumi hansbe.	আপনি হাঁসবেন। Apni hansben	সে হাঁসবে। Se hansbe.	তিনি হাঁসবেন। Tini hansben
Future Continuous Tense					
আমি হাঁসতে থাকব Ami hanste thakbo	তুই হাঁসতে থাকবি Tui hanste thakbi	তুমি হাঁসতে থাকবে Tumi hanste thakbe	আপনি হাঁসতে থাকবেন Apni hanste thakben	সে হাঁসতে থাকবে Se hanste thakbe	তিনি হাঁসতে থাকবেন Tini hanste thakben
Future Perfect Tense					
আমি হেঁসে থাকব Ami henshe thakbo	তুই হেঁসে থাকবি Tui henshe thakbi	তুমি হেঁসে থাকবে Tumi henshe thakbe	আপনি হেঁসে থাকবে Apni henshe thakben	সে হেঁসে থাকবে Se henshe thakbe	তিনি হেঁসে থাকবেন Tini henshe thakben

Passive Voice	
His behavior was laughed at.	তার ব্যবহারের উপর হাঁসা হল। Tar byaboharer upor hansa holo.

Negative Sense	
He did not laugh at the joke.	সে এই চুটকিতে হাঁসলনা। Se ei chutkite hanslona.

Obligatory Sense	
You should not laugh at anybody.	আপনার কারুর উপর হাঁসা উচিত নয়। Apnar karur upor hansa uchit noy.

Verb: to learn- শেখা। (shekha)

1st Person	2nd person (Very Familiar)	2nd person (Familiar)	2nd person (Respectable)	3rd person (Familiar)	3rd person (Respectable)
Simple Present Tense					
আমি শিখি। Ami **shikh**i.	তুই শিখিস। Tui **shikhi**s.	তুমি শেখ। Tumi **shekh**o.	আপনি শেখেন। Apni **shekhe**n.	সে শেখে। Se **shekh**e.	তিনি শেখেন। Tini **shekhe**n.
Present Continuous Tense					
আমি শিখছি। Ami **shikh**chhi.	তুই শিখছিস। Tui **shikh**chhis.	তুমি শিখছ। Tumi **shikh**chho.	আপনি শিখছেন। Apni **shikh**chhen.	সে শিখছে। Se **shikh**chhe.	তিনি শিখছেন। Tini **shikh**chhen.
Present Perfect Tense					
আমি শিখেছি। Ami **shikhe**chhi.	তুই শিখেছিস। Tui **shikhe**chhis.	তুমি শিখেছ। Tumi **shikhe**chho.	আপনি শিখেছেন। Apni **shikhe**chhen.	সে শিখেছে। Se **shikhe**chhe.	তিনি শিখেছেন। Tini **shikhe**chhen.
Simple Past Tense					
আমি শিখলাম। Ami **shikh**lam.	তুই শিখলি। Tui **shikh**li.	তুমি শিখলে। Tumi **shikh**le.	আপনি শিখলেন। Apni **shikh**len.	সে শিখল। Se **shikh**lo.	তিনি শিখলেন। Tini **shikh**len
Past Continuous Tense					
আমি শিখছিলাম। Ami **shikh**chhilam.	তুই শিখছিলি। Tui **shikh**chhili.	তুমি শিখছিলে। tumi **shikh**chhile.	আপনি শিখছিলেন। Apni **shikh**chhilen.	সে শিখছিল। Se **shikh**chhilo.	তিনি শিখছিলেন। Tini **shikh**chhilen.
Past Perfect Tense					
আমি শিখেছিলাম। Ami **shikhe**chhilam.	তুই শিখেছিলি। Tui **shikhe**chhili.	তুমি শিখেছিলে। Tumi **shikhe**chhile.	আপনি শিখেছিলেন। Apni **shikhe**chhilen.	সে শিখেছিল। Se **shikhe**chhilo.	তিনি শিখেছিলেন। Tini **shikhe**chhilen.
Simple Future Tense					
আমি শিখব। Ami **shikh**bo.	তুই শিখবি। Tui **shikh**bi.	তুমি শিখবে। Tumi **shikh**be.	আপনি শিখবেন। Apni **shikh**ben	সে শিখবে। Se **shikh**be.	তিনি শিখবেন। Tini **shikh**ben
Future Continuous Tense					
আমি শিখতে থাকব। Ami **shikh**te thakbo	তুই শিখতে থাকবি। Tui **shikh**te thakbi	তুমি শিখতে থাকবে। Tumi **shikh**te thakbe	আপনি শিখতে থাকবেন। Apni **shikh**te thakben	সে শিখতে থাকবে। Se **shikh**te thakbe	তিনি শিখতে থাকবেন। Tini **shikh**te thakben
Future Perfect Tense					
আমি শিখে থাকব। Ami **shikhe** thakbo	তুই শিখে থাকবি। Tui **shikhe** thakbi	তুমি শিখে থাকবে। Tumi **shikhe** thakbe	আপনি শিখে থাকবেন। Apni **shikhe** thakben	সে শিখে থাকবে। Se **shikhe** thakbe	তিনি শিখে থাকবেন। Tini **shikhe** thakben

Passive Voice	
A lesson was learnt from the incident.	ঘটনা থেকে একটি পাঠ শেখা হল। Ghotona theke ekti path **shekha** holo.
Negative Sense	
He did not learn the language.	সে ভাষাটা শিখলনা। Se bhashata **shikh**lo na.
Obligatory Sense	
You should learn to pray.	আপনার প্রার্থনা করা শেখা উচিত। Apnar prarthona kora **shekha** uchit.

BENGALI LANGUAGE: 101 BENGALI VERBS

Verb: to lie down- **শোয়া । (showa)**

1st Person	2nd person (Very Familiar)	2nd person (Familiar)	2nd person (Respectable)	3rd person (Familiar)	3rd person (Respectable)
Simple Present Tense					
আমি **শুই।** Ami **shui.**	তুই **শুস।** Tui **shu**s.	তুমি **শোও।** Tumi **sho**wo.	আপনি **শোন।** Apni **shon**.	সে **শোয়।** Se **sho**y.	তিনি **শোন।** Tini **shon**.
Present Continuous Tense					
আমি **শুচ্ছি।** Ami **shuchhi**.	তুই **শুচ্ছি**স। Tui **shu**chhis.	তুমি শুচ্ছ। Tumi **shu**chho.	আপনি শুচ্ছেন। Apni **shu**chhen.	সে শুচ্ছে। Se **shu**chhe.	তিনি শুচ্ছেন। Tini **shu**chhen.
Present Perfect Tense					
আমি **শুয়ে**ছি। Ami **shue**chhi.	তুই **শুয়ে**ছিস। Tui **shue**chhis.	তুমি **শুয়ে**ছ। Tumi **shue**chho.	আপনি **শুয়ে**ছেন। Apni **shue**chhen.	সে **শুয়ে**ছে। Se **shue**chhe.	তিনি **শুয়ে**ছেন। Tini **shue**chhen.
Simple Past Tense					
আমি **শুলা**ম। Ami **shu**lam.	তুই **শুলি।** Tui **shu**li.	তুমি শুলে। Tumi **shu**le.	আপনি শুলেন। Apni **shu**len.	সে শুল। Se **shu**lo.	তিনি শুলেন। Tini **shu**len
Past Continuous Tense					
আমি **শুচ্ছি**লাম। Ami **shu**chhilam.	তুই **শুচ্ছি**লি। Tui **shu**chhili.	তুমি **শুচ্ছি**লে। tumi **shu**chhile.	আপনি **শুচ্ছি**লেন। Apni **shu**chhilen.	সে **শুচ্ছি**ল। Se **shu**chhilo.	তিনি **শুচ্ছি**লেন। Tini **shu**chhilen.
Past Perfect Tense					
আমি **শুয়ে** ছিলাম। Ami **shuye** chhilam.	তুই **শুয়ে**ছিলি। Tui **shuye** chhili.	তুমি **শুয়ে**ছিলে। Tumi **shuye** chhile.	আপনি **শুয়ে**ছিলেন। Apni **shuye** chhilen.	সে **শুয়ে**ছিল। Se **shuye** chhilo.	তিনি **শুয়ে**ছিলেন। Tini **shuye** chhilen.
Simple Future Tense					
আমি **শো**ব। Ami **sho**bo.	তুই **শুবি।** Tui **shu**bi.	তুমি **শো**বে। Tumi **sho**be.	আপনি **শো**বেন। Apni **sho**ben	সে **শো**বে। Se **sho**be.	তিনি **শো**বেন। Tini **sho**ben
Future Continuous Tense					
আমি **শুতে** থাকব Ami **shu**te thakbo	তুই **শুতে** থাকবি Tui **shu**te thakbi	তুমি **শুতে** থাকবে Tumi **shu**te thakbe	আপনি **শুতে** থাকবেন Apni **shu**te thakben	সে **শুতে** থাকবে Se **shu**te thakbe	তিনি **শুতে** থাকবে Tini **shu**te thakben
Future Perfect Tense					
N/A	N/A	N/A	N/A	N/A	N/A
Passive Voice					
Lying down immediately after a heavy meal is not a good habit.			বেশি খাবার পর পরই **শোয়া** একটি ভালো অভ্যাস নয়। Beshi khabar por poroi tokhon**sho**wa ekti bhalo obhyas noy.		
Negative Sense					
He does not lie down during day time.			সে দুপুরে **শোয়**না। Se dupure **shoy**na.		
Obligatory Sense					
You should not lie down after a meal.			আপনার খাবার পর **শোয়া** উচিত নয়। Apnar khabar par **sho**wa uchit noy.		

Verb: to like- পছন্দ করা। (pochhondo kora)

1st Person	2nd person (Very Familiar)	2nd person (Familiar)	2nd person (Respectable)	3rd person (Familiar)	3rd person (Respectable)
Simple Present Tense					
আমি পছন্দ করি। Ami **pochhondo** kori.	তুই পছন্দ করিস। Tui **pochhondo** koris.	তুমি পছন্দ কর। Tumi **pochhondo** koro.	আপনি পছন্দ করেন। Apni **pochhondo** koren.	সে পছন্দ করে। Se **pochhondo** kore.	তিনি পছন্দ করেন। Tini **pochhondo** koren.
Present Continuous Tense					
আমি পছন্দ করছি। Ami **pochhondo** korchhi.	তুই পছন্দ করছিস। Tui **pochhondo** korchhis.	তুমি পছন্দ করছ। Tumi **pochhondo** korchho.	আপনি পছন্দ করছেন। Apni **pochhondo** korchhen.	সে পছন্দ করছে। Se **pochhondo** korchhe.	তিনি পছন্দ করছেন। Tini **pochhondo** korchhen.
Present Perfect Tense					
আমি পছন্দ করেছি। Ami **pochhondo** korechhi	তুই পছন্দ করেছিস। Tui **pochhondo** korechhis.	তুমি পছন্দ করেছ। Tumi **pochhondo** korechho.	আপনি পছন্দ করেছেন। Apni **pochhondo** korechhen.	সে পছন্দ করেছে। Se **pochhondo** korechhe.	তিনি পছন্দ করেছেন। Tini **pochhondo** korechhen.
Simple Past Tense					
আমি পছন্দ করলাম। Ami **pochhondo** korlam.	তুই পছন্দ করলি। Tui **pochhondo** korli.	তুমি পছন্দ করলে। Tumi **pochhondo** korle.	আপনি পছন্দ করলেন। Apni **pochhondo** korlen.	সে পছন্দ করল। Se **pochhondo** korlo.	তিনি পছন্দ করলেন। Tini **pochhondo** korlen
Past Continuous Tense					
আমি পছন্দ করছিলাম। Ami pochhondo korchhilam.	তুই পছন্দ করছিলি। Tui **pochhondo** korchhili.	তুমি পছন্দ করছিলে। Tumi **pochhondo** korchhile.	আপনি পছন্দ করছিলেন। Apni **pochhondo** korchhilen.	সে পছন্দ করছিল। Se **pochhondo** korchhilo.	তিনি পছন্দ করছিলেন। Tini **pochhondo** korchhilen.
Past Perfect Tense					
আমি পছন্দ করেছিলাম। Ami **pochhondo** korechhilam.	তুই পছন্দ করেছিলি। Tui **pochhondo** korechhili.	তুমি পছন্দ করেছিলে। Tumi **pochhondo** korechhile.	আপনি পছন্দ করেছিলেন। Apni **pochhondo** korechhilen.	সে পছন্দ করেছিল। Se **pochhondo** korechhilo.	তিনি পছন্দ করেছিলেন। Tini **pochhondo** korechhilen.
Simple Future Tense					
আমি পছন্দ করব। Ami **pochhondo** korbo.	তুই পছন্দ করবি। Tui **pochhondo** korbi.	তুমি পছন্দ করবে। Tumi **pochhondo** korbe.	আপনি পছন্দ করবেন। Apni **pochhondo** korben	সে পছন্দ করবে। Se **pochhondo** korbe.	তিনি পছন্দ করবেন। Tini **pochhondo** korben
Future Continuous Tense					
আমি পছন্দ করতে থাকব। Ami **pochhondo** korte thakbo	তুই পছন্দ করতে থাকবি। Tui **pochhondo** korte thakbi	তুমি পছন্দ করতে থাকবে। Tumi **pochhondo** korte thakbe	আপনি পছন্দ করতে থাকবেন। Apni **pochhondo** korte thakben	সে পছন্দ করতে থাকবে। Se **pochhondo** korte thakbe	তিনি পছন্দ করতে থাকবেন। Tini **pochhondo** korte thakben
Future Perfect Tense					
আমি পছন্দ করে থাকব। Ami **pochhondo** kore thakbo	তুই পছন্দ করে থাকবি। Tui **pochhondo** kore thakbi	তুমি পছন্দ করে থাকবে। Tumi **pochhondo** kore thakbe	আপনি পছন্দ করে থাকবেন। Apni **pochhondo** kore thakben	সে পছন্দ করে থাকবে। Se **pochhondo** kore thakbe	তিনি পছন্দ করে থাকবেন। Tini **pochhondo** kore thakben
Passive Voice					
He is liked by all.			তাকে সবাই পছন্দ করে। Ta ke shobai **pochhondo** kore.		

Negative Sense	
He did not like the behavior of his neighbor.	সে নিজের প্রতিবেশীর ব্যবহার **পছন্দ** করল না।
	se nijer pratibeshir byabahar **pachhonda** korilona.
Obligatory Sense	
You should like your family.	তোমার নিজের পরিবারকে **পছন্দ** করা উচিত।
	Tomar nijer poribar ke **pochhondo** kora uchit.

BENGALI LANGUAGE: 101 BENGALI VERBS

Verb: to listen- শোনা। (shona)

1st Person	2nd person (Very Familiar)	2nd person (Familiar)	2nd person (Respectable)	3rd person (Familiar)	3rd person (Respectable)
Simple Present Tense					
আমি শুনি। Ami **shu**ni.	তুই শুনিস। Tui **shu**nis.	তুমি শোন। Tumi **sho**no.	আপনি শোনেন। Apni **sho**nen.	সে শোনে। Se **sho**ne.	তিনি শোনেন। Tini **sho**nen.
Present Continuous Tense					
আমি শুনছি। Ami **shu**nchhi.	তুই শুনছিস। Tui **shu**nchhis.	তুমি শুনছ। Tumi **shu**nchho.	আপনি শুনছেন। Apni **shu**nchhen.	সে শুনছে। Se **shu**nchhe.	তিনি শুনছেন। Tini **shu**nchhen.
Present Perfect Tense					
আমি শুনেছি। Ami **shu**nechhi.	তুই শুনেছিস। Tui **shu**nechhis.	তুমি শুনেছ। Tumi **shu**nechho.	আপনি শুনেছেন। Apni **shu**nechhen.	সে শুনেছে। Se **shu**nechhe.	তিনি শুনেছেন। Tini **shu**nechhen.
Simple Past Tense					
আমি শুনলাম। Ami **shu**nlam.	তুই শুনলি। Tui **shu**nli.	তুমি শুনলে। Tumi **shu**nle.	আপনি শুনলেন। Apni **shu**nlen.	সে শুনল। Se **shu**nlo.	তিনি শুনলেন। Tini **shu**nlen
Past Continuous Tense					
আমি শুনছিলাম। Ami **shu**nchhilam.	তুই শুনছিলি। Tui **shu**nchhili.	তুমি শুনছিলে। tumi **shu**nchhile.	আপনি শুনছিলেন। Apni **shu**nchhilen.	সে শুনছিল। Se **shu**nchhilo.	তিনি শুনছিলেন। Tini **shu**nchhilen.
Past Perfect Tense					
আমি শুনেছিলাম। Ami **shu**nechhilam.	তুই শুনেছিলি। Tui **shu**nechhili.	তুমি শুনেছিলে। Tumi **shu**nechhile.	আপনি শুনেছিলেন। Apni **shu**nechhilen.	সে শুনেছিল। Se **shu**nechhilo.	তিনি শুনেছিলেন। Tini **shu**nechhilen.
Simple Future Tense					
আমি শুনব। Ami **shu**nbo.	তুই শুনবি। Tui **shu**nbi.	তুমি শুনবে। Tumi **shu**nbe.	আপনি শুনবেন। Apni **shu**nben	সে শুনবে। Se **shu**nbe.	তিনি শুনবেন। Tini **shu**nben
Future Continuous Tense					
আমি শুনে থাকব Ami **shu**nte thakbo	তুই শুনে থাকবি Tui **shu**nte thakbi	তুমি শুনে থাকবে Tumi **shu**nte thakbe	আপনি শুনে থাকবেন Apni **shu**nte thakben	সে শুনে থাকবে Se **shu**nte thakbe	তিনি শুনে থাকবেন Tini **shu**nte thakben
Future Perfect Tense					
আমি শুনে থাকব Ami **shu**ne thakbo	তুই শুনে থাকবি Tui **shu**ne thakbi	তুমি শুনে থাকবে Tumi **shu**ne thakbe	আপনি শুনে থাকবেন Apni **shu**ne thakben	সে শুনে থাকবে Se **shu**ne thakbe	তিনি শুনে থাকবেন Tini **shu**ne thakben

Passive Voice	
The music was listened by entire gathering silently.	সঙ্গীত সমস্ত উপস্থিত লোকের দ্বারা একেবারে নীরবে শোনা হল। Shongit shomosto uposthit loker dara ekebare nirobe **sho**na holo.
Negative Sense	
I could not listen to the sweet music due to noise.	কোলাহলেরজন্য আমি মধুর সঙ্গীত শুনতে পারলামনা। Kolaholerjonya ami mo**dhu**r shongit **shu**nte parlam na.
Obligatory Sense	
Everybody should listen to that song.	সবার সেই গানটি শোনা উচিত। Shobar sei ganti **sho**na uchit.

Verb: to live- থাকা। (**th**aka)

1st Person	2nd person (Very Familiar)	2nd person (Familiar)	2nd person (Respectable)	3rd person (Familiar)	3rd person (Respectable)
Simple Present Tense					
আমি **থাকি**। Ami **th**aki.	তুই **থাকি**স। Tui **th**akis.	তুমি **থাক**। Tumi **th**ako.	আপনি **থাকে**ন। Apni **th**aken.	সে **থাকে**। Se **th**ake.	তিনি **থাকে**ন। Tini **th**aken.
Present Continuous Tense					
আমি **থাক**ছি। Ami **thak**chhi.	তুই **থাক**ছিস। Tui **thak**chhis.	তুমি **থাক**ছ। Tumi **thak**chho.	আপনি **থাক**ছেন। Apni **thak**chhen.	সে **থাক**ছে। Se **thak**chhe.	তিনি **থাক**ছেন। Tini **thak**chhen.
Present Perfect Tense					
আমি **থে**কেছি। Ami **the**kechhi.	তুই **থে**কেছিস। Tui **the**kechhis.	তুমি **থে**কেছ। Tumi **the**kechho.	আপনি **থে**কেছেন। Apni **the**kechhen.	সে **থে**কেছে। Se **the**kechhe.	তিনি **থে**কেছেন। Tini **the**kechhen.
Simple Past Tense					
আমি **থাক**লাম। Ami **th**aklam.	তুই **থাক**লি। Tui **th**akli.	তুমি **থাক**লে। Tumi **th**akle.	আপনি **থাক**লেন। Apni **th**aklen.	সে **থাক**ল। Se **th**aklo.	তিনি **থাক**লেন। Tini **th**aklen
Past Continuous Tense					
আমি **থাক**ছিলাম। Ami **thak**chhilam.	তুই **থাক**ছিলি। Tui **thak**chhili.	তুমি **থাক**ছিলে। tumi **th**akchhile.	আপনি **থাক**ছিলেন। Apni **thak**chhilen.	সে **থাক**ছিল। Se **thak**chhilo.	তিনি **থাক**ছিলেন। Tini **thak**chhilen.
Past Perfect Tense					
আমি **থে**কেছিলাম। Ami **the**kechhilam.	তুই **থে**কেছিলি। Tui **the**kechhili.	তুমি **থে**কেছিলে। Tumi **the**kechhile.	আপনি **থে**কেছিলেন। Apni **the**kechhilen.	সে **থে**কেছিল। Se **the**kechhilo.	তিনি **থে**কেছিলেন। Tini **the**kechhilen.
Simple Future Tense					
আমি **থাক**ব। Ami **th**akbo.	তুই **থাক**বি। Tui **th**akbi.	তুমি **থাক**বে। Tumi **th**akbe.	আপনি **থাক**বেন। Apni **th**akben	সে **থাক**বে। Se **th**akbe.	তিনি **থাক**বেন। Tini **th**akben
Future Continuous Tense					
আমি **থাক**তে **থাক**ব Ami **th**akte thakbo	তুই **থাক**তে **থাক**বি Tui **th**akte thakbi	তুমি **থাক**তে **থাক**বি Tumi **th**akte thakbe	আপনি **থাক**তে **থাক**বেন Apni **th**akte thakben	সে **থাক**তে **থাক**বে Se **th**akte thakbe	তিনি **থাক**তে **থাক**বেন Tini **th**akte thakben
Future Perfect Tense (Not Used)					
Passive Voice					
The house was lived in.			এই বাড়িতে লোক **থাক**ত। Ei barite lok **th**akto.		
Negative Sense					
I could not live there due to loneliness.			একলা হওয়ার জন্য আমি সেখানে **থাক**তে পারলামনা। Ekla howar jonnyo ami sekhane **th**akte parlamna.		
Obligatory Sense					
Everyone should live in their community.			সবার নিজের লোকজনদের সাথে **থাকা** উচিত। Shobar nijer lokjonder sathe **th**aka uchit.		

Verb: to lose- **হারিয়ে** ফেলা। (**hariye** fela)

1st Person	2nd person (Very Familiar)	2nd person (Familiar)	2nd person (Respectable)	3rd person (Familiar)	3rd person (Respectable)
Simple Present Tense					
আমি **হারিয়ে** ফেলি। Ami **hariye** feli.	তুই **হারিয়ে** ফেলিস। Tui **hariye** felis.	তুমি **হারিয়ে** ফেল। Tumi **hariye** felo.	আপনি **হারিয়ে** ফেলেন। Apni **hariye** felen.	সে **হারিয়ে** ফেলে। Se **hariye** fele.	তিনি **হারিয়ে** ফেলেন। Tini **hariye** felen.
Present Continuous Tense					
আমি **হারিয়ে** ফেলছি। Ami **hariye** felchhi.	তুই **হারিয়ে** ফেলছিস। Tui **hariye** felchhis.	তুমি **হারিয়ে** ফেলছ। Tumi **hariye** felchho.	আপনি **হারিয়ে** ফেলছেন। Apni **hariye** felchhen.	সে **হারিয়ে** ফেলছে। Se **hariye** felchhe.	তিনি **হারিয়ে** ফেলছেন। Tini **hariye** felchhen.
Present Perfect Tense					
আমি **হারিয়ে** ফেলেছি। Ami **hariye** felechhi	তুই **হারিয়ে** ফেলেছিস। Tui **hariye** felechhis.	তুমি **হারিয়ে** ফেলেছ। Tumi **hariye** felechho.	আপনি **হারিয়ে** ফেলেছেন। Apni **hariye** felechhen.	সে **হারিয়ে** ফেলেছে। Se **hariye** felechhe.	তিনি **হারিয়ে** ফেলেছেন। Tini **hariye** felechhen.
Simple Past Tense					
আমি **হারিয়ে** ফেললাম। Ami **hariye** fellam.	তুই **হারিয়ে** ফেললি। Tui **hariye** felli.	তুমি **হারিয়ে** ফেললে। Tumi **hariye** felle.	আপনি **হারিয়ে** ফেললেন। Apni h**ariye** fellen.	সে **হারিয়ে** ফেলল। Se **hariye** fello.	তিনি **হারিয়ে** ফেললেন। Tini **hariye** fellen
Past Continuous Tense					
আমি **হারিয়ে** ফেলছিলাম। Ami h**ariy**e felchhilam.	তুই **হারিয়ে** ফেলছিলি। Tui **hariye** felchhili.	তুমি **হারিয়ে** ফেলছিলে। tumi **hariye** felchhile.	আপনি **হারিয়ে** ফেলছিলেন। Apni h**ariye** felchhilen.	সে **হারিয়ে** ফেলছিল। Se **hariye** felchhilo.	তিনি **হারিয়ে** ফেলছিলেন। Tini **hariye** felchhilen.
Past Perfect Tense					
আমি **হারিয়ে** ফেলেছিলাম। Ami **hariye** felechhilam.	তুই **হারিয়ে** ফেলেছিলি। Tui **hariye** felechhili.	তুমি **হারিয়ে** ফেলেছিলে। Tumi **hariye** felechhile.	আপনি **হারিয়ে** ফেলেছিলেন। Apni **hariye** felechhilen.	সে **হারিয়ে** ফেলেছিল। Se **hariye** felechhilo.	তিনি **হারিয়ে** ফেলেছিলেন। Tini **hariye** felechhilen.
Simple Future Tense					
আমি **হারিয়ে** ফেলব। Ami **hariye** felbo.	তুই **হারিয়ে** ফেলবি। Tui **hariye** felbi.	তুমি **হারিয়ে** ফেলবে। Tumi **hariye** felbe.	আপনি **হারিয়ে** ফেলবেন। Apni **hariye** felben	সে **হারিয়ে** ফেলবে। Se **hariye** felbe.	তিনি **হারিয়ে** ফেলবেন। Tini **hariye** felben
Future Continuous Tense					
N/A	**N/A**	**N/A**	**N/A**	**N/A**	**N/A**
Future Perfect Tense					
আমি **হারিয়ে** ফেলে থাকব Ami **hariye** fele thakbo	তুই **হারিয়ে** ফেলে থাকবি Tui **hariye** fele thakbi	তুমি **হারিয়ে** ফেলে থাকবে Tumi **hariye** fele thakbe	আপনি **হারিয়ে** ফেলে থাকবেন Apni **hariye** fele thakben	সে **হারিয়ে** ফেলে থাকবে Se **hariye** fele thakbe	তিনি **হারিয়ে** ফেলে থাকবেন Tini **hariye** fele thakben
Passive Voice					
The keys were lost.			চাবিগুলো **হারিয়ে** গেল। Chabi gulu **hariye** gelo.		
Negative Sense					
He did not lose a single penny.			সে একটি পয়সা ও **হারায়**নি। se ekti poyshao **haray**ni.		

Obligatory Sense	
We should not lose a single life in this war.	আমাদের এই যুদ্ধে একটি ও প্রাণ **হারান** উচিত নয়।
	Amader ei juddhe ekti o pran **harano** uchit noy.

Verb: to love- ভালোবাসা। (bhalo**basha**)

1st Person	2nd person (Very Familiar)	2nd person (Familiar)	2nd person (Respectable)	3rd person (Familiar)	3rd person (Respectable)
Simple Present Tense					
আমি ভালো**বাসি**। Ami bhalo**bas**i.	তুই ভালো**বাসি**স। Tui bhalo**bas**is.	তুমি ভাল**বাস**। Tumi bhalo**baso**.	আপনি ভাল**বাসে**ন। Apni bhalo**basen**.	সে ভাল**বাসে**। Se bhalo**base.**	তিনি ভাল**বাসে**ন। Tini bhalo**basen**.
Present Continuous Tense					
আমি ভাল**বাস**ছি। Ami bhalo**bas**chhi.	তুই ভাল**বাস**ছিস। Tui bhalo**bas**chhis.	তুমি ভাল**বাস**ছ। Tumibhalo **bas**chho.	আপনি ভাল**বাস**ছেন। Apni bhalo**bas**chhen.	সে ভাল**বাস**ছে। Se bhalo**bas**chhe.	তিনি ভাল**বাস**ছেন। Tini bhalo**bas**chhen.
Present Perfect Tense					
আমি ভাল**বেসে**ছি। Ami bhalo**bese**chhi	তুই ভাল**বেসে**ছিস। Tui bhalo**bese**chhis.	তুমি ভাল**বেসে**ছ। Tumi bhalo**bese**chho.	আপনি ভাল**বেসে**ছেন। Apni bhalo**bese**chhen.	সে ভাল**বেসে**ছে। Se bhalo**bese**chhe.	তিনি ভাল**বেসে**ছেন। Tini bhalo**bese**chhen.
Simple Past Tense					
আমি ভাল**বাস**লাম। Ami bhalo**bas**lam.	তুই ভাল**বাস**লি। Tui bhalo**bas**li.	তুমি ভাল**বাস**লে। Tumi bhalo**bas**le.	আপনি ভাল**বাস**লেন। Apni bhalo**bas**len.	সে ভাল**বাস**ল। Se bhalo**bas**lo.	তিনি ভাল**বাস**লেন। Tini bhalo**bas**len
Past Continuous Tense					
আমি ভাল**বাস**ছিলাম। Ami bhalo**bas**chhilam.	তুই ভাল**বাস**ছিলি। Tui bhalo**bas**chhili.	তুমি ভাল**বাস**ছিলে। tumi bhalo**bas**chhile.	আপনি ভাল**বাস**ছিলেন। Apni bhalo**bas**chhilen.	সে ভাল**বাস**ছিল। Se bhalo**bas**chhilo.	তিনি ভাল**বাস**ছিলেন। Tini bhalo**bas**chhilen.
Past Perfect Tense					
আমি ভাল**বেসে**ছিলাম। Ami bhalo**bese**chhilam.	তুই ভাল**বেসে**ছিলি। Tui bhalo**bese**chhili.	তুমি ভাল**বেসে**ছিলে। Tumi bhalo**bese**chhile.	আপনি ভাল**বেসে**ছিলেন। Apni bhalo**bese**chhilen.	সে ভাল**বেসে**ছিল। Se bhalo**bese**chhilo.	তিনি ভাল**বেসে**ছিলেন। Tini bhalo**bese**chhilen.
Simple Future Tense					
আমি ভাল**বাস**ব। Ami bhalo**bas**bo.	তুই ভাল**বাস**বি। Tui bhalo**bas**bi.	তুমি ভাল**বাস**বে। Tumi bhalo**bas**be.	আপনি ভাল**বাস**বেন। Apni bhalo**bas**ben	সে ভাল**বাস**বে। Se bhalo**bas**be.	তিনি ভাল**বাস**বেন। Tini bhalo**bas**ben
Future Continuous Tense					
আমি ভাল**বাস**তে থাকব Ami bhalo**bash**te thakbo	তুই ভাল**বাস**তে থাকবি Tui bhalo**bash**te thakbi	তুমি ভাল**বাস**তে থাকবে Tumi bhalo**bash**te thakbe	আপনি ভাল**বাস**তে থাকবেন Apni bhalo**bash**te thakben	সে ভাল**বাস**তে থাকবে Se bhalo**bash**te thakbe	তিনি ভাল**বাস**তে থাকবেন Tini bhalo**bash**te thakben
Future Perfect Tense					
আমি ভাল**বেসে** থাকব Ami bhalo**beshe** thakbo	তুই ভাল**বেসে** থাকবি Tui bhalo**beshe** thakbi	তুমি ভাল**বেসে** থাকবে Tumi bhalo**beshe** thakbe	আপনি ভাল**বেসে** থাকবেন Apni bhalo**beshe** thakben	সে ভাল**বেসে** থাকবে Se bhalo**beshe** thakbe	তিনি ভাল**বেসে** থাকবেন Tini bhalo**beshe** thakben
Passive Voice					
She is loved by all for her nature.			সবাই তাকে তার ব্যবহারের জন্য ভাল**বাসে**। Shobai ta ke tar byaboharer jonyo bhalo**base.**		
Negative Sense					
He does not love his wife.			সে নিজের স্ত্রীকে ভাল**বাসে**না। se nijer striike bhalo **base** na.		
Obligatory Sense					
You should love your neighbour.			আপনার নিজের প্রতিবেশীকে ভালবাসা উচিত। Apnar nijer protibeshi ke bhalo **basha** uchit.		

Bengali Language: 101 Bengali Verbs

Verb: to meet- **দেখা** করা। (**dekha** kora)

1st Person	2nd person (Very Familiar)	2nd person (Familiar)	2nd person (Respectable)	3rd person (Familiar)	3rd person (Respectable)
Simple Present Tense					
আমি **দেখা** করি। Ami **dekha** kori.	তুই **দেখা** করিস। Tui **dekha** koris.	তুমি **দেখা** কর। Tumi **dekha** koro.	আপনি **দেখা** করেন। Apni **dekha** koren.	সে **দেখা** করে। Se **dekha** kore.	তিনি **দেখা** করেন। Tini **dekha** koren.
Present Continuous Tense					
আমি **দেখা** করছি। Ami **dekha** korchhi.	তুই **দেখা** করছিস। Tui **dekha** korchhis.	তুমি **দেখা** করছ। Tumi **dekha** korchho.	আপনি **দেখা** করছেন। Apni **dekha** korchhen.	সে **দেখা** করছে। Se **dekha** korchhe.	তিনি **দেখা** করছেন। Tini **dekha** korchhen.
Present Perfect Tense					
আমি **দেখা** করেছি। Ami **dekha** korechhi	তুই **দেখা** করেছিস। Tui **dekha** korechhis.	তুমি **দেখা** করেছ। Tumi **dekha** korechho.	আপনি **দেখা** করেছেন। Apni **dekha** korechhen.	সে **দেখা** করেছে। Se **dekha** korechhe.	তিনি **দেখা** করেছেন। Tini **dekha** korechhen.
Simple Past Tense					
আমি **দেখা** করলাম। Ami **dekha** korlam.	তুই **দেখা** করলি। Tui **dekha** korli.	তুমি **দেখা** করলে। Tumi **dekha** korle.	আপনি **দেখা** করলেন। Apni **dekha** korlen.	সে **দেখা** করল। Se **dekha** korlo.	তিনি **দেখা** করলেন। Tini **dekha** korlen
Past Continuous Tense					
আমি **দেখা** করছিলাম। Ami **dekha** korchhilam.	তুই **দেখা** করছিলি। Tui **dekha** korchhili.	তুমি **দেখা** করছিলে। tumi **dekha** korchhile.	আপনি **দেখা** করছিলেন। Apni **dekha** korchhilen.	সে **দেখা** করছিল। Se **dekha** korchhilo.	তিনি **দেখা** করছিলেন। Tini **dekha** korchhilen.
Past Perfect Tense					
আমি **দেখা** করেছিলাম। Ami **dekha** korechhilam.	তুই **দেখা** করেছিলি। Tui **dekha** korechhili.	তুমি **দেখা** করেছিলে। Tumi **dekha** korechhile.	আপনি **দেখা** করেছিলেন। Apni **dekha** korechhilen.	সে **দেখা** করেছিল। Se **dekha** korechhilo.	তিনি **দেখা** করেছিলেন। Tini **dekha** korechhilen.
Simple Future Tense					
আমি **দেখা** করব। Ami **dekha** korbo.	তুই **দেখা** করবি। Tui **dekha** korbi.	তুমি **দেখা** করবে। Tumi **dekha** korbe.	আপনি **দেখা** করবেন। Apni **dekha** korben	সে **দেখা** করবে। Se **dekha** korbe.	তিনি **দেখা** করবেন। Tini **dekha** korben
Future Continuous Tense					
আমি **দেখা** করতে থাকব Ami **dekha** korte thakbo	তুই **দেখা** করতে থাকবি Tui **dekha** korte thakbi	তুমি **দেখা** করতে থাকবে Tumi **dekha** korte thakbe	আপনি **দেখা** করতে থাকবেন Apni **dekha** korte thakben	সে **দেখা** করতে থাকবে Se **dekha** korte thakbe	তিনি **দেখা** করতে থাকবেন Tini **dekha** korte thakben
Future Perfect Tense					
আমি **দেখা** করে থাকব Ami **dekha** kore thakbo	তুই **দেখা** করে থাকবি Tui **dekha** kore thakbi	তুমি **দেখা** করে থাকবে Tumi **dekha** kore thakbe	আপনি **দেখা** করে থাকবেন Apni **dekha** kore thakben	সে **দেখা** করে থাকবে Se **dekha** kore thakbe	তিনি **দেখা** করে থাকবেন Tini **dekha** kore thakben
Passive Voice					
The leader was met by the masses.			নেতার দ্বারা জনতার সাথে **দেখা** করা হল। Netar dara jonotar sathe **dekha** kora holo.		

Negative Sense	
He did not meet his friend.	সে নিজের বন্ধুর সাথে **দেখা** করল না
	se nijer bon**dhu**r sathe **dekha** korlo na.
Obligatory Sense	
You should meet this saint.	আপনার এই সাধুর সাথে **দেখা** করা উচিত।
	Apnar ei sha**dhu**r shathe **dekha** kora uchit.

BENGALI LANGUAGE: 101 BENGALI VERBS

Verb: to need- দরকার হওয়া। (dor**kar** howa)

"Need" in Bengali is always used in passive voice.

1st Person	2nd person (Very Familiar)	2nd person (Familiar)	2nd person (Respectable)	3rd person (Familiar)	3rd person (Respectable)
Simple Present Tense					
আমার দরকার। Amar dor**kar**.	তোর দরকার। Tor dor**kar**.	তোমার দরকার। Tomar dor**kar**.	আপনার দরকার। Apnar dor**kar**.	তার দরকার। Tar dor**kar**.	ওনার দরকার। Onar dor**kar**.
Present Continuous Tense (There is no present Continuous for need in Bengali.)					
Present Perfect Tense (There is no present perfect for need in Bengali.)					
Simple Past Tense					
আমার দরকার ছিল। Amar dor**kar** chhilo.	তোর দরকার ছিল। Tor dor**kar** chhilo.	তোমার দরকার ছিল। Tomar dor**kar** chhilo.	আপনার দরকার ছিল। Apnar dor**kar** chhilo.	তার দরকার ছিল। Tar dor**kar** chhilo.	ওনার দরকার ছিল। Onar dor**kar** chhilo.
Past Continuous Tense (There is no past Continuous for need in Bengali.)					
Past Perfect Tense (There is no past perfect for need in Bengali.)					
Simple Future Tense					
আমার দরকার হবে। Amar dor**kar** hobe.	তোর দরকার হবে। Tor dor**kar** hobe.	তোমার দরকার হবে। Tomar dor**kar** hobe.	আপনার দরকার হবে। Apnar dor**kar** hobe.	তার দরকার হবে। Tar dor**kar** hobe.	ওনার দরকার হবে। Onar dor**kar** hobe.
Future Continuous Tense					
N/A	N/A	N/A	N/A	N/A	N/A
Future Perfect Tense					
N/A	N/A	N/A	N/A	N/A	N/A
Passive Voice					
He was needed here.			তার এখানে দরকার ছিল। Tar ekhane dor**kar** chhilo.		
Negative Sense					
He was not needed here.			তার এখানে দরকার ছিলনা। Tar ekhane dor**kar** chhilona.		
Obligatory Sense					
Not applicable.			N/A		

Verb: to notice- খেয়াল করা। (kheyal kora)

1st Person	2nd person (Very Familiar)	2nd person (Familiar)	2nd person (Respectable)	3rd person (Familiar)	3rd person (Respectable)
Simple Present Tense					
আমি খেয়াল করি। Ami **kheyal** kori.	তুই খেয়াল করিস। Tui **kheyal** koris.	তুমি খেয়াল কর। Tumi **kheyal** koro.	আপনি খেয়াল করেন। Apni **kheyal** koren.	সে খেয়াল করে। Se **kheyal** kore.	তিনি খেয়াল করেন। Tini **kheyal** koren.
Present Continuous Tense					
আমি খেয়াল করছি। Ami **kheyal** korchhi.	তুই খেয়াল করছিস। Tui **kheyal** korchhis.	তুমি খেয়াল করছ। Tumi **kheyal** korchho.	আপনি খেয়াল করছেন। Apni **kheyal** korchhen.	সে খেয়াল করছে। Se **kheyal** korchhe.	তিনি খেয়াল করছেন। Tini **kheyal** korchhen.
Present Perfect Tense					
আমি খেয়াল করেছি। Ami **kheyal** korechhi.	তুই খেয়াল করেছিস। Tui **kheyal** korechhis.	তুমি খেয়াল করেছ। Tumi **kheyal** korechho.	আপনি খেয়াল করেছেন। Apni **kheyal** korechhen.	সে খেয়াল করেছে। Se **kheyal** korechhe.	তিনি খেয়াল করেছেন। Tini **kheyal** korechhen.
Simple Past Tense					
আমি খেয়াল করলাম। Ami **kheyal** korlam.	তুই খেয়াল করলি। Tui **kheyal** korli.	তুমি খেয়াল করলে। Tumi **kheyal** korle.	আপনি খেয়াল করলেন। Apni **kheyal** korlen.	সে খেয়াল করল। Se **kheyal** korlo.	তিনি খেয়াল করলেন। Tini **kheyal** korlen
Past Continuous Tense					
আমি খেয়াল করছিলাম। Ami **kheyal** korchhilam.	তুই খেয়াল করছিলি। Tui **kheyal** korchhili.	তুমি খেয়াল করছিলে। tumi **kheyal** korchhile.	আপনি খেয়াল করছিলেন। Apni **kheyal** korchhilen.	সে খেয়াল করছিল। Se **kheyal** korchhilo.	তিনি খেয়াল করছিলেন। Tini **kheyal** korchhilen.
Past Perfect Tense					
আমি খেয়াল করেছিলাম। Ami **kheyal** korechhilam.	তুই খেয়াল করেছিলি। Tui **kheyal** korechhili.	তুমি খেয়াল করেছিলে। Tumi **kheyal** korechhile.	আপনি খেয়াল করেছিলেন। Apni **kheyal** korechhilen.	সে খেয়াল করেছিল। Se **kheyal** korechhilo.	তিনি খেয়াল করেছিলেন। Tini **kheyal** korechhilen.
Simple Future Tense					
আমি খেয়াল করব। Ami **kheyal** korbo.	তুই খেয়াল করবি। Tui **kheyal** korbi.	তুমি খেয়াল করবে। Tumi **kheyal** korbe.	আপনি খেয়াল করবেন। Apni **kheyal** korben	সে খেয়াল করবে। Se **kheyal** korbe.	তিনি খেয়াল করবেন। Tini **kheyal** korben
Future Continuous Tense					
আমি খেয়াল করতে থাকব Ami **kheyal** korte thakbo	তুই খেয়াল করতে থাকবি Tui **kheyal** korte thakbi	তুমি খেয়াল করতে থাকবে Tumi **kheyal** korte thakbe	আপনি খেয়াল করতে থাকবেন Apni **kheyal** korte thakben	সে খেয়াল করতে থাকবে Se **kheyal** korte thakbe	তিনি খেয়াল করতে থাকবেন Tini **kheyal** korte thakben
Future Perfect Tense					
আমি খেয়াল করে থাকব Ami **kheyal** kore thakbo	তুই খেয়াল করে থাকবি Tui **kheyal** kore thakbi	তুমি খেয়াল করে থাকবে Tumi **kheyal** kore thakbe	আপনি খেয়াল করে থাকবেন Apni **kheyal** kore thakben	সে খেয়াল করে থাকবে Se **kheyal** kore thakbe	তিনি খেয়াল করে থাকবেন Tini **kheyal** kore thakben

Passive Voice	
The word was noticed in the letter.	চিঠির মধ্যে এই শব্দটা **খেয়াল** করা হল।
	Chithir moddhye ei shobdota **kheyal** kora holo.
Negative Sense	
He did not notice the mistake.	সে ভুলটা **খেয়াল** করল না।
	se bhulta **kheyal** korlo na.
Obligatory Sense	
You should notice the beauty of nature.	আপনার প্রকৃতির সৌন্দর্য **খেয়াল** করা উচিত।
	Apnar prokritir soundarjo **kheyal** kora uchit.

Verb: to open- খোলা। (khola)

1st Person	2nd person (Very Familiar)	2nd person (Familiar)	2nd person (Respectable)	3rd person (Familiar)	3rd person (Respectable)
Simple Present Tense					
আমি খুলি। Ami khuli.	তুই খুলিস। Tui khulis.	তুমি খোল। Tumi kholo.	আপনি খোলেন। Apni kholen.	সে খোলে। Se khole.	তিনি খোলেন। Tini kholen.
Present Continuous Tense					
আমি খুলছি। Ami khulchhi.	তুই খুলছিস। Tui khulchhis.	তুমি খুলছ। Tumi khulchho.	আপনি খুলছেন। Apni khulchhen.	সে খুলছে। Se khulchhe.	তিনি খুলছেন। Tini khulchhen.
Present Perfect Tense					
আমি খুলেছি। Ami khulechhi.	তুই খুলেছিস। Tui khulechhis.	তুমি খুলেছ। Tumi khulechho.	আপনি খুলেছেন। Apni khulechhen.	সে খুলেছে। Se khulechhe.	তিনি খুলেছেন। Tini khulechhen.
Simple Past Tense					
আমি খুললাম। Ami khullam.	তুই খুললি। Tui khulli.	তুমি খুললে। Tumi khulle.	আপনি খুললেন। Apni khullen.	সে খুলল। Se khullo.	তিনি খুললেন। Tini khullen
Past Continuous Tense					
আমি খুলছিলাম। Ami khulchhilam.	তুই খুলছিলি। Tui khulchhili.	তুমি খুলছিলে। tumi khulchhile.	আপনি খুলছিলেন। Apni khulchhilen.	সে খুলছিল। Se khulchhilo.	তিনি খুলছিলেন। Tini khulchhilen.
Past Perfect Tense					
আমি খুলে ছিলাম। Ami khulechhilam.	তুই খুলে ছিলি। Tui khulechhili.	তুমি খুলে ছিলে। Tumi khulechhile.	আপনি খুলে ছিলেন। Apni khulechhilen.	সে খুলে ছিল। Se khulechhilo.	তিনি খুলে ছিলেন। Tini khulechhilen.
Simple Future Tense					
আমি খুলব। Ami khulbo.	তুই খুলবি। Tui khulbi.	তুমি খুলবে। Tumi khulbe.	আপনি খুলবেন। Apni khulben	সে খুলবে। Se khulbe.	তিনি খুলবেন। Tini khulben
Future Continuous Tense					
আমি খুলতে থাকব Ami khulte thakbo	তুই খুলতে থাকবি Tui khulte thakbi	তুমি খুলতে থাকবে Tumi khulte thakbe	আপনি খুলতে থাকবেন Apni khulte thakben	সে খুলতে থাকবে Se khulte thakbe	তিনি খুলতে থাকবেন Tini khulte thakben
Future Perfect Tense					
আমি খুলে থাকব Ami khule thakbo	তুই খুলে থাকবি Tui khule thakbi	তুমি খুলে থাকবে Tumi khule thakbe	আপনি খুলে থাকবেন Apni khule thakben	সে খুলে থাকবে Se khule thakbe	তিনি খুলে থাকবেন Tini khule thakben

Passive Voice	
The door was opened by him.	তার দ্বারা দরজা খোলা হল। Tar dara dorja khola holo.
Negative Sense	
He did not open the door.	সে দরজা খুলল না Se dorja khullo na.
Obligatory Sense	
You should open the door to a guest.	তোমার অতিথির জন্য দরজা খোলা উচিত। Tomar otithir jonyo dorja khola uchit.

BENGALI LANGUAGE: 101 BENGALI VERBS

Verb: to play- খেলা। **(khela)**

1st Person	2nd person (Very Familiar)	2nd person (Familiar)	2nd person (Respectable)	3rd person (Familiar)	3rd person (Respectable)
Simple Present Tense					
আমি **খেলি।** Ami **kheli.**	তুই **খেলি**স। Tui **kheli**s.	তুমি **খেল**। Tumi **khelo**.	আপনি **খেলে**ন। Apni **khele**n.	সে **খেলে**। Se **khele**.	তিনি **খেলে**ন। Tini **khele**n.
Present Continuous Tense					
আমি **খেল**ছি। Ami **khel**chhi.	তুই **খেল**ছিস। Tui **khel**chhis.	তুমি **খেল**ছ। Tumi **khel**chho.	আপনি **খেল**ছেন। Apni **khel**chhen.	সে **খেল**ছে। Se **khel**chhe.	তিনি **খেল**ছেন। Tini **khel**chhen.
Present Perfect Tense					
আমি **খেলে**ছি। Ami **khele**chhi.	তুই **খেলে**ছিস। Tui **khele**chhis.	তুমি **খেলে**ছ। Tumi **khele**chho.	আপনি **খেলে**ছেন। Apni **khele**chhen.	সে **খেলে**ছে। Se **khele**chhe.	তিনি **খেলে**ছেন। Tini **khele**chhen.
Simple Past Tense					
আমি **খেল**লাম। Ami **khel**lam.	তুই **খেল**লি। Tui **khel**li.	তুমি **খেল**লে। Tumi **khel**le.	আপনি **খেল**লেন। Apni **khel**len.	সে **খেল**ল। Se **khel**lo.	তিনি **খেল**লেন। Tini **khel**len
Past Continuous Tense					
আমি **খেল**ছিলাম। Ami **khel**chhilam.	তুই **খেল**ছিলি। Tui **khel**chhili.	তুমি **খেল**ছিলে। tumi **khel**chhile.	আপনি **খেল**ছিলেন। Apni **khel**chhilen.	সে **খেল**ছিল। Se **khel**chhilo.	তিনি **খেল**ছিলেন। Tini **khel**chhilen.
Past Perfect Tense					
আমি **খেলে**ছিলাম। Ami **khele**chhilam.	তুই **খেলে**ছিলি। Tui **khele**chhili.	তুমি **খেলে**ছিলে। Tumi **khele**chhile.	আপনি **খেলে**ছিলেন। Apni **khele**chhilen.	সে **খেলে**ছিল। Se **khele**chhilo.	তিনি **খেলে**ছিলেন। Tini **khele**chhilen.
Simple Future Tense					
আমি **খেল**ব। Ami **khel**bo.	তুই **খেল**বি। Tui **khel**bi.	তুমি **খেল**বে। Tumi **khel**be.	আপনি **খেল**বেন। Apni **khel**ben	সে **খেল**বে। Se **khel**be.	তিনি **খেল**বেন। Tini **khel**ben
Future Continuous Tense					
আমি **খেল**তে থাকব Ami **khelte** thakbo	তুই **খেল**তে থাকবি Tui **khelte** thakbi	তুমি **খেল**তে থাকবে Tumi **khelte** thakbe	আপনি **খেল**তে থাকবেন Apni **khelte** thakben	সে **খেল**তে থাকবে Se **khelte** thakbe	তিনি **খেল**তে থাকবে Tini **khelte** thakben
Future Perfect Tense					
আমি **খেলে** থাকব Ami **khele** thakbo	তুই **খেলে** থাকবি Tui **khele** thakbi	তুমি **খেলে** থাকবে Tumi **khele** thakbe	আপনি **খেলে** থাকবেন Apni **khele** thakben	সে **খেলে** থাকবে Se **khele** thakbe	তিনি **খেলে** থাকবেন Tini **khele** thakben

Passive Voice	
The game was played by him.	তার দ্বারা **খেলা** করা হল। Tar dara **khela** kora holo.
Negative Sense	
He did not play cricket.	সে ক্রিকেট **খেল**তনা। Se cricket **khel**to na.
Obligatory Sense	
You should play outdoor games.	তোমার বাইরে খেলা করা উচিত। Tomar baire **khela** kora uchit.

Bengali Language: 101 Bengali Verbs

Verb: to put- রাখা। **(rakha)**

1st Person	2nd person (Very Familiar)	2nd person (Familiar)	2nd person (Respectable)	3rd person (Familiar)	3rd person (Respectable)
Simple Present Tense					
আমি রাখি। Ami **rakh**i.	তুই রাখিস। Tui **rakh**is.	তুমি রাখ। Tumi **rakh**o.	আপনি রাখেন। Apni **rakh**en.	সে রাখে। Se **rakh**e.	তিনি রাখেন। Tini **rakh**en.
Present Continuous Tense					
আমি রাখছি। Ami **rakh**chhi.	তুই রাখছিস। Tui **rakh**chhis.	তুমি রাখছ। Tumi **rakh**chho.	আপনি রাখছেন। Apni **rakh**chhen.	সে রাখছে। Se **rakh**chhe.	তিনি রাখছেন। Tini **rakh**chhen.
Present Perfect Tense					
আমি রেখেছি। Ami **rekh**echhi.	তুই রেখেছিস। Tui **rekh**echhis.	তুমি রেখেছ। Tumi **rekh**echho.	আপনি রেখেছেন। Apni **rekh**echhen.	সে রেখেছে। Se **rekh**echhe.	তিনি রেখেছেন। Tini **rekh**echhen.
Simple Past Tense					
আমি রাখলাম। Ami **rakh**lam.	তুই রাখলি। Tui **rakh**li.	তুমি রাখলে। Tumi **rakh**le.	আপনি রাখলেন। Apni **rakh**len.	সে রাখল। Se **rakh**lo.	তিনি রাখলেন। Tini **rakh**len
Past Continuous Tense					
আমি রাখছিলাম। Ami **rakh**chhilam.	তুই রাখছিলি। Tui **rakh**chhili.	তুমি রাখছিলে। tumi **rakh**chhile.	আপনি রাখছিলেন। Apni **rakh**chhilen.	সে রাখছিল। Se **rakh**chhilo.	তিনি রাখছিলেন। Tini **rakh**chhilen.
Past Perfect Tense					
আমি রেখেছিলাম। Ami **rekh**echhilam.	তুই রেখেছিলি। Tui **rekh**echhili.	তুমি রেখেছিলে। Tumi **rekh**echhile.	আপনি রেখেছিলেন। Apni **rekh**echhilen.	সে রেখেছিল। Se **rekh**echhilo.	তিনি রেখেছিলেন। Tini **rekh**echhilen.
Simple Future Tense					
আমি রাখব। Ami **rakh**bo.	তুই রাখবি। Tui **rakh**bi.	তুমি রাখবে। Tumi **rakh**be.	আপনি রাখবেন। Apni **rakh**ben	সে রাখবে। Se **rakh**be.	তিনি রাখবেন। Tini **rakh**ben
Future Continuous Tense					
N/A	N/A	N/A	N/A	N/A	N/A
Future Perfect Tense					
N/A	N/A	N/A	N/A	N/A	N/A
Passive Voice					
The game was put on hold.			খেলা তখনকার মত থামিয়ে রাখা হল। **Khe**la tokhonkar moto thamiye **rakha** holo.		
Negative Sense					
He did not put any condition.			সে কোনো শর্ত রাখেনি। Se kono shortho **rakhe**ni.		
Obligatory Sense					
You should put all your books together.			তোমার নিজের সমস্ত বই একসাথে রাখা উচিত। Tomar nijer shomosto boi eksathe **rakha** uchit.		

Verb: to read - পড়া। **(pora)**

1st Person	2nd person (Very Familiar)	2nd person (Familiar)	2nd person (Respectable)	3rd person (Familiar)	3rd person (Respectable)
Simple Present Tense					
আমি **পড়ি।** Ami **pori**.	তুই **পড়ি**স। Tui **pori**s.	তুমি **পড়।** Tumi **por**o.	আপনি **পড়ে**ন। Apni **pore**n.	সে **পড়ে**। Se **pore.**	তিনি **পড়ে**ন। Tini **pore**n.
Present Continuous Tense					
আমি **পড়**ছি। Ami **por**chhi.	তুই **পড়**ছিস। Tui **por**chhis.	তুমি **পড়**ছ। Tumi **por**chho.	আপনি **পড়**ছেন। Apni **por**chhen.	সে **পড়**ছে। Se **por**chhe.	তিনি **পড়**ছেন। Tini **por**chhen.
Present Perfect Tense					
আমি **পড়ে**ছি। Ami **pore**chhi.	তুই **পড়ে**ছিস। Tui **pore**chhis.	তুমি **পড়ে**ছ। Tumi **pore**chho.	আপনি **পড়ে**ছেন। Apni **pore**chhen.	সে **পড়ে**ছে। Se **pore**chhe.	তিনি **পড়ে**ছেন। Tini **pore**chhen.
Simple Past Tense					
আমি **পড়**লাম। Ami **por**lam.	তুই **পড়**লি। Tui **por**li.	তুমি **পড়**লে। Tumi **por**le.	আপনি **পড়**লেন। Apni **por**len.	সে **পড়**ল। Se **por**lo.	তিনি **পড়**লেন। Tini **por**len
Past Continuous Tense					
আমি **পড়**ছিলাম। Ami **por**chhilam.	তুই **পড়**ছিলি। Tui **por**chhili.	তুমি **পড়**ছিলে। tumi **por**chhile.	আপনি **পড়**ছিলেন। Apni **por**chhilen.	সে **পড়**ছিল। Se **por**chhilo.	তিনি **পড়**ছিলেন। Tini **por**chhilen.
Past Perfect Tense					
আমি **পড়**ছিলাম। Ami **pore**chhilam.	তুই **পড়**ছিলি। Tui **pore**chhili.	তুমি **পড়**ছিলে। Tumi **pore**chhile.	আপনি **পড়**ছিলেন। Apni **pore**chhilen.	সে **পড়**ছিল। Se **pore**chhilo.	তিনি **পড়**ছিলেন। Tini **pore**chhilen.
Simple Future Tense					
আমি **পড়**ব। Ami **por**bo.	তুই **পড়**বি। Tui **por**bi.	তুমি **পড়**বে। Tumi **por**be.	আপনি **পড়**বেন। Apni **por**ben	সে **পড়**বে। Se **por**be.	তিনি **পড়**বেন। Tini **por**ben
Future Continuous Tense					
আমি **পড়**তে থাকব Ami **por**te thakbo	তুই **পড়**তে থাকবি Tui **por**te thakbi	তুমি **পড়**তে থাকবে Tumi **por**te thakbe	আপনি **পড়**তে থাকবেন Apni **por**te thakben	সে **পড়**তে থাকবেন Se **por**te thakbe	তিনি **পড়**তে থাকবেন Tini **por**te thakben
Future Perfect Tense					
আমি **পড়ে** থাকব Ami **pore** thakbo	তুই **পড়ে** থাকবি Tui **pore** thakbi	তুমি **পড়ে** থাকবে Tumi **pore** thakbe	আপনি **পড়ে** থাকবেন Apni **pore** thakben	সে **পড়ে** থাকবে Se **pore** thakbe	তিনি **পড়ে** থাকবেন Tini **pore** thakben

Passive Voice	
The book was read by him.	তার দ্বারা বইটি **পড়া** হল। Tar dara boiti **por**a holo.
Negative Sense	
He did not read the news paper.	সে খবরের কাগজ **পড়ে**নি। Se khoborer kagoj **pore** ni.
Obligatory Sense	
You should read the news paper daily.	তোমার রোজ খবরের কাগজ পড়া উচিত। Tomar roj khoborer kagoj **pora** uchit.

BENGALI LANGUAGE: 101 BENGALI VERBS

Verb: to receive - পাওয়া **(paowa)**

1st Person	2nd person (Very Familiar)	2nd person (Familiar)	2nd person (Respectable)	3rd person (Familiar)	3rd person (Respectable)
Simple Present Tense					
আমি **পাই**। Ami **pai**.	তুই **পাস**। Tui **pas**.	তুমি **পাও**। Tumi **pao**.	আপনি **পান**। Apni **pan**.	সে **পায়**। Se **paay**.	তিনি **পান**। Tini **pan**.
Present Continuous Tense					
আমি **পাচ্ছি**। Ami **pachhi**.	তুই **পাচ্ছিস**। Tui **pachhis**.	তুমি **পাচ্ছ**। Tumi **pachho**.	আপনি **পাচ্ছেন**। Apni **pachhen**.	সে **পাচ্ছে**। Se **pachhe**.	তিনি **পাচ্ছেন**। Tini **pachhen**.
Present Perfect Tense					
আমি **পেয়েছি**। Ami **peyechhi**.	তুই **পেয়েছিস**। Tui **peyechhis**.	তুমি **পেয়েছ**। Tumi **peyechho**.	আপনি **পেয়েছেন**। Apni **peyechhen**.	সে **পেয়েছে**। Se **peyechhe**.	তিনি **পেয়েছেন**। Tini **peyechhen**.
Simple Past Tense					
আমি **পেলাম**। Ami **pelam**.	তুই **পেলি**। Tui **peli**.	তুমি **পেলে**। Tumi **pele**.	আপনি **পেলেন**। Apni **pelen**.	সে **পেল**। Se **pelo**.	তিনি **পেলেন**। Tini **pelen**
Past Continuous Tense					
আমি **পাচ্ছিলাম**। Ami **pachhilam**.	তুই **পাচ্ছিলি**। Tui **pachhili**.	তুমি **পাচ্ছিলে**। tumi **pachhile**.	আপনি **পাচ্ছিলেন**। Apni **pachhilen**.	সে **পাচ্ছিল**। Se **pachhilo**.	তিনি **পাচ্ছিলেন**। Tini **pachhilen**.
Past Perfect Tense					
আমি **পেয়েছিলাম**। Ami **peyechhilam**.	তুই **পেয়েছিলি**। Tui **peyechhili**.	তুমি **পেয়েছিলে**। Tumi **peyechhile**.	আপনি **পেয়েছিলেন**। Apni **peyechhilen**.	সে **পেয়েছিল**। Se **peyechhilo**.	তিনি **পেয়েছিলেন**। Tini **peyechhilen**.
Simple Future Tense					
আমি **পাব**। Ami **pabo**.	তুই **পাবি**। Tui **pabi**.	তুমি **পাবে**। Tumi **pabe**.	আপনি **পাবেন**। Apni **paben**	সে **পাবে**। Se **pabe**.	তিনি **পাবেন**। Tini **paben**
Future Continuous Tense					
আমি **পেতে** থাকব Ami **pete** thakbo	তুই **পেতে** থাকবি Tui **pete** thakbi	তুমি **পেতে** থাকবে Tumi **pete** thakbe	আপনি **পেতে** থাকবেন Apni **pete** thakben	সে **পেতে** থাকবে Se **pete** thakbe	তিনি **পেতে** থাকবেম Tini **pete** thakben
Future Perfect Tense					
আমি **পেয়ে** থাকব Ami **peye** thakbo	তুই **পেয়ে** থাকবি Tui **peye** thakbi	তুমি **পেয়ে** থাকবে Tumi **peye** thakbe	আপনি **পেয়ে** থাকবেন Apni **peye** thakben	সে **পেয়ে** থাবে Se **peye** thakbe	তিনি **পেয়ে** থাকবেন Tini **peye** thakben

Passive Voice	
The money was received by him.	তার দ্বারা টাকা **পাওয়া** হল। Tar dara taka **paowa** holo.
Negative Sense	
He did not receive the money.	সে টাকা **পায়নি**। Se taka **pay**ni.
Obligatory Sense	
You should receive the money by tomorrow.	তোমার কাল টাকা **পেয়ে** যাওয়া উচিত। Tomar kal taka pe**ye** jaowa uchit.

Verb: to remember - **মনে** রাখা। (**mone** rakha)

1st Person	2nd person (Very Familiar)	2nd person (Familiar)	2nd person (Respectable)	3rd person (Familiar)	3rd person (Respectable)
Simple Present Tense					
আমি **মনে** রাখি। Ami **mone** rakhi.	তুই **মনে** রাখিস। Tui **mone** rakhis.	তুমি **মনে** রাখ। Tumi **mone** rakho.	আপনি **মনে** রাখেন। Apni **mone** rak**he**n.	সে **মনে** রাখে। Se **mone** rak**he**.	তিনি **মনে** রাখেন। Tini **mone** rak**he**n.
Present Continuous Tense					
আমি **মনে** রাখছি। Ami **mone** rakhchhi.	তুই **মনে** রাখছিস। Tui **mone** rakhchhis.	তুমি **মনে** রাখছ। Tumi **mone** rakhchho.	আপনি **মনে** রাখছেন। Apni **mone** rakhchhen.	সে **মনে** রাখছে। Se **mone** rakhchhe.	তিনি **মনে** রাখছেন। Tini **mone** rakhchhen.
Present Perfect Tense					
আমি **মনে** রেখেছি। Ami **mone** re**khe**chhi.	তুই **মনে** রেখেছিস। Tui **mone** re**khe**chhis.	তুমি **মনে** রেখেছ। Tumi **mone** re**khe**chho.	আপনি **মনে** রেখেছেন। Apni **mone** re**khe**chhen.	সে **মনে** রেখেছে। Se **mone** re**khe**chhe.	তিনি **মনে** রেখেছেন। Tini **mone** re**khe**chhen.
Simple Past Tense					
আমি **মনে** রাখলাম। Ami **mone** rakhlam.	তুই **মনে** রাখলি। Tui **mone** rakhli.	তুমি **মনে** রাখলে। Tumi **mone** rakhle.	আপনি **মনে** রাখলেন। Apni **mone** rakhlen.	সে **মনে** রাখল। Se **mone** rakhlo.	তিনি **মনে** রাখলেন। Tini **mone** rakhlen
Past Continuous Tense					
আমি **মনে** রাখছিলাম। Ami **mone** rakhchhilam.	তুই **মনে** রাখছিলি। Tui **mone** rakhchhili.	তুমি **মনে** রাখছিলে। tumi **mone** rakhchhile.	আপনি **মনে** রাখছিলেন। Apni **mone** rakhchhilen.	সে **মনে** রাখছিল। Se **mone** rakhchhilo.	তিনি **মনে** রাখছিলেন। Tini **mone** rakhchhilen.
Past Perfect Tense					
আমি **মনে** রেখেছিলাম। Ami **mone** re**khe**chhilam.	তুই **মনে** রেখেছিলি। Tui **mone** re**khe**chhili.	তুমি **মনে** রেখেছিলে। Tumi **mone** re**khe**chhile.	আপনি **মনে** রেখেছিলেন। Apni **mone** re**khe**chhilen.	সে **মনে** রেখেছিল। Se **mone** re**khe**chhilo.	তিনি **মনে** রেখেছিলেন। Tini **mone** re**khe**chhilen.
Simple Future Tense					
আমি **মনে** রাখব। Ami **mone** rakhbo.	তুই **মনে** রাখবি। Tui **mone** rakhbi.	তুমি **মনে** রাখবে। Tumi **mone** rakhbe.	আপনি **মনে** রাখবেন। Apni **mone** rakhben	সে **মনে** রাখবে। Se **mone** rakhbe.	তিনি **মনে** রাখবেন। Tini **mone** rakhben
Future Continuous Tense					
N/A	**N/A**	**N/A**	**N/A**	**N/A**	**N/A**
Future Perfect Tense					
N/A	**N/A**	**N/A**	**N/A**	**N/A**	**N/A**

Passive Voice	
A man is remembered by his deeds.	মানুষকে তার কর্ম দিয়ে **মনে**_রাখা হয়। Manushke tar kormo diye **mone** rakha hoy.
Negative Sense	
He did not remember the number.	তার সংখ্যাটা **মনে** ছিলনা। Tar shonkhyata **mone** chhilona.

Obligatory Sense	
You should remember your wife's birthday to maintain peace.	তোমার শান্তির জন্য নিজের স্ত্রীর জন্ম তারিখ **মনে** রাখা উচিত। Tomar shantir jonyo nijer strir jonmo tarikh **mone** rakha uchit.

Verb: to repeat - **আবার** করা। (**abar** kora)

1st Person	2nd person (Very Familiar)	2nd person (Familiar)	2nd person (Respectable)	3rd person (Familiar)	3rd person (Respectable)
Simple Present Tense					
আমি **আবার** করি। Ami **abar** kori.	তুই **আবার** করিস। Tui **abar** koris.	তুমি **আবার** কর। Tumi **abar** koro.	আপনি **আবার** করেন। Apni **abar** koren.	সে **আবার** করে। Se **abar** kore.	তিনি **আবার** করেন। Tini **abar** koren.
Present Continuous Tense					
আমি **আবার** করছি। Ami **abar** korchhi.	তুই **আবার** করছিস। Tui **abar** korchhis.	তুমি **আবার** করছ। Tumi **abar** korchho.	আপনি **আবার** করছেন। Apni **abar** korchhen.	সে **আবার** করছে। Se **abar** korchhe.	তিনি **আবার** করছেন। Tini **abar** korchhen.
Present Perfect Tense					
আমি **আবার** করেছি। Ami **abar** korechhi.	তুই **আবার** করেছিস। Tui **abar** karkorechhis.	তুমি **আবার** করেছ। Tumi **abar** korechho.	আপনি **আবার** করেছেন। Apni **abar** korechhen.	সে **আবার** করেছে। Se **abar** korechhe.	তিনি **আবার** করেছেন। Tini **abar** korechhen.
Simple Past Tense					
আমি **আবার** করলাম। Ami **abar** korlam.	তুই **আবার** করলি। Tui **abar** korli.	তুমি **আবার** করলে। Tumi a**bar** korle.	আপনি **আবার** করলেন। Apni **abar** korlen.	সে **আবার** করল। Se **abar** korlo.	তিনি **আবার** করলেন। Tini **abar** korlen
Past Continuous Tense					
আমি **আবার** করছিলাম। Ami **abar** korchhilam.	তুই **আবার** করছিলি। Tui **abar** korchhili.	তুমি **আবার** করছিলে। tumi **abar** **kor**chhile.	আপনি **আবার** করছিলেন। Apni **abar** korchhilen.	সে **আবার** করছিল। Se **abar** korchhilo.	তিনি **আবার** করছিলেন। Tini **abar** korchhilen.
Past Perfect Tense					
আমি **আবার** করেছিলাম। Ami **abar** korechhilam.	তুই **আবার** করেছিলি। Tui **abar** korechhili.	তুমি **আবার** করেছিলে। Tumi **abar** korechhile.	আপনি **আবার** করেছিলেন। Apni **abar** korechhilen.	সে **আবার** করেছিল। Se **abar** korechhilo.	তিনি **আবার** করেছিলেন। Tini **abar** korechhilen.
Simple Future Tense					
আমি **আবার** করব। Ami **abar** korbo.	তুই **আবার** করবি। Tui **abar** korbi.	তুমি **আবার** করবে। Tumi **abar** korbe.	আপনি **আবার** করবেন। Apni **abar** korben	সে **আবার** করবে। Se **abar** korbe.	তিনি **আবার** করবেন। Tini **abar** korben
Future Continuous Tense					
আমি **আবার** করে থাকব Ami **abar** korte thakbo	তুই **আবার** করে থাকবি Tui **abar** korte thakbi	তুমি **আবার** করে থাকবে Tumi **abar** korte thakbe	আপনি **আবার** করে থাকবেন Apni **abar** korte thakben	সে **আবার** করে থাকবেন Se **abar** korte thakbe	তিনি **আবার** করে থাকবেন Tini **abar** korte thakben
Future Perfect Tense					
আমি **আবার** করে থাকব Ami **abar** kore thakbo	তুই **আবার** করে থাকবি Tui **abar** kore thakbi	তুমি **আবার** করে থাকবে Tumi **abar** kore thakbe	আপনি **আবার** করে থাকবেন Apni **abar** kore thakben	সে **আবার** করে থাকবে Se **abar** kore thakbe	তিনি **আবার** করে থাকবেন Tini **abar** kore thakben
Passive Voice					
The lesson was repeated by him.			তার দ্বারা পাঠটি **আবার** করা হল। Tar dara pathti **abar**_kora holo.		

Negative Sense	
He did not repeat the sentence.	সে বাক্যটি **আবার** বলেনি। Se bakyati **abar** boleni.
Obligatory Sense	
You should repeat your lesson.	তোমার নিজের পাঠটি **আবার** পড়া উচিত। Tomor nijer pathti roj **abar** pora uchit.

Bengali Language: 101 Bengali Verbs

Verb: to return - ফেরত করা। (ferot kora)

1st Person	2nd person (Very Familiar)	2nd person (Familiar)	2nd person (Respectable)	3rd person (Familiar)	3rd person (Respectable)
Simple Present Tense					
আমি ফেরত করি। Ami **ferot** kori.	তুই ফেরত করিস। Tui **ferot** koris.	তুমি ফেরত কর। Tumi **ferot** koro.	আপনি ফেরত করেন। Apni **ferot** koren.	সে ফেরত করে। Se ferot kore.	তিনি ফেরত করেন। Tini **ferot** koren.
Present Continuous Tense					
আমি ফেরত করছি। Ami **ferot** korchhi.	তুই ফেরত করছিস। Tui **ferot** korchhis.	তুমি ফেরত করছ। Tumi **ferot** korchho.	আপনি ফেরত করছেন। Apni **ferot** korchhen.	সে ফেরত করছে। Se **ferot** korchhe.	তিনি ফেরত করছেন। Tini **ferot** korchhen.
Present Perfect Tense					
আমি ফেরত করেছি। Ami **ferot** korechhi	তুই ফেরত করেছিস। Tui **ferot** korechhis.	তুমি ফেরত করেছ। Tumi **ferot** korechho.	আপনি ফেরত করেছেন। Apni **ferot** korechhen.	সে ফেরত করেছে। Se **ferot** korechhe.	তিনি ফেরত করেছেন। Tini **ferot** korechhen.
Simple Past Tense					
আমি ফেরত করলাম। Ami **ferot** korlam.	তুই ফেরত করলি। Tui **ferot** korli.	তুমি ফেরত করলে। Tumi **ferot** korle.	আপনি ফেরত করলেন। Apni **ferot** korlen.	সে ফেরত করল। Se **ferot** korlo.	তিনি ফেরত করলেন। Tini **ferot** korlen
Past Continuous Tense					
আমি ফেরত করছিলাম। Ami **ferot** korchhilam.	তুই ফেরত করছিলি। Tui **ferot** korchhili.	তুমি ফেরত করছিলে। tumi **ferot** korchhile.	আপনি ফেরত করছিলেন। Apni **ferot** korchhilen.	সে ফেরত করছিল। Se **ferot** korchhilo.	তিনি ফেরত করছিলেন। Tini **ferot** korchhilen.
Past Perfect Tense					
আমি ফেরত করেছিলাম। Ami **ferot** korechhilam.	তুই ফেরত করেছিলি। Tui **ferot** korechhili.	তুমি ফেরত করেছিলে। Tumi **ferot** korechhile.	আপনি ফেরত করেছিলেন। Apni ferot korechhilen.	সে ফেরত করেছিল। Se **ferot** korechhilo.	তিনি ফেরত করেছিলেন। Tini **ferot** korechhilen.
Simple Future Tense					
আমি ফেরত করব। Ami **ferot** korbo.	তুই ফেরত করবি। Tui ferot korbi.	তুমি ফেরত করবে। Tumi **ferot** korbe.	আপনি ফেরত করবেন। Apni **ferot** korben	সে ফেরত করবে। Se **ferot** korbe.	তিনি ফেরত করবেন। Tini **ferot** korben
Future Continuous Tense					
আমি ফেরত করতে থাকব Ami **ferot** korte thakbo	তুই ফেরত করতে থাকবি Tui **ferot** korte thakbi	তুমি ফেরত করতে থাকবে Tumi **ferot** korte thakbe	আপনি ফেরত করতে থাকবেন Apni **ferot** korte thakben	সে ফেরত করতে থাকবে Se **ferot** korte thakbe	তিনি ফেরত করতে থাকবেন Tini **ferot** korte thakben
Future Perfect Tense					
আমি ফেরত করে থাকব Ami **ferot** kore thakbo	তুই ফেরত করে থাকবি Tui **ferot** kore thakbi	তুমি ফেরত করে থাকবে Tumi **ferot** kore thakbe	আপনি ফেরত করে থাকবেন Apni **ferot** kore thakben	সে ফেরত করে থাকবে Se **ferot** kore thakbe	তিন ফেরত করে থাকবেন Tini **ferot** kore thakben
Passive Voice					
Stolen goods were returned by the Police.				চুরি যাওয়া জিনিসগুলো পুলিশ দারা ফেরত দেয়া হয়েছিল। Churi jaowa jinishgulu police dara ferot deya hoyechilo.		

Negative Sense	
He did not return my book.	সে আমার বইটি **ফেরত** দেয় নি
	se amar boiti **ferot** dey ni.
Obligatory Sense	
You should return this book to the library.	আপনার এই বইটি গ্রন্থাগারে **ফেরত** দেয়া উচিত।
	Apnar ei boiti gronthagare **ferot** deya uchit.

BENGALI LANGUAGE: 101 BENGALI VERBS

Verb: to run – দৌড়ানো। (dourano)

1st Person	2nd person (Very Familiar)	2nd person (Familiar)	2nd person (Respectable)	3rd person (Familiar)	3rd person (Respectable)
Simple Present Tense					
আমি দৌড়াই। Ami dourai.	তুই দৌড়াস। Tui douras.	তুমি দৌড়াও। Tumi dourao.	আপনি দৌড়ান। Apni douran.	সে দৌড়ায়। Se douray.	তিনি দৌড়ান। Tini douran.
Present Continuous Tense					
আমি দৌড়াচ্ছি। Ami dourachhi.	তুই দৌড়াচ্ছিস। Tui dourachhis.	তুমি দৌড়াচ্ছ। Tumi dourachho.	আপনি দৌড়াচ্ছেন। Apni dourachhen.	সে দৌড়াচ্ছে। Se dourachhe.	তিনি দৌড়াচ্ছেন। Tini dourachhen.
Present Perfect Tense					
আমি দৌড়েছি। Ami dourechhi.	তুই দৌড়েছিস। Tui dourechhis.	তুমি দৌড়েছ। Tumi dourechho.	আপনি দৌড়েছেন। Apni dourechhen.	সে দৌড়েছে। Se dourechhe.	তিনি দৌড়েছেন। Tini dourechhen.
Simple Past Tense					
আমি দৌড়লাম। Ami douralam.	তুই দৌড়লি। Tui dourali.	তুমি দৌড়লে। Tumi dourale.	আপনি দৌড়লেন। Apni douralen.	সে দৌড়ল। Se douralo.	তিনি দৌড়লেন। Tini douralen
Past Continuous Tense					
আমি দৌড়চ্ছিলাম। Ami dourachhilam.	তুই দৌড়চ্ছিলি। Tui dourachhili.	তুমি দৌড়চ্ছিলে। tumi dourachhile.	আপনি দৌড়চ্ছিলেন। Apni dourachhilen.	সে দৌড়চ্ছিল। Se dourachhilo.	তিনি দৌড়চ্ছিলেন। Tini dourachhilen.
Past Perfect Tense					
আমি দৌড়েছিলাম। Ami dourechhilam.	তুই দৌড়েছিলি। Tui dourechhili.	তুমি দৌড়েছিলে। Tumi dourechhile.	আপনি দৌড়েছিলেন। Apni dourechhilen.	সে দৌড়েছিল। Se dourechhilo.	তিনি দৌড়েছিলেন। Tini dourechhilen.
Simple Future Tense					
আমি দৌড়াব। Ami dourabo.	তুই দৌড়াবি। Tui dourabi.	তুমি দৌড়াবে। Tumi dourabe.	আপনি দৌড়াবেন। Apni douraben	সে দৌড়াবে। Se dourabe.	তিনি দৌড়াবেন। Tini douraben
Future Continuous Tense					
আমি দৌড়াতে থাকব Ami dourate thakbo	তুই দৌড়াতে থাকবি Tui dourate thakbi	তুমি দৌড়াতে থাকবে Tumi dourate thakbe	আপনি দৌড়াতে থাকবেন Apni dourate thakben	সে দৌড়াতে থাকবে Se dourate thakbe	তিনি দৌড়াতে থাকবেন Tini dourate thakben
Future Perfect Tense					
আমি দৌড়িয়ে থাকব Ami douriye thakbo	তুই দৌড়িয়ে থাকবি Tui douriye thakbi	তুমি দৌড়িয়ে থাকবে Tumi douriye thakbe	আপনি দৌড়িয়ে থাকবেন Apni douriye thakben	সে দৌড়িয়ে থাকবে Se douriye thakbe	তিনি দৌড়িয়ে থাকবেন Tini douriye thakben

Passive Voice	
The Marathon was run by large number of people.	অনেক লোকের দ্বারা ম্যারাথন দৌড়ানো হল। onek loker dara mormorathon dourano holo.
Negative Sense	
He did not run in the competition.	সে প্রতিযোগিতায় দৌড়ালনা। Se protijogitay douralona.
Obligatory Sense	
You should run every morning to keep fit.	স্বস্থ থাকার জন্য রোজ সকালে দৌড়ানো উচিত। Shustho thakor jonnyo roj shokale dourano uchit.

Verb: to say – **বলা। (bola)**

1st Person	2nd person (Very Familiar)	2nd person (Familiar)	2nd person (Respectable)	3rd person (Familiar)	3rd person (Respectable)
Simple Present Tense					
আমি **বলি**। Ami **boli**.	তুই **বলি**স। Tui **boli**s.	তুমি **বল**। Tumi **bolo.**	আপনি **বলেন।** Apni **bolen**.	সে **বলে।** Se **bole**.	তিনি **বলেন**। Tini **bolen**.
Present Continuous Tense					
আমি **বলছি**। Ami **bolchhi**.	তুই **বল**ছিস। Tui **bol**chhis.	তুমি **বলছ**। Tumi **bolchho**.	আপনি **বল**ছেন। Apni **bol**chhen.	সে **বল**ছে। Se **bol**chhe.	তিনি **বল**ছেন। Tini **bol**chhen.
Present Perfect Tense					
আমি **বলেছি**। Ami **bolechhi.**	তুই **বলে**ছিস। Tui **bole**chhis.	তুমি **বলে**ছ। Tumi **bolechho**.	আপনি **বলে**ছেন। Apni **bole**chhen.	সে **বলে**ছে। Se **bol**echhe.	তিনি **বলে**ছেন। Tini **bole**chhen.
Simple Past Tense					
আমি **বল**লাম। Ami **bollam**.	তুই **বল**লি। Tui **bol**li.	তুমি **বল**লে। Tumi **bol**le.	আপনি **বল**লেন। Apni **bol**len.	সে **বল**ল। Se **bollo**.	তিনি **বল**লেন। Tini **bollen**
Past Continuous Tense					
আমি **বল**ছিলাম। Ami **bol**chhilam.	তুই **বলছি**লি। Tui **bol**chhili.	তুমি **বল**ছিলে। tumi **bol**chhile.	আপনি **বল**ছিলেন। Apni **bol**chhilen.	সে **বল**ছিল। Se **bol**chhilo.	তিনি **বলছি**লেন। Tini **bolchh**ilen.
Past Perfect Tense					
আমি **বলে**ছিলাম। Ami **bole**chhilam.	তুই **বলে**ছিলি। Tui **bole**chhili.	তুমি **বলে**ছিলে। Tumi **bole**chhile.	আপনি **বলে**ছিলেন। Apni **bole**chhilen.	সে **বলে**ছিল। Se **bole**chhilo.	তিনি **বলে**ছিলেন। Tini **bole**chhilen.
Simple Future Tense					
আমি **বল**ব। Ami **bol**bo.	তুই **বল**বি। Tui **bol**bi.	তুমি **বল**বে। Tumi **bol**be.	আপনি **বল**বেন। Apni **bol**ben	সে **বলবে।** Se **bol**be.	তিনি **বল**বেন। Tini **bol**ben
Future Continuous Tense					
আমি **বল**তে থাকব Ami **bol**te thakbo	তুই **বল**তে থাকবি Tui **bol**te thakbi	তুমি **বল**তে থাকবে Tumi **bol**te thakbe	আপনি **বল**তে থাকবেন Apni **bol**te thakben	সে **বল**তে থাকবে Se **bol**te thakbe	তিনি **বল**তে থাকবেন Tini **bol**te thakben
Future Perfect Tense					
আমি **বলে** থাকব Ami **bol**e thakbo	তুই **বলে** থাকবি Tui **bol**e thakbi	তুমি **বলে** থাকবে Tumi **bol**e thakbe	আপনি **বলে** থাকবেন Apni **bol**e thakben	সে **বলে** থাকবে Se **bol**e thakbe	তিনি **বলে** থাকবেন Tini **bol**e thakben
Passive Voice					
He is said to be a saint by many.			তাকে অনেকের দ্বারা সাধু **বলা** হয়। Ta ke oneker dara sha**dhu bola** hoy.		
Negative Sense					
He did not say a single word.			সে একটা শব্দ ও **বলে** নি। Se ekta shobdo o **bole** ni.		
Obligatory Sense					
You should say your prayer every morning.			তোমার নিজের প্রার্থনা রোজ **বলা** উচিত। Tomar nijer prarthona roj **bola** uchit.		

Bengali Language: 101 Bengali Verbs

Verb: to scream- চিৎকার করা। (chitkar kora)

1st Person	2nd person (Very Familiar)	2nd person (Familiar)	2nd person (Respectable)	3rd person (Familiar)	3rd person (Respectable)
Simple Present Tense					
আমি চিৎকার করি। Ami **chitkar** kori.	তুই চিৎকার করিস। Tui **chitkar** koris.	তুমি চিৎকার কর। Tumi **chitkar** koro.	আপনি চিৎকার করেন। Apni **chitkar** koren.	সে চিৎকার করে। Se **chitkar** kore.	তিনি চিৎকার করেন। Tini **chitkar** koren.
Present Continuous Tense					
আমি চিৎকার করছি। Ami **chitkar** korchhi.	তুই চিৎকার করছিস। Tui **chitkar** korchhis.	তুমি চিৎকার করছ। Tumi **chitkar** korchho.	আপনি চিৎকার করছেন। Apni **chitkar** korchhen.	সে চিৎকার করছে। Se **chitkar** korchhe.	তিনি চিৎকার করছেন। Tini **chitkar** korchhen.
Present Perfect Tense					
আমি চিৎকার করেছি। Ami **chitkar** korechhi	তুই চিৎকার করেছিস। Tui **chitkar** korechhis.	তুমি চিৎকার করেছ। Tumi **chitkar** korechho.	আপনি চিৎকার করেছেন। Apni **chitkar** korechhen.	সে চিৎকার করেছে। Se **chitkar** korechhe.	তিনি চিৎকার করেছেন। Tini **chitkar** korechhen.
Simple Past Tense					
আমি চিৎকার করলাম। Ami **chitkar** korlam.	তুই চিৎকার করলি। Tui **chitkar** korli.	তুমি চিৎকার করলে। Tumi **chitkar** korle.	আপনি চিৎকার করলেন। Apni **chitkar** korlen.	সে চিৎকার করল। Se **chitkar** korlo.	তিনি চিৎকার করলেন। Tini **chitkar** korlen
Past Continuous Tense					
আমি চিৎকার করছিলাম। Ami **chitkar** korchhilam.	তুই চিৎকার করছিলি। Tui **chitkar** korchhili.	তুমি চিৎকার করছিলে। Tumi **chitkar** korchhile.	আপনি চিৎকার করছিলেন। Apni **chitkar** korchhilen.	সে চিৎকার করছিল। Se **chitkar** korchhilo.	তিনি চিৎকার করছিলেন। Tini **chitkar** korchhilen.
Past Perfect Tense					
আমি চিৎকার করেছিলাম। Ami **chitkar** korechhilam.	তুই চিৎকার করেছিলি। Tui **chitkar** korechhili.	তুমি চিৎকার করেছিলে। Tumi **chitkar** korechhile.	আপনি চিৎকার করেছিলেন। Apni **chitkar** korechhilen.	সে চিৎকার করেছিল। Se **chitkar** korechhilo.	তিনি চিৎকার করেছিলেন। Tini **chitkar** korechhilen.
Simple Future Tense					
আমি চিৎকার করব। Ami **chitkar korbo.**	তুই চিৎকার করবি। Tui **chitkar** korbi.	তুমি চিৎকার করবে। Tumi **chitkar** korbe.	আপনি চিৎকার করবেন। Apni **chitkar** korben.	সে চিৎকার করবে। Se **chitkar** korbe.	তিনি চিৎকার করবেন। Tini **chitkar** korben.
Future Continuous Tense					
আমি চিৎকার করতে থাকব Ami **chitkar** korte thakbo	তুই চিৎকার করতে থাকবি Tui **chitkar** korte thakbi	তুমি চিৎকার করতে থাকবে Tumi **chitkar** korte thakbe	আপনি চিৎকার করতে থাকবেন Apni **chitkar** korte thakben	সে চিৎকার করতে থাকবে Se **chitkar** korte thakbe	তিনি চিৎকার করতে থাকবেন Tini **chitkar** korte thakben
Future Perfect Tense					
আমি চিৎকার করে থাকব Ami **chitkar** kore thakbo	তুই চিৎকার করে থাকবি Tui **chitkar** kore thakbi	তুমি চিৎকার করে থাকবে Tumi **chitkar** kore thakbe	আপনি চিৎকার করে থাকবেন Apni **chitkar** kore thakben	সে চিৎকার করে থাকবে Se **chitkar** kore thakbe	তিনি চিৎকার করে থাকবেন Tini **chitkar** kore thakben

Passive Voice	
Not applicable.	
Negative Sense	
Though angry, he did not scream at his staff.	রাগ করেও সে নিজের কর্মচারীদের উপরে **চিৎকার** করলো না। Rag kore o se nijer kormocharider upor **chitkar** korlo na.
Obligatory Sense	
You should not scream without any reason.	আপনার অকারণে **চিৎকার** করা উচিত নয়। Apnar oakarane **chitkar** kora uchit noy.

BENGALI LANGUAGE: 101 BENGALI VERBS

Verb: to see – দেখা (dekha)

1st Person	2nd person (Very Familiar)	2nd person (Familiar)	2nd person (Respectable)	3rd person (Familiar)	3rd person (Respectable)
Simple Present Tense					
আমি দেখি। Ami dekhi.	তুই দেখিস। Tui dekhis.	তুমি দেখ। Tumi dekho.	আপনি দেখেন। Apni dekhen.	সে দেখে। Se dekhe.	তিনি দেখেন। Tini dekhen.
Present Continuous Tense					
আমি দেখছি। Ami dekhchhi.	তুই দেখছিস। Tui dekhchhis.	তুমি দেখছ। Tumi dekhchho.	আপনি দেখছেন। Apni dekhchhen.	সে দেখছে। Se dekhchhe.	তিনি দেখছেন। Tini dekhchhen.
Present Perfect Tense					
আমি দেখেছি। Ami dekhechhi.	তুই দেখেছিস। Tui dekhechhis.	তুমি দেখেছ। Tumi dekhechho.	আপনি দেখেছেন। Apni dekhechhen.	সে দেখেছে। Se dekhechhe.	তিনি দেখেছেন। Tini dekhechhen.
Simple Past Tense					
আমি দেখলাম। Ami dekhlam.	তুই দেখলি। Tui dekhli.	তুমি দেখলে। Tumi dekhle.	আপনি দেখলেন। Apni dekhlen.	সে দেখল। Se dekhlo.	তিনি দেখলেন। Tini dekhlen
Past Continuous Tense					
আমি দেখছিলাম। Ami dekhchhilam.	তুই দেখছিলি। Tui dekhchhili.	তুমি দেখছিলে। Tumi dekhchhile.	আপনি দেখছিলেন। Apni dekhchhilen.	সে দেখছিল। Se dekhchhilo.	তিনি দেখছিলেন। Tini dekhchhilen.
Past Perfect Tense					
আমি দেখেছিলাম। Ami dekhechhilam.	তুই দেখেছিলি। Tui dekhechhili.	তুমি দেখেছিলে। Tumi dekhechhile.	আপনি দেখেছিলেন। Apni dekhechhilen.	সে দেখেছিল। Se dekhechhilo.	তিনি দেখেছিলেন। Tini dekhechhilen.
Simple Future Tense					
আমি দেখব। Ami dekhbo.	তুই দেখবি। Tui dekhbi.	তুমি দেখবে। Tumi dekhbe.	আপনি দেখবেন। Apni dekhben	সে দেখবে। Se dekhbe.	তিনি দেখবেন। Tini dekhben
Future Continuous Tense					
আমি দেখতে থাকব Ami dekhte thakbo	তুই দেখতে থাকবি Tui dekhte thakbi	তুমি দেখতে থাকবে Tumi dekhte thakbe	আপনি দেখতে থাকবেন Apni dekhte thakben	সে দেখতে থাকবে Se dekhte thakbe	তিনি দেখতে থাকবেন Tini dekhte thakben
Future Perfect Tense					
আমি দেখে থাকব Ami dekhe thakbo	তুই দেখে থাকবি Tui dekhe thakbi	তুমি দেখে থাকবে Tumi dekhe thakbe	আপনি দেখে থাকবেন Apni dekhe thakben	সে দেখে থাকবে Se dekhe thakbe	তিনি দেখে থাকবেন Tini dekhe thakben

Passive Voice	
The ghost was seen by him.	তার দ্বারা ভূত দেখা হল। Tar dara bhut dekha holo.
Negative Sense	
He did not see the news paper.	সে খবরের কাগজ দেখেনি। Se khoborer kagoj dekhe ni.
Obligatory Sense	
You should see the building in the city.	তোমার শহরের বাড়িটি দেখা উচিত। Tomar shohorer bariti dekha uchit.

Bengali Language: 101 Bengali Verbs

Verb: to seem- মনে হওয়া। (**mone** howa)

"Seem" in Bengali is always used in passive voice.

1st Person	2nd person (Very Familiar)	2nd person (Familiar)	2nd person (Respectable)	3rd person (Familiar)	3rd person (Respectable)
Simple Present Tense					
আমার **মনে** হয়। Amar **mone** hoy.	তোর **মনে** হয়। Tor **mone** hoy.	তোমার **মনে** হয়। Tomar **mone** hoy.	আপনার **মনে** হয়। Apnar **mone** hoy.	তার **মনে** হয়। Tar **mone** hoy.	ওনার **মনে** হয়। Onar **mone** hoy.
Present Continuous Tense (There is no present Continuous for need in Bengali.)					
Present Perfect Tense (There is no present perfect for need in Bengali.)					
Simple Past Tense					
আমার **মনে** হয়ে ছিল। Amar **mone** hoyechhilo.	তোর **মনে** হয়ে ছিল। Tor **mone** hoyechhilo.	তোমার **মনে** হয়ে ছিল। Tomar **mone** hoyechhilo.	আপনার **মনে** হয়ে ছিল। Apnar **mone** hoyechhilo.	তার **মনে** হয়ে ছিল। Tar **mone** hoyechhilo.	ওনার **মনে** হয়ে ছিল। Onar **mone** hoyechhilo.
Past Continuous Tense (There is no past Continuous for need in Bengali.)					
Past Perfect Tense (There is no past perfect for need in Bengali.)					
Simple Future Tense					
আমার **মনে** হবে। Amar **mone** hobe.	তোর **মনে** হবে। Tor **mone** hobe.	তোমার **মনে** হবে। Tomar **mone** hobe.	আপনার **মনে** হবে। Apnar **mone** hobe.	তার **মনে** হবে। Tar **mone** hobe.	ওনার **মনে** হবে। Onar **mone** hobe.
Future Continuous Tense					
N/A	N/A	N/A	N/A	N/A	N/A
Future Perfect Tense					
N/A	N/A	N/A	N/A	N/A	N/A

Passive Voice

Not applicable.

Negative Sense

He did not seem to be disturbed by turn of events.	তাকে ঘটনাক্রমের পরিবর্তনে অস্থির **মনে** হল না। Ta ke ghotonakromer poribortone osthir **mone** holona.

Obligatory Sense

Not applicable.

Verb: to sell- **বিক্রি** করা। (**bikri** kora)

1st Person	2nd person (Very Familiar)	2nd person (Familiar)	2nd person (Respectable)	3rd person (Familiar)	3rd person (Respectable)
Simple Present Tense					
আমি **বিক্রি** করি। Ami **bikri** kori.	তুই **বিক্রি** করিস। Tui **bikri** koris.	তুমি **বিক্রি** কর। Tumi **bikri** koro.	আপনি **বিক্রি** করেন। Apni **bikri** koren.	সে **বিক্রি** করে। Se bikri **kor**e.	তিনি **বিক্রি** করেন। Tini **bikri** koren.
Present Continuous Tense					
আমি **বিক্রি** করছি। Ami **bikri** korchhi.	তুই **বিক্রি** করছিস। Tui **bikri** korchhis.	তুমি **বিক্রি** করছ। Tumi **bikri** korchho.	আপনি **বিক্রি** করছেন। Apni **bikri** korchhen.	সে **বিক্রি** করছে। Se **bikri** korchhe.	তিনি **বিক্রি** করছেন। Tini **bikri** korchhen.
Present Perfect Tense					
আমি **বিক্রি** করেছি। Ami **bikri** korechhi	তুই **বিক্রি** করেছিস। Tui **bikri** korechhis.	তুমি **বিক্রি** করেছ। Tumi **bikri** korechho.	আপনি **বিক্রি** করেছেন। Apni **bikri** korechhen.	সে **বিক্রি** করেছে। Se **bikri** korechhe.	তিনি **বিক্রি** করেছেন। Tini **bikri** korechhen.
Simple Past Tense					
আমি **বিক্রি** করলাম। Ami **bikri** korlam.	তুই **বিক্রি** করলি। Tui **bikri** korli.	তুমি **বিক্রি** করলে। Tumi **bikri** korle.	আপনি **বিক্রি** করলেন। Apni **bikri** korlen.	সে **বিক্রি** করল। Se **bikri** korlo.	তিনি **বিক্রি** করলেন। Tini **bikri** korlen
Past Continuous Tense					
আমি **বিক্রি** করছিলাম। Ami **bikri** korchhilam.	তুই **বিক্রি** করছিলি। Tui **bikri** korchhili.	তুমি **বিক্রি** করছিলে। Tumi **bikri** korchhile.	আপনি **বিক্রি** করছিলেন। Apni bi**kri** korchhilen.	সে **বিক্রি** করছিল। Se **bikri** korchhilo.	তিনি **বিক্রি** করছিলেন। Tini **bikri** korchhilen.
Past Perfect Tense					
আমি **বিক্রি** করেছিলাম। Ami **bikri** korechhilam.	তুই **বিক্রি** করেছিলি। Tui **bikri** korechhili.	তুমি **বিক্রি** করেছিলে। Tumi **bikri** korechhile.	আপনি **বিক্রি** করেছিলেন। Apni **bikri** korechhilen.	সে **বিক্রি** করেছিল। Se **bikri** korechhilo.	তিনি **বিক্রি** করেছিলেন। Tini **bikri** korechhilen.
Simple Future Tense					
আমি **বিক্রি** করব। Ami **bikri** korbo.	তুই **বিক্রি** করবি। Tui **bikri** korbi.	তুমি **বিক্রি** করবে। Tumi **bikri** korbe.	আপনি **বিক্রি** করবেন। Apni **bikri** korben	সে **বিক্রি** করবে। Se **bikri** korbe.	তিনি **বিক্রি** করবেন। Tini **bikri** korben
Future Continuous Tense					
আমি **বিক্রি** করতে থাকব Ami **bikri** korte thakbo	তুই **বিক্রি** করতে থাকবি Tui **bikri** korte thakbi	তুমি **বিক্রি** করতে থাকবে Tumi **bikri** korte thakbe	আপনি **বিক্রি** করতে থাকবেন Apni **bikri** korte thakben	সে **বিক্রি** করতে থাকবে Se **bikri** korte thakbe	তিনি **বিক্রি** করতে থাকবে Tini **bikri** korte thakben
Future Perfect Tense					
আমি **বিক্রি** করে থাকব Ami **bikri** kore thakbo	তুই **বিক্রি** করে থাকবি Tui **bikri** kore thakbi	তুমি **বিক্রি** করে থাকবে Tumi **bikri** kore thakbe	আপনি **বিক্রি** করে থাকবেন Apni **bikri** kore thakben	সে **বিক্রি** করে থাকবে Se **bikri** kore thakbe	তিনি **বিক্রি** করে থাকবেন Tini **bikri** kore thakben
Passive Voice					
The diamond was sold at a very high price.			হিরেটি প্রচুর দামে **বিক্রি** হল। Hireti prochur dame **bikri** holo.		

Negative Sense	
He does not sell books.	সে বই **বিক্রি** করে না।
	se boi **bikri** kore na.
Obligatory Sense	
You should not sell narcotics.	আপনার নেশার জিনিস **বিক্রি** করা উচিত নয়।
	Apnar neshar jinish **bikri kor**a uchit noy.

Verb: to s**end** - **পাঠান**।

1st Person	2nd person (Very Familiar)	2nd person (Familiar)	2nd person (Respectable)	3rd person (Familiar)	3rd person (Respectable)
Simple Present Tense					
আমি **পাঠাই**। Ami **pathai**.	তুই **পাঠাস**। Tui **pathas**.	তুমি **পাঠাও**। Tumi **pathao**.	আপনি **পাঠান**। Apni **path**an.	সে **পাঠায়**। Se **path**ay.	তিনি **পাঠান**। Tini **path**an.
Present Continuous Tense					
আমি **পাঠা**চ্ছি। Ami **patha**chhi.	তুই **পাঠাচ্ছিস**। Tui **patha**chhis.	তুমি **পাঠাচ্ছ**। Tumi **pathachho**.	আপনি **পাঠা**চ্ছেন। Apni **patha**chhen.	সে **পাঠাচ্ছে**। Se **patha**chhe.	তিনি **পাঠা**চ্ছেন। Tini **patha**chhen.
Present Perfect Tense					
আমি **পাঠি**য়েছি। Ami **pathi**yechhi.	তুই **পাঠি**য়েছিস। Tui **pathi**yechhis.	তুমি **পাঠি**য়েছ। Tumi **pathi**yechho.	আপনি **পাঠি**য়েছেন। Apni **pathi**yechhen.	সে পা**ঠিয়েছে**। Se **pathi**yechhe.	তিনি **পাঠিয়ে**ছেন। Tini **pathi**yechhen.
Simple Past Tense					
আমি পাঠালাম। Ami **patha**lam.	তুই **পাঠা**লি। Tui **patha**li.	তুমি **পাঠা**লে। Tumi **patha**le.	আপনি **পাঠা**লেন। Apni **patha**len.	সে **পাঠাল**। Se **path**alo.	তিনি **পাঠা**লেন। Tini **pathalen**
Past Continuous Tense					
আমি **পাঠাচ্**ছিলাম। Ami **patha**chhilam.	তুই **পাঠাচ্**ছিলি। Tui **patha**chhili.	তুমি **পাঠাচ্**ছিলে। Tumi **patha**chhile.	আপনি **পাঠা**চ্ছিলেন। Apni **patha**chhilen.	সে **পাঠাচ্**ছিল। Se **patha**chhilo.	তিনি **পাঠাচ্**ছিলেন। Tini **patha**chhilen.
Past Perfect Tense					
আমি **পাঠি**য়েছিলাম। Ami **pathi**yechhilam.	তুই **পাঠি**য়েছিলি। Tui **pathi**yechhili.	তুমি **পাঠি**য়েছিলে। Tumi **pathi**yechhile.	আপনি **পাঠি**য়েছিলেন। Apni **pathi**yechhilen.	সে **পাঠিয়েছি**ল। Se **pathi**yechhilo.	তিনি **পাঠিয়ে**ছিলেন। Tini **pathi**yechhilen.
Simple Future Tense					
আমি **পাঠা**ব। Ami **patha**bo.	তুই **পাঠা**বি। Tui **path**abi.	তুমি **পাঠা**বে। Tumi **patha**be.	আপনি **পাঠা**বেন। Apni **path**aben	সে **পাঠা**বে। Se path**ab**e.	তিনি **পাঠা**বেন। Tini **patha**ben
Future Continuous Tense					
আমি **পাঠা**তে থাকব Ami **patha**te thakbo	তুই **পাঠা**তে থাকবি Tui **patha**te thakbi	তুমি **পাঠা**তে থাকবে Tumi **patha**te thakbe	আপনি **পাঠা**তে থাকবেন Apni **patha**te thakben	সে **পাঠা**তে থাকবে Se **patha**te thakbe	তিনি **পাঠা**তে থাকবেন Tini **patha**te thakben
Future Perfect Tense					
আমি **পাঠি**য়ে থাকব Ami **pathiy**e thakbo	তুই **পাঠি**য়ে থাকবি Tui **pathiy**e thakbi	তুমি **পাঠি**য়ে থাকবে Tumi **pathiy**e thakbe	আপনি **পাঠি**য়ে থাকবেন Apni **pathiy**e thakben	সে **পাঠি**য়ে থাকবে Se **pathiy**e thakbe	তিনি **পাঠি**য়ে থাকবে Tini **pathiy**e thakben
Passive Voice					
The book was sent by post.			বইটি ডাক দ্বারা **পাঠানো** হল। Boiti **dak** dara **pathano** holo.		
Negative Sense					
He did not send the money as per commitment.			সে তার **কথা** অনুযায়ী টাকা **পাঠায়**নি। Se tar kotha onujayi taka **pathay** ni.		
Obligatory Sense					
You should send your son to a good school.			তোমার নিজের ছেলেকে ভালো স্কুলে **পাঠানো** উচিত। Tomar nijer chheleke bhalo skule **pathano** uchit.		

Verb: to show – **দেখানো।** (**dekhano**)

1st Person	2nd person (Very Familiar)	2nd person (Familiar)	2nd person (Respectable)	3rd person (Familiar)	3rd person (Respectable)
Simple Present Tense					
আমি **দেখাই**। Ami **dekhai**.	তুই **দেখাস**। Tui **dekhas**.	তুমি **দেখাও**। Tumi **dekhao**.	আপনি **দেখান**। Apni **dekhan**.	সে **দেখায়**। Se **dekhay**.	তিনি **দেখান**। Tini **dekhan**.
Present Continuous Tense					
আমি **দেখা**চ্ছি। Ami **dekha**chhi.	তুই **দেখা**চ্ছিস। Tui **dekha**chhis.	তুমি **দেখা**চ্ছ। Tumi **dekha**chho.	আপনি **দেখা**চ্ছেন। Apni **dekha**chhen.	সে **দেখা**চ্ছে। Se **dekha**chhe.	তিনি **দেখা**চ্ছেন। Tini **dekha**chhen.
Present Perfect Tense					
আমি **দেখি**য়েছি। Ami **dekhi**yechhi.	তুই **দেখি**য়েছিস। Tui **dekhi**yechhis.	তুমি **দেখি**য়েছ। Tumi **dekhi**yechho.	আপনি **দেখি**য়েছেন। Apni **dekhi**yechhen.	সে **দেখি**য়েছে। Se **dekhi**yechhe.	তিনি **দেখি**য়েছেন। Tini **dekhi**yechhen.
Simple Past Tense					
আমি **দেখা**লাম। Ami **dekha**lam.	তুই **দেখা**লি। Tui **dekha**li.	তুমি **দেখা**লে। Tumi **dekha**le.	আপনি **দেখা**লেন। Apni **dekha**len.	সে **দেখা**ল। Se **dekha**lo.	তিনি **দেখা**লেন। Tini **dekha**len
Past Continuous Tense					
আমি **দেখা**চ্ছিলাম। Ami **dekha**chhilam.	তুই **দেখা**চ্ছিলি। Tui **dekha**chhili.	তুমি **দেখাচ্**ছিলে। tumi **dekha**chhile.	আপনি **দেখাচ্**ছিলেন। Apni **dekha**chhilen.	সে **দেখাচ্**ছিল। Se **dekha**chhilo.	তিনি **দেখাচ্**ছিলেন। Tini **dekha**chhilen.
Past Perfect Tense					
আমি **দেখি**য়েছিলাম। Ami **dekhi**yechhilam.	তুই **দেখিয়ে**ছিলি। Tui **dekhi**yechhili.	তুমি **দেখিয়ে**ছিলে। Tumi **dekhi**yechhile.	আপনি **দেখিয়ে**ছিলেন। Apni **dekhiye**chhilen.	সে **দেখি**য়েছিল। Se **dekhi**yechhilo.	তিনি **দেখি**য়েছিলেন। Tini **dekhi**yechhilen.
Simple Future Tense					
আমি **দেখা**ব। Ami **dekha**bo.	তুই **দেখা**বি। Tui **dekha**bi.	তুমি **দেখা**বে। Tumi **dekha**be.	আপনি **দেখা**বেন। Apni **dekha**ben	সে **দেখা**বে। Se **dekha**be.	তিনি **দেখা**বেন। Tini **dekha**ben
Future Continuous Tense					
আমি **দেখা**তে থাকব Ami **dekh**ate thakbo	তুই **দেখা**তে থাকবি Tui **dekh**ate thakbi	তুমি **দেখা**তে থাকবে Tumi **dekh**ate thakbe	আপনি **দেখা**তে থাকবেন Apni **dekh**ate thakben	সে **দেখা**তে থাকবে Se **dekh**ate thakbe	তিনি **দেখা**তে থাকবেন Tini **dekh**ate thakben
Future Perfect Tense					
আমি **দেখি**য়ে থাকব Ami **dekh**iye thakbo	তুই **দেখি**য়ে থাকব Tui **dekh**iye thakbi	তুমি **দেখি**য়ে থাকবে Tumi **dekh**iye thakbe	আপনি **দেখি**য়ে থাকবেন Apni **dekh**iye thakben	সে **দেখি**য়ে থাকবে Se **dekh**iye thakbe	তিনি **দেখি**য়ে থাকবেন Tini **dekh**iye thakben

Passive Voice

The book was shown to him.	তাকে বইটি **দেখা**নো হল। Take boiti **dekhan**o holo.

Negative Sense

He did not show the family treasure.	সে পারিবারিক সম্পত্তি **দেখালো**না। Se paribarik shompotti **dekhal**o na.

Obligatory Sense

You should show your strength to the world.	তোমার নিজের শক্তি দুনিয়াকে **দেখানো** উচিত। Tomar nijer shokti duniyake **dekhano** uchit.

Bengali Language: 101 Bengali Verbs

Verb: to sing - গান গাওয়া। (gan gaowa)

1st Person	2nd person (Very Familiar)	2nd person (Familiar)	2nd person (Respectable)	3rd person (Familiar)	3rd person (Respectable)
Simple Present Tense					
আমি গান **গাই**। Ami gan **gai**.	তুই গান গা**স**। Tui gan ga**s**.	তুমি গান গা**ও**। Tumi gan ga**o**.	আপনি গান গা**ন**। Apni gan ga**n**.	সে গান গা**য়**। Se gan **gaay**.	তিনি গান গা**ন**। Tini gan **gan**.
Present Continuous Tense					
আমি গান **গাইছি**। Ami gan **gaichhi**.	তুই গান **গাইছিস**। Tui gan **gaichhis**.	তুমি গান **গাইছ**। Tumi gan **gaichho**.	আপনি গান **গাইছেন**। Apni gan **gaichhen**.	সে গান **গাইছে**। Se gan **gaichhe**.	তিনি গান **গাইছেন**। Tini gan **gaichhen**.
Present Perfect Tense					
আমি গান **গেয়েছি**। Ami gan **geyechhi**.	তুই গান **গেয়েছিস**। Tui gan **geyechhis**.	তুমি গান **গেয়েছ**। Tumi gan **geyechho**.	আপনি গান **গেয়েছেন**। Apni gan **geyechhen**.	সে গান **গেয়েছে**। Se gan **geyechhe**.	তিনি গান **গেয়েছেন**। Tini gan **geyechhen**.
Simple Past Tense					
আমি গান **গাইলাম**। Ami gan **gailam**.	তুই গান **গাইলি**। Tui gan **gaili**.	তুমি গান **গাইলে**। Tumi gan **gaile**.	আপনি গান **গাইলেন**। Apni gan **gailen**.	সে গান **গাইল**। Se gan **gailo**.	তিনি গান **গাইলেন**। Tini gan **gailen**
Past Continuous Tense					
আমি গান **গাইছিলাম**। Ami gan **gaichhilam**.	তুই গান **গাইছিলি**। Tui gan **gaichhili**.	তুমি গান **গাইছিলে**। tumi gan **gaichhile**.	আপনি গান **গাইছিলেন**। Apni gan **gaichhilen**.	সে গান **গাইছিল**। Se gan **gaichhilo**.	তিনি গান **গাইছিলেন**। Tini gan **gaichhilen**.
Past Perfect Tense					
আমি গান **গেয়েছিলাম**। Ami gan **geyechhilam**.	তুই গান **গেয়েছিলি**। Tui gan **geyechhili**.	তুমি গান **গেয়েছিলে**। Tumi gan **geyechhile**.	আপনি গান **গেয়েছিলেন**। Apni gan **geyechhilen**.	সে গান **গেয়েছিল**। Se gan **geyechhilo**.	তিনি গান **গেয়েছিলেন**। Tini gan **geyechhilen**.
Simple Future Tense					
আমি **গাইব**। Ami gan **gaibo**.	তুই গান **গাইবি**। Tui gan **gaibi**.	তুমি **গাইবে**। Tumi gan **gaibe**.	আপনি **গাইবেন**। Apni gan **gaiben**	সে **গাইবে**। Se gan **gaibe**.	তিনি **গাইবেন**। Tini gan **gaiben**
Future Continuous Tense					
আমি **গাইতে** থাকব Ami **gaite** thakbo	তুই **গাইতে** থকবি Tui **gaite** thakbi	তুমি **গাইতে** থাকবে Tumi **gaite** thakbe	আপনি **গাইতে** থাকবেন Apni **gaite** thakben	সে **গাইতে** থাকবে Se **gaite** thakbe	তিনি **গাইতে** থাকবেন Tini **gaite** thakben
Future Perfect Tense					
আমি **গেয়ে** থাকব Ami **geye** thakbo	তুই **গেয়ে** থাকবি Tui **geye** thakbi	তুমি **গেয়ে** থাকবে Tumi **geye** thakbe	আপনি **গেয়ে** থাকবেন Apni **geye** thakben	সে **গেয়ে** থাকবে Se **geye** thakbe	তিনি **গেয়ে** থাকবেন Tini **geye** thakben

Passive Voice	
The song was sung by all.	সবার দ্বারা গানটি **গাওয়া** হল। shobar dara ganti **gaoa** holo.
Negative Sense	
He did not sing in the chorus.	সে সবার সাথে **গাইলনা**। Se shobar sathe **gailona**.

Obligatory Sense	
You should sing the national anthem.	তোমার জাতীও সঙ্গীত **গাওয়া** উচিত। Tomar jatiyo shongit **gaowa** uchit.

BENGALI LANGUAGE: 101 BENGALI VERBS

Verb: to sit down – বসা। (bosha)

1st Person	2nd person (Very Familiar)	2nd person (Familiar)	2nd person (Respectable)	3rd person (Familiar)	3rd person (Respectable)
Simple Present Tense					
আমি বসি। Ami **bosh**i.	তুই বসিস। Tui **bosh**is.	তুমি বস। Tumi **bosh**o.	আপনি বসেন। Apni **bosh**en.	সে বসে। Se **bosh**e.	তিনি বসেন। Tini **bosh**en.
Present Continuous Tense					
আমি বসছি। Ami **bosh**chhi.	তুই বসছিস। Tui **bosh**chhis.	তুমি বসছ। Tumi **bosh**chho.	আপনি বসছেন। Apni **bosh**chhen.	সে মনে বসছে। Se **bosh**chhe.	তিনি বসছেন। Tini **bosh**chhen.
Present Perfect Tense					
আমি বসেছি। Ami **boshe**chhi.	তুই বসেছিস। Tui **boshe**chhis.	তুমি বসেছ। Tumi **boshe**chho.	আপনি বসেছেন। Apni **boshe**chhen.	সে বসেছে। Se **boshe**chhe.	তিনি বসেছেন। Tini **boshe**chhen.
Simple Past Tense					
আমি বসলাম। Ami **bosh**lam.	তুই বসলি। Tui **bosh**li.	তুমি বসলে। Tumi boshle.	আপনি বসলেন। Apni **bosh**len.	সে বসল। Se **bosh**lo.	তিনি বসলেন। Tini **bosh**len
Past Continuous Tense					
আমি বসছিলাম। Ami **bosh**chhilam.	তুই বসছিলি। Tui **bosh**chhili.	তুমি বসছিলে। tumi **bosh**chhile.	আপনি বসছিলেন। Apni **bosh**chhilen.	সে বসছিল। Se **bosh**chhilo.	তিনি বসছিলেন। Tini **bosh**chhilen.
Past Perfect Tense					
আমি বসেছিলাম। Ami **boshe**chhilam.	তুই বসেছিলি। Tui **boshe**chhili.	তুমি বসেছিলে। Tumi **boshe**chhile.	আপনি বসেছিলেন। Apni **boshe**chhilen.	সে বসেছিল। Se **boshe**chhilo.	তিনি বসেছিলেন। Tini **boshe**chhilen.
Simple Future Tense					
আমি বসব। Ami **bosh**bo.	তুই বসবি। Tui **bosh**bi.	তুমি বসবে। Tumi **bosh**be.	আপনি বসবেন। Apni **bosh**ben	সে বসবে। Se **bosh**be.	তিনি বসবেন। Tini **bosh**ben
Future Continuous Tense					
আমি বসতে থাকব Ami **bosh**te thakbo	তুই বসতে থাকবি Tui **bosh**te thakbi	তুমি বসতে থাকবে Tumi **bosh**te thakbe	আপনি বসতে থাকবেন Apni **bosh**te thakben	সে বসতে থাকবে Se **bosh**te thakbe	তিনি বসতে থাকবেন Tini **bosh**te thakben
Future Perfect Tense					
N/A	N/A	N/A	N/A	N/A	N/A
Passive Voice					
Not applicable.					
Negative Sense					
He did not sit down in the temple.			সে মন্দিরে বসল না। Se mondire **bosh**lona.		
Obligatory Sense					
You should sit down when in class.			তোমার ক্লাসের মধ্যে বসা উচিত। Tomar klasher moddhye **bosha** uchit.		

Bengali Language: 101 Bengali Verbs

Verb: to sleep- শোয়া । (showa)

1st Person	2nd person (Very Familiar)	2nd person (Familiar)	2nd person (Respectable)	3rd person (Familiar)	3rd person (Respectable)
Simple Present Tense					
আমি শুই। Ami **shui**.	তুই শুস। Tui **shus**.	তুমি শোও। Tumi **show**.	আপনি শোন। Apni **shon**.	সে শোয়। Se **shoy**.	তিনি শোন। Tini **shon**.
Present Continuous Tense					
আমি শুচ্ছি। Ami **shuchhi**.	তুই শুচ্ছিস। Tui **shuchhis**.	তুমি শুচ্ছ। Tumi **shuchho**.	আপনি শুচ্ছেন। Apni **shuchhen**.	সে শুচ্ছে। Se **shuchhe**.	তিনি শুচ্ছেন। Tini **shuchhen**.
Present Perfect Tense					
আমি শুয়েছি। Ami **shuechhi**.	তুই শুয়েছিস। Tui **shuechhis**.	তুমি শুয়েছ। Tumi **shuechho**.	আপনি শুয়েছেন। Apni **shuechhen**.	সে শুয়েছে। Se **shuechhe**.	তিনি শুয়েছেন। Tini **shuechhen**.
Simple Past Tense					
আমি শুলাম। Ami **shulam**.	তুই শুলি। Tui **shuli**.	তুমি শুলে। Tumi **shule**.	আপনি শুলেন। Apni **shulen**.	সে শুল। Se **shulo**.	তিনি শুলেন। Tini **shulen**
Past Continuous Tense					
আমি শুচ্ছিলাম। Ami **shuchhilam**.	তুই শুচ্ছিলি। Tui **shuchhili**.	তুমি শুচ্ছিলে। tumi **shuchhile**.	আপনি শুচ্ছিলেন। Apni **shuchhilen**.	সে শুচ্ছিল। Se **shuchhilo**.	তিনি শুচ্ছিলেন। Tini **shuchhilen**.
Past Perfect Tense					
আমি শুয়ে ছিলাম। Ami **shuechhilam**.	তুই শুয়েছিলি। Tui **shuechhili**.	তুমি শুয়েছিলে। Tumi **shuechhile**.	আপনি শুয়েছিলেন। Apni **shuechhilen**.	সে শুয়েছিল। Se **shuechhilo**.	তিনি শুয়েছিলেন। Tini **shuechhilen**.
Simple Future Tense					
আমি শোব। Ami **shobo**.	তুই শুবি। Tui **shubi**.	তুমি শোবে। Tumi **shobe**.	আপনি শোবেন। Apni **shoben**	সে শোবে। Se **shobe**.	তিনি শোবেন। Tini **shoben**
Future Continuous Tense					
আমি শুতে থাকব Ami **shu**te thakbo	তুই শুতে থাকবি Tui **shu**te thakbi	তুমি শুতে থাকবে Tumi **shu**te thakbe	আপনি শুতে থাকবেন Apni **shu**te thakben	সে শুতে থাকবে Se **shu**te thakbe	তিনি শুতে থাকবেন Tini **shu**te thakben
Future Perfect Tense					
আমি শুয়ে থাকব Ami **shuye** thakbo	তুই শুয়ে থাকবি Tui **shuye** thakbi	তুমি শুয়ে থাকবে Tumi **shuye** thakbe	আপনি শুয়ে থাকবেন Apni **shuye** thakben	সে শুয়ে থাকবে Se **shuye** thakbe	তিনি শুয়ে থাকবেন Tini **shuye** thakben
Passive Voice					
This bed was never slept upon.			এই বিছানায় কখনো শোয়া হয় নি। Ei bichhanay kokhon o **showa** hoy ni.		
Negative Sense					
He does not sleep during day time.			সে দুপুরে শোয়না। Se dupure **sho**y na.		
Obligatory Sense					
You should not sleep after a meal.			আপনার খাবার পর শোয়া উচিত নয়। Apnar khabar por **showa** uchit noy.		

Verb: to smile - হাঁসা। (hansa)

1st Person	2nd person (Very Familiar)	2nd person (Familiar)	2nd person (Respectable)	3rd person (Familiar)	3rd person (Respectable)
Simple Present Tense					
আমি হাঁসি। Ami hansi.	তুই হাঁসিস। Tui hansis.	তুমি হাঁস। Tumi hanso.	আপনি হাঁসেন। Apni hansen.	সে হাঁসে। Se hanse.	তিনি হাঁসেন। Tini hansen.
Present Continuous Tense					
আমি হাঁসছি। Ami hanschhi.	তুই হাঁসছিস। Tui hanschhis.	তুমি হাঁসছ। Tumi hanschho.	আপনি হাঁসছেন। Apni hanschhen.	সে হাঁসছে। Se hanschhe.	তিনি হাঁসছেন। Tini hanschhen.
Present Perfect Tense					
আমি হেঁসেছি। Ami hensechhi.	তুই হেঁসেছিস। Tui hensechhis.	তুমি হেঁসেছ। Tumi hensechho.	আপনি হেঁসেছেন। Apni hensechhen.	সে হেঁসেছে। Se hensechhe.	তিনি হেঁসেছেন। Tini hensechhen.
Simple Past Tense					
আমি হাঁসলাম। Ami hanslam.	তুই হাঁসলি। Tui hansli.	তুমি হাঁসলে। Tumi hansle.	আপনি হাঁসলেন। Apni hanslen.	সে হাঁসল। Se hanslo.	তিনি হাঁসলেন Tini hanslen
Past Continuous Tense					
আমি হাঁসছিলাম। Ami hanschhilam.	তুই হাঁসছিলি। Tui hanschhili.	তুমি হাঁসছিলে। Tumi hanschhile.	আপনি হাঁসছিলেন। Apni hanschhilen.	সে হাঁসছিল। Se hanschhilo.	তিনি হাঁসছিলেন। Tini hanschhilen.
Past Perfect Tense					
আমি হেঁসেছিলাম। Ami hensechhilam.	তুই হেঁসেছিলি। Tui hensechhili.	তুমি হেঁসেছিলে। Tumi hensechhile.	আপনি হেঁসেছিলেন। Apni hensechhilen.	সে হেঁসেছিল। Se hensechhilo.	তিনি হেঁসেছিলেন। Tini hensechhilen.
Simple Future Tense					
আমি হাঁসব। Ami hansbo.	তুই হাঁসবি। Tui hansbi.	তুমি হাঁসবে। Tumi hansbe.	আপনি হাঁসবেন। Apni hansben	সে হাঁসবে। Se hansbe.	তিনি হাঁসবেন Tini hansben
Future Continuous Tense					
আমি হাঁসতে থাকব Ami hanshte thakbo	তুই হাঁসতে থাকবি Tui hanshte thakbi	তুমি হাঁসতে থাকবে Tumi hanshte thakbe	আপনি হাঁসতে থাকবেন Apni hanshte thakben	সে হাঁসতে থাকবে Se hanshte thakbe	তিনি হাঁসতে থাকবেন Tini hanshte thakben
Future Perfect Tense					
আমি হেঁসে থাকব Ami henshe thakbo	তুই হেঁসে থাকবি Tui henshe thakbi	তুমি হেঁসে থাকবে Tumi henshe thakbe	আপনি হেঁসে থাকবেন Apni henshe thakben	সে হেঁসে থাকবে Se henshe thakbe	তিনি হেঁসে থাকবেন Tini henshe thakben

Passive Voice	
Not applicable.	
Negative Sense	
He did not smile at his friend expressing his anger.	সে নিজের বন্ধুকে রাগ দেখিয়ে হাঁসলনা। se nijer bondhuke rag dekhiye hanslona.
Obligatory Sense	
You should always smile.	আপনার সব সময় হাঁসা উচিত। Apnar shob shomoy hansa uchit.

BENGALI LANGUAGE: 101 BENGALI VERBS

Verb: to speak - কথা বলা। (kotha bola)

1st Person	2nd person (Very Familiar)	2nd person (Familiar)	2nd person (Respectable)	3rd person (Familiar)	3rd person (Respectable)
Simple Present Tense					
আমি কথা বলি। Ami kotha boli.	তুই কথা বলিস। Tui kotha bolis.	তুমি কথা বল। Tumi kotha bolo.	আপনি কথা বলেন। Apni kotha bolen.	সে কথা বলে। Se kotha bole.	তিনি কথা বলেন। Tini kotha bolen.
Present Continuous Tense					
আমি কথা বলছি। Ami kotha bolchhi.	তুই কথা বলছিস। Tui kotha bolchhis.	তুমি কথা বলছ। Tumi kotha bolchho.	আপনি কথা বলছেন। Apni kotha bolchhen.	সে কথা বলছে। Se kotha bolchhe.	তিনি কথা বলছেন। Tini kotha bolchhen.
Present Perfect Tense					
আমি কথা বলেছি। Ami kotha bolechhi.	তুই কথা বলেছিস। Tui kotha bolechhis.	তুমি কথা বলেছ। Tumi kotha bolechho.	আপনি কথা বলেছেন। Apni kotha bolechhen.	সে কথা বলেছে। Se kotha bolechhe.	তিনি কথা বলেছেন। Tini kotha bolechhen.
Simple Past Tense					
আমি কথা বললাম। Ami kotha bollam.	তুই কথা বললি। Tui kotha bolli.	তুমি কথা বললে। Tumi kotha bolle.	আপনি কথা বললেন। Apni kotha bollen.	সে কথা বলল। Se kotha bollo.	তিনি কথা বললেন। Tini kotha bollen
Past Continuous Tense					
আমি কথা বলছিলাম। Ami kotha bolchhilam.	তুই কথা বলছিলি। Tui kotha bolchhili.	তুমি কথা বলছিলে। tumi kotha bolchhile.	আপনি কথা বলছিলেন। Apni kotha bolchhilen.	সে কথা বলছিল। Se kotha bolchhilo.	তিনি কথা বলছিলেন। Tini kotha bolchhilen.
Past Perfect Tense					
আমি কথা বলেছিলাম। Ami kotha bolechhilam.	তুই কথা বলেছিলি। Tui kotha bolechhili.	তুমি কথা বলেছিলে। Tumi kotha bolechhile.	আপনি কথা বলেছিলেন। Apni kotha bolechhilen.	সে কথা বলেছিল। Se kotha bolechhilo.	তিনি কথা বলেছিলেন। Tini kotha bolechhilen.
Simple Future Tense					
আমি কথা বলব। Ami kotha bolbo.	তুই কথা বলবি। Tui kotha bolbi.	তুমি কথা বলবে। Tumi kotha bolbe.	আপনি কথা বলবেন। Apni kotha bolben.	সে কথা বলবে। Se kotha bolbe.	তিনি কথা বলবেন। Tini kotha bolben
Future Continuous Tense					
আমি কথা বলতে থাকব Ami kotha bolte thakbo	তুই কথা বলতে থাকবি Tui kotha bolte thakbi	তুমি কথা বলতে থাকবে Tumi kotha bolte thakbe	আপনি কথা বলতে থাকবেন Apni kotha bolte thakben	সে কথা বলতে থাকবে Se kotha bolte thakbe	তিনি কথা বলতে থাকবেন Tini kotha bolte thakben
Future Perfect Tense					
আমি কথা বলে থাকব Ami kotha bole thakbo	তুই কথা বলে থাকবি Tui kotha bole thakbi	তুমি কথা বলে থাকবে Tumi kotha bole thakbe	আপনি কথা বলে থাকবেন Apni kotha bole thakben	সে কথা বলে থাকবে Se kotha bole thakbe	তিনি কথা বলে থাকবেন Tini kotha bole thakben

Passive Voice	
Speak only when you are spoken to.	কেউ বললে তখন কথা বল। Keu bolle tokhon kotha bolo.
Negative Sense	
He did not speak a single word.	সে একটি শব্দ ও বলল না। Se ekti shobdo o bollo na.
Obligatory Sense	
You should always speak the truth.	সব সময় তোমার সত্য বলা উচিত। Shob shomoy shotya bola uchit.

Verb: to stand – **দাঁড়া**নো। (**danra**no)

1st Person	2nd person (Very Familiar)	2nd person (Familiar)	2nd person (Respectable)	3rd person (Familiar)	3rd person (Respectable)
Simple Present Tense					
আমি **দাঁড়া**ই। Ami **danra**i.	তুই **দাঁড়া**স। Tui **danra**s.	তুমি **দাঁড়া**ও। Tumi **danra**o.	আপনি **দাঁড়া**ন। Apni **danra**n.	সে **দাঁড়া**য়। Se **danra**y.	তিনি **দাঁড়া**ন। Tini **danra**n.
Present Continuous Tense					
আমি **দাঁড়া**চ্ছি। Ami **danra**chhi.	তুই **দাঁড়া**চ্ছিস। Tui **danra**chhis.	তুমি **দাঁড়া**চ্ছ। Tumi **danra**chho.	আপনি **দাঁড়া**চ্ছেন। Apni **danra**chhen.	সে **দাঁড়া**চ্ছে। Se **danra**chhe.	তিনি **দাঁড়া**চ্ছেন। Tini **danra**chhen.
Present Perfect Tense					
আমি **দাঁড়ি**য়েছি। Ami **danri**yechhi.	তুই **দাঁড়ি**য়েছিস। Tui **danri**yechhis.	তুমি **দাঁড়ি**য়েছ। Tumi **danri**yechho.	আপনি **দাঁড়ি**য়েছেন। Apni **danri**yechhen.	সে **দাঁড়ি**য়েছে। Se **danri**yechhe.	তিনি **দাঁড়ি**য়েছেন। Tini **danri**yechhen.
Simple Past Tense					
আমি **দাঁড়া**লাম। Ami **danra**lam.	তুই **দাঁড়া**লি। Tui **danrali.**	তুমি **দাঁড়া**লে। Tumi **danra**le.	আপনি **দাঁড়া**লেন। Apni **danra**len.	সে **দাঁড়া**ল। Se **danra**lo.	তিনি **দাঁড়া**লেন। Tini **danra**len
Past Continuous Tense					
আমি **দাঁড়া**চ্ছিলাম। Ami **danra**chhilam.	তুই **দাঁড়া**চ্ছিলি। Tui **danra**chhili.	তুমি **দাঁড়া**চ্ছিলে। Tumi **danra**chhile.	আপনি **দাঁড়া**চ্ছিলেন। Apni **danra**chhilen.	সে **দাঁড়া**চ্ছিল। Se **danra**chhilo.	তিনি **দাঁড়াচ্**ছিলেন। Tini **danra**chhilen.
Past Perfect Tense					
আমি **দাঁড়ি**য়েয়েছিলাম। Ami **danri**yechhilam.	তুই **দাঁড়ি**য়েয়েছিলি। Tui **danri**yechhili.	তুমি **দাঁড়ি**য়েয়েছিলে। Tumi **danri**yechhile.	আপনি **দাঁড়ি**য়েয়েছিলেন। Apni **danri**yechhilen.	সে দাঁড়িয়েয়েছিল। Se danriyechhilo.	তিনি দাঁড়িয়েয়েছিলেন। Tini danriyechhilen.
Simple Future Tense					
আমি **দাঁড়া**ব। Ami **danra**bo.	তুই **দাঁড়া**বি। Tui **danra**bi.	তুমি **দাঁড়া**বে। Tumi **danra**be.	আপনি **দাঁড়া**বেন। Apni **danra**ben	সে **দাঁড়া**বে। Se **danra**be.	তিনি **দাঁড়া**বেন। Tini **danra**ben
Future Continuous Tense					
N/A	**N/A**	**N/A**	**N/A**	**N/A**	**N/A**
Future Perfect Tense					
N/A	**N/A**	**N/A**	**N/A**	**N/A**	**N/A**
Passive Voice					
Not applicable.					
Negative Sense					
He did not stand there for a moment.			সে সেখানে এক মুহূর্তের জন্য ও **দাঁড়া**য়নি। Se sekhane ek muhurter jonnyo o **danray**ni.		
Obligatory Sense					
You should stand in presence of elders.			বড়দের সা**মনে** **দাঁড়া**নো উচিত। Baroder samne **danra**no uchit.		

Bengali Language: 101 Bengali Verbs

Verb: to start- শুরু করা। (**shuru** kora)

1st Person	2nd person (Very Familiar)	2nd person (Familiar)	2nd person (Respectable)	3rd person (Familiar)	3rd person (Respectable)
Simple Present Tense					
আমি শুরু করি। Ami **shuru** kori.	তুই শুরু করিস। Tui **shuru** koris.	তুমি শুরু কর। Tumi **shuru** koro.	আপনি শুরু করেন। Apni **shuru** koren.	সে শুরু করে। Se **shuru** kore.	তিনি শুরু করেন। Tini **shuru** koren.
Present Continuous Tense					
আমি শুরু করছি। Ami **shuru** korchhi.	তুই শুরু করছিস। Tui **shuru** korchhis.	তুমি শুরু করছ। Tumi **shuru** korchho.	আপনি শুরু করছেন। Apni **shuru** korchhen.	সে শুরু করছে। Se **shuru** korchhe.	তিনি শুরু করছেন। Tini **shuru** korchhen.
Present Perfect Tense					
আমি শুরু করেছি। Ami **shuru** korechhi.	তুই শুরু করেছিস। Tui **shuru** korechhis.	তুমি শুরু করেছ। Tumi **shuru** korechho.	আপনি শুরু করেছেন। Apni **shuru** korechhen.	সে শুরু করেছে। Se **shuru** korechhe.	তিনি শুরু করেছেন। Tini **shuru** korechhen.
Simple Past Tense					
আমি শুরু করলাম। Ami **shuru** korlam.	তুই শুরু করলি। Tui **shuru** korli.	তুমি শুরু করলে। Tumi **shuru** korle.	আপনি শুরু করলেন। Apni **shuru** korlen.	সে শুরু করল। Se **shuru** korlo.	তিনি শুরু করলেন। Tini **shuru** korlen
Past Continuous Tense					
আমি শুরু করছিলাম। Ami **shuru** korchhilam.	তুই শুরু করছিলি। Tui **shuru** korchhili.	তুমি শুরু করছিলে। tumi **shuru** korchhile.	আপনি শুরু করছিলেন। Apni **shuru** korchhilen.	সে শুরু করছিল। Se **shuru** korchhilo.	তিনি শুরু করছিলেন। Tini **shuru** korchhilen.
Past Perfect Tense					
আমি শুরু করেছিলাম। Ami **shuru** korechhilam.	তুই শুরু করেছিলি। Tui **shuru** korechhili.	তুমি শুরু করেছিলে। Tumi **shuru** korechhile.	আপনি শুরু করেছিলেন। Apni **shuru** korechhilen.	সে শুরু করেছিল। Se **shuru** korechhilo.	তিনি শুরু করেছিলেন। Tini **shuru** korechhilen.
Simple Future Tense					
আমি শুরু করব। Ami **shuru** korbo.	তুই শুরু করবি। Tui **shuru** korbi.	তুমি শুরু করবে। Tumi **shuru** korbe.	আপনি শুরু করবেন। Apni **shuru** korben	সে শুরু করবে। Se **shuru** korbe.	তিনি শুরু করবেন। Tini **shuru** korben
Future Continuous Tense					
আমি শুরু করতে থাকব Ami **shuru** korte thakbo	তুই শুরু করতে থাকবি Tui **shuru** korte thakbi	তুমি শুরু করতে থাকবে Tumi **shuru** korte thakbe	আপনি শুরু করতে থাকবেন Apni **shuru** korte thakben	সে শুরু করতে থাকবে Se **shuru** korte thakbe	তিনি শুরু করতে থাকবেন Tini **shuru** korte thakben
Future Perfect Tense					
আমি শুরু করে থাকব Ami **shuru** kore thakbo	তুই শুরু করে থাকবি Tui **shuru** kore thakbi	তুমি শুরু করে থাকবে Tumi **shuru** kore thakbe	আপনি শুরু করে থাকবেন Apni **shuru** kore thakben	সে শুরু করে থাকবে Se **shuru** kore thakbe	তিনি শুরু করে থাকবেন Tini **shuru** kore thakben
Passive Voice					
The game was started by the referee.			নির্ণায়ক দ্বারা খেলাটি শুরু করা হল। Nirnayak dara **khel**ati **shuru** kora holo.		
Negative Sense					
He did not start the work till evening.			সে বিকেল অবধি কাজ শুরু করল না। Se bikel obodhi kaj **shuru** korlo na.		

Obligatory Sense	
You should start your work at early morning.	আপনার খুব সকালেই কাজ **শুরু** করা উচিত। Apnar khub shokale i kaj **shuru** kora uchit.

BENGALI LANGUAGE: 101 BENGALI VERBS

Verb: to stay- থাকা। (thaka)

1st Person	2nd person (Very Familiar)	2nd person (Familiar)	2nd person (Respectable)	3rd person (Familiar)	3rd person (Respectable)
Simple Present Tense					
আমি থাকি। Ami **tha**ki.	তুই থাকিস। Tui **tha**kis.	তুমি থাক। Tumi **tha**ko.	আপনি থাকেন। Apni **tha**ken.	সে থাকে। Se **tha**ke.	তিনি থাকেন। Tini **tha**ken.
Present Continuous Tense					
আমি থাকছি। Ami **tha**kchhi.	তুই থাকছিস। Tui **tha**kchhis.	তুমি থাকছ। Tumi **tha**kchho.	আপনি থাকছেন। Apni **tha**kchhen.	সে থাকছে। Se **tha**kchhe.	তিনি থাকছেন। Tini **tha**kchhen.
Present Perfect Tense					
আমি থেকেছি। Ami **the**kechhi.	তুই থেকেছিস। Tui **the**kechhis.	তুমি থেকেছ। Tumi **the**kechho.	আপনি থেকেছেন। Apni **the**kechhen.	সে থেকেছে। Se **the**kechhe.	তিনি থেকেছেন। Tini **the**kechhen.
Simple Past Tense					
আমি থাকলাম। Ami **tha**klam.	তুই থাকলি। Tui **tha**kli.	তুমি থাকলে। Tumi **tha**kle.	আপনি থাকলেন। Apni **tha**klen.	সে থাকল। Se **tha**klo.	তিনি থাকলেন। Tini **tha**klen
Past Continuous Tense					
আমি থাকছিলাম। Ami **tha**kchhilam.	তুই থাকছিলি। Tui **tha**kchhili.	তুমি থাকছিলে। Tumi **tha**kchhile.	আপনি থাকছিলেন। Apni **tha**kchhilen.	সে থাকছিল। Se **tha**kchhilo.	তিনি থাকছিলেন। Tini **tha**kchhilen.
Past Perfect Tense					
আমি থেকেছিলাম। Ami **the**kechhilam.	তুই থেকেছিলি। Tui **the**kechhili.	তুমি থেকেছিলে। Tumi **the**kechhile.	আপনি থেকেছিলেন। Apni **the**kechhilen.	সে থেকেছিল। Se **the**kechhilo.	তিনি থেকেছিলেন। Tini **the**kechhilen.
Simple Future Tense					
আমি থাকব। Ami **tha**kbo.	তুই থাকবি। Tui **tha**kbi.	তুমি থাকবে। Tumi **tha**kbe.	আপনি থাকবেন। Apni **tha**kben	সে থাকবে। Se **tha**kbe	তিনি থাকবেন। Tini **tha**kben
Future Continuous Tense					
N/A	N/A		N/A	N/A	N/A
Future Perfect Tense					
N/A		N/A	N/A	N/A	N/A
Passive Voice					
Not applicable.					
Negative Sense					
I could not stay there due to loneliness.			একলা হওয়ার জন্য আমি সেখানে **থা**কতে পারলামনা। Ekla howar jonnyo ami sekhane **tha**kte parlamna.		
Obligatory Sense					
Everyone should stay with their community.			সবার নিজের লোকজনদের সাথে **থা**কা উচিত। Shobar nijer lokjonder sathe **tha**ka uchit.		

BENGALI LANGUAGE: 101 BENGALI VERBS

Verb: to take- নেওয়া (Neowa)

1st Person	2nd person (Very Familiar)	2nd person (Familiar)	2nd person (Respectable)	3rd person (Familiar)	3rd person (Respectable)
Simple Present Tense					
আমি **নিই**। Ami **nii**.	তুই **নিস**। Tui **nis**.	তুমি **নাও**। Tumi **nao**.	আপনি **নেন**। Apni **nen**.	সে **নেয়**। Se **ney**.	তিনি **নেন**। Tini **nen**.
Present Continuous Tense					
আমি **নিচ্ছি**। Ami **nichhi**.	তুই **নিচ্ছিস**। Tui **nichhis**.	তুমি **নিচ্ছ**। Tumi **nichho**.	আপনি **নিচ্ছেন**। Apni **nichhen**.	সে **নিচ্ছে**। Se **nichhe**.	তিনি **নিচ্ছেন**। Tini **nichhen**.
Present Perfect Tense					
আমি **নিয়েছি**। Ami **niyechhi**.	তুই **নিয়েছিস**। Tui **niyechhis**.	তুমি **নিয়েছ**। Tumi **niyechho**.	আপনি **নিয়েছেন**। Apni **niyechhen**.	সে **নিয়েছে**। Se **niy**echhe.	তিনি **নিয়েছেন**। Tini **niyechhen**.
Simple Past Tense					
আমি **নিলাম**। Ami **nilam**.	তুই **নিলি**। Tui **nili**.	তুমি **নিলে**। Tumi **nile**.	আপনি **নিলেন**। Apni **nilen**.	সে **নিল**। Se **nilo**.	তিনি **নিলেন**। Tini **nilen**
Past Continuous Tense					
আমি **নিচ্ছিলাম**। Ami **nichhilam**.	তুই **নিচ্ছিলি**। Tui **nichhili**.	তুমি **নিচ্ছিলে**। Tumi **nichhile**.	আপনি **নিচ্ছিলেন**। Apni **nichhilen**.	সে **নিচ্ছিল**। Se **nichhilo**.	তিনি **নিচ্ছিলেন**। Tini **nichhilen**.
Past Perfect Tense					
আমি **নিয়েছিলাম**। Ami **niyechhilam**.	তুই **নিয়েছিলি**। Tui **niyechhili**.	তুমি **নিয়েছিলে**। Tumi **niyechhile**.	আপনি **নিয়েছিলেন**। Apni **niyechhilen**.	সে **নিয়েছিল**। Se **niyechhilo**.	তিনি **নিয়েছিলেন**। Tini **niyechhilen**.
Simple Future Tense					
আমি **নেব**। Ami **nebo**.	তুই **নেবি**। Tui **nebi**.	তুমি **নেবে**। Tumi **nebe**.	আপনি **নেবেন**। Apni **neben**	সে **নেবে**। Se **nebe**.	তিনি **নেবেন**। Tini **neben**
Future Continuous Tense					
আমি **নিতে** থাকব Ami **nite** thakbo	তুই **নিতে** থাকবি Tui **nite** thakbi	তুমি **নিতে** থাকবে Tumi **nite** thakbe	আপনি **নিতে** থাকবেন Apni **nite** thakben	সে **নিতে** থাকবে Se **nite** thakbe	তিনি **নিতে** থাকবেন Tini **nite** thakben
Future Perfect Tense					
আমি **নিয়ে** থাকব Ami **niye** thakbo	তুই **নিয়ে** থাকবি Tui **niye** thakbi	তুমি **নিয়ে** থাকবে Tumi **niye** thakbe	আপনি **নিয়ে** থাকবেন Apni **niye** thakben	সে **নিয়ে** থাকবে Se **niye** thakbe	তিনি **নিয়ে** থাকবেন Tini **niye** thakben
Passive Voice					
The room was taken by him.			ঘরটা তার দ্বারা **নেওয়া** হল। Ghorta tar dara **neowa** holo.		
Negative Sense					
He did not take the book to his home.			সে বইটা নিজের বাড়ি **নিয়ে** গেলনা। Se boita nijer bari **niy**e gelona.		
Obligatory Sense					
You should take this car.			আপনার এই গাড়িটি **নেওয়া** উচিত। Apnar ei gariti **neowa** uchit.		

Bengali Language: 101 Bengali Verbs

Verb: to talk - **কথা** বলা। (**kotha** bola)

1st Person	2nd person (Very Familiar)	2nd person (Familiar)	2nd person (Respectable)	3rd person (Familiar)	3rd person (Respectable)
Simple Present Tense					
আমি **কথা** বলি। Ami **kotha** boli.	তুই **কথা** বলিস। Tui **kotha** bolis.	তুমি **কথা** বল। Tumi **kotha** bolo.	আপনি **কথা** বলেন। Apni **kotha** bolen.	সে **কথা** বলে। Se **kotha** bole.	তিনি **কথা** বলেন। Tini **kotha** bolen.
Present Continuous Tense					
আমি **কথা** বলছি। Ami **kotha** bolchhi.	তুই **কথা** বলছিস। Tui **kotha** bolchhis.	তুমি **কথা** বলছ। Tumi **kotha** bolchho.	আপনি **কথা** বলছেন। Apni **kotha** bolchhen.	সে **কথা** বলছে। Se **kotha** bolchhe.	তিনি **কথা** বলছেন। Tini **kotha** bolchhen.
Present Perfect Tense					
আমি **কথা** বলেছি। Ami **kotha** bolechhi.	তুই **কথা** বলেছিস। Tui **kotha** bolechhis.	তুমি **কথা** বলেছ। Tumi **kotha** bolechho.	আপনি **কথা** বলেছেন। Apni **kotha** bolechhen.	সে **কথা** বলেছে। Se **kotha** bolechhe.	তিনি **কথা** বলেছেন। Tini **kotha** bolechhen.
Simple Past Tense					
আমি **কথা** বললাম। Ami **kotha** bollam.	তুই **কথা** বললি। Tui **kotha** bolli.	তুমি **কথা** বললে। Tumi **kotha** bolle.	আপনি **কথা** বললেন। Apni **kotha** bollen.	সে **কথা** বলল। Se **kotha** bollo.	তিনি **কথা** বললেন। Tini **kotha** bollen
Past Continuous Tense					
আমি **কথা** বলছিলাম। Ami **kotha** bolchhilam.	তুই **কথা** বলছিলি। Tui **kotha** bolchhili.	তুমি **কথা** বলছিলে। tumi **kotha** bolchhile.	আপনি **কথা** বলছিলেন। Apni **kotha** bolchhilen.	সে **কথা** বলছিল। Se **kotha** bolchhilo.	তিনি **কথা** বলছিলেন। Tini **kotha** bolchhilen.
Past Perfect Tense					
আমি **কথা** বলেছিলাম। Ami **kotha** bolechhilam.	তুই **কথা** বলেছিলি। Tui **kotha** bolechhili.	তুমি **কথা** বলেছিলে। Tumi **kotha** bolechhile.	আপনি **কথা** বলেছিলেন। Apni **kotha** bolechhilen.	সে **কথা** বলেছিল। Se **kotha** bolechhilo.	তিনি **কথা** বলেছিলেন। Tini **kotha** bolechhilen.
Simple Future Tense					
আমি **কথা** বলব। Ami **kotha** bolbo.	তুই **কথা** বলবি। Tui **kotha** bolbi.	তুমি **কথা** বলবে। Tumi **kotha** bolbe.	আপনি **কথা** বলবেন। Apni **kotha** bolben.	সে **কথা** বলবে। Se **kotha** bolbe.	তিনি **কথা** বলবেন। Tini **kotha** bolben
Future Continuous Tense					
আমি **বলতে** থাকব Ami **bol**te thakbo	তুই **বলতে** থাকবি Tui **bol**te thakbi	তুমি **বলতে** থাকবে Tumi **bol**te thakbe	আপনি **বলতে** থাকবেন Apni **bol**te thakben	সে **বলতে** থাকবে Se **bol**te thakbe	তিনি **বলতে** থাকবেন Tini **bol**te thakben
Future Perfect Tense					
আমি **বলে** থাকব Ami **bol**e thakbo	তুই **বলে** থাকবি Tui **bol**e thakbi	তুমি **বলে** থাকবে Tumi **bol**e thakbe	আপনি **বলে** থাকবেন Apni **bol**e thakben	সে **বলে** থাকবে Se **bol**e thakbe	তিনি **বলে** থাকবেন Tini **bol**e thakben
Passive Voice					
Not applicable.					
Negative Sense					
He did not talk with anybody.			সে কারুর সাথে **কথা** বলল না। Se karur sathe **kotha** bollo na.		
Obligatory Sense					
You should always talk nicely.			সব সময় ভালো ভাবে **কথা** বলা উচিত। Shob shomoy bhalo bhabe **kotha** bola uchit.		

Verb: to teach - **পড়ানো।** (**por**ano)

1st Person	2nd person (Very Familiar)	2nd person (Familiar)	2nd person (Respectable)	3rd person (Familiar)	3rd person (Respectable)
Simple Present Tense					
আমি পড়াই। Ami **porai**.	তুই পড়াস। Tui **poras**.	তুমি পড়াও। Tumi **porao**.	আপনি পড়ান। Apni **poran**.	সে পড়ায়। Se **poray**.	তিনি পড়ান। Tini **poran**.
Present Continuous Tense					
আমি পড়াচ্ছি। Ami **porachhi**.	তুই পড়াচ্ছিস। Tui **porachhis**.	তুমি পড়াচ্ছ। Tumi **porachho**.	আপনি পড়াচ্ছেন। Apni **porachhen**.	সে পড়াচ্ছে। Se **porachhe**.	তিনি পড়াচ্ছেন। Tini **porachhen**.
Present Perfect Tense					
আমি পড়িয়েছি। Ami **pariiyechhi**.	তুই পড়িয়েছিস। Tui **poriyechhis**.	তুমি পড়িয়েছ। Tumi **poriyechho**.	আপনি পড়িয়েছেন। Apni **poriyechhen**.	সে পড়িয়েছে। Se **poriyechhe**.	তিনি পড়িয়েছেন। Tini **poriyechhen**.
Simple Past Tense					
আমি পড়ালাম। Ami **poralam**.	তুই পড়ালি। Tui **porali**.	তুমি পড়ালে। Tumi **porale**.	আপনি পড়ালেন। Apni **poralen**.	সে পড়াল। Se **poralo**.	তিনি পড়ালেন। Tini **poralen**
Past Continuous Tense					
আমি পড়াচ্ছিলাম। Ami **porachhilam**.	তুই পড়াচ্ছিলি। Tui chhili.	তুমি পড়াচ্ছিলে। tumi chhile.	আপনি পড়াচ্ছিলেন। Apni **porachhilen**.	সে পড়াচ্ছিল। Se **porachhilo**.	তিনি পড়াচ্ছিলেন। Tini **porachhilen**.
Past Perfect Tense					
আমি পড়িয়েছিলাম। Ami **poriyechhilam**.	তুই পড়িয়েছিলি। Tui **poriyechhili**.	তুমি পড়িয়েছিলে। Tumi **poriyechhile**.	আপনি পড়িয়েছিলেন। Apni **poriyechhilen**.	সে পড়িয়েছিল। Se **poriyechhilo**.	তিনি পড়িয়েছিলেন। Tini **poriyechhilen**.
Simple Future Tense					
আমি পড়াব। Ami **porabo**.	তুই পড়াবি। Tui **porabi**.	তুমি পড়াবে। Tumi **porabe**.	আপনি পড়াবেন। Apni **poraben**	সে পড়াবে। Se porabe.	তিনি পড়াবেন। Tini **poraben**
Future Continuous Tense					
আমি পড়াতে থাকব Ami **porate** thakbo	তুই পড়াতে থাকবি Tui **porate** thakbi	তুমি পড়াতে থাকবে Tumi **porate** thakbe	আপনি পড়াতে থাকবেন Apni **porate** thakben	সে পড়াতে থাকবে Se **porate** thakbe	তিনি পড়াতে থাকবেন Tini **porate** thakben
Future Perfect Tense					
আমি পড়িয়ে থাকব Ami **poriye** thakbo	তুই পড়িয়ে থাকবি Tui **poriye** thakbi	তুমি পড়িয়ে থাকবে Tumi **poriye** thakbe	আপনি পড়িয়ে থাকবেন Apni **poriye** thakben	সে পড়িয়ে থাকবে Se **poriye** thakbe	তিনি পড়িয়ে থাকবেন Tini **poriye** thakben
Passive Voice					
I was taught by great teachers.			আমাকে মহান শিক্ষকদের দ্বারা পড়ানো হযে ছিল। Amake mohan shikkhakder dara **porano** hoye chhilo.		
Negative Sense					
He did not teach languages.			সে ভাষা পড়াতনা। Se bhasha **poratona**.		
Obligatory Sense					
You should teach good manners to your children.			তোমার নিজের বাচ্চাদের ভালো ব্যাবহার শিক্ষা দেওয়া উচিত। Tomor nijer bachchader bhalo byabohar **shiksha** deowa uchit.		

Verb: to think- **চিন্তা** করা। (**chinta** kora)

1st Person	2nd person (Very Familiar)	2nd person (Familiar)	2nd person (Respectable)	3rd person (Familiar)	3rd person (Respectable)
Simple Present Tense					
আমি **চিন্তা** করি। Ami **chinta** kori.	তুই **চিন্তা** করিস। Tui **chinta** koris.	তুমি **চিন্তা** কর। Tumi **chinta** koro.	আপনি **চিন্তা** করেন। Apni **chinta** koren.	সে **চিন্তা** করে। Se **chinta** kore.	তিনি **চিন্তা** করেন। Tini **chinta** koren.
Present Continuous Tense					
আমি **চিন্তা** করছি। Ami **chinta** korchhi.	তুই **চিন্তা** করছিস। Tui **chinta** korchhis.	তুমি **চিন্তা** করছ। Tumi **chinta** korchho.	আপনি **চিন্তা** করছেন। Apni **chinta** korchhen.	সে **চিন্তা** করছে। Se **chinta** korchhe.	তিনি **চিন্তা** করছেন। Tini **chinta** korchhen.
Present Perfect Tense					
আমি **চিন্তা** করেছি। Ami **chinta** korechhi	তুই **চিন্**তা করেছিস। Tui **chinta** korechhis.	তুমি **চিন্তা** করেছ। Tumi **chinta** korechho.	আপনি **চিন্তা** করেছেন। Apni **chinta** korechhen.	সে **চিন্**তা করেছে। Se **chinta** korechhe.	তিনি **চিন্তা** করেছেন। Tini **chinta** korechhen.
Simple Past Tense					
আমি **চিন্তা** করলাম। Ami **chinta** korlam.	তুই **চিন্তা** করলি। Tui **chinta** korli.	তুমি **চিন্তা** করলে। Tumi **chinta** korle.	আপনি **চিন্তা** করলেন। Apni **chinta** korlen.	সে **চিন্তা** করল। Se **chinta** korlo.	তিনি **চিন্তা** করলেন। Tini **chinta** korlen
Past Continuous Tense					
আমি **চিন্তা** করছিলাম। Ami **chinta** korchhilam.	তুই **চিন্তা** করছিলি। Tui **chinta** korchhili.	তুমি **চিন্তা** করছিলে। Tumi **chinta** korchhile.	আপনি **চিন্তা** করছিলেন। Apni **chinta** korchhilen.	সে **চিন্তা** করছিল। Se **chinta** korchhilo.	তিনি চিন্তা করছিলেন। Tini **chinta** korchhilen.
Past Perfect Tense					
আমি **চিন্তা** করেছিলাম। Ami **chinta** korechhilam.	তুই **চিন্তা** করেছিলি। Tui **chinta** korechhili.	তুমি **চিন্তা** করেছিলে। Tumi **chinta** korechhile.	আপনি **চিন্তা** করেছিলেন। Apni **chinta** korechhilen.	সে চিন্তা করেছিল। Se **chinta** korechhilo.	তিনি **চিন্তা** করেছিলেন। Tini **chinta** korechhilen.
Simple Future Tense					
আমি **চিন্তা** করব। Ami **chinta** korbo.	তুই **চিন্তা** করবি। Tui **chinta** korbi.	তুমি **চিন্**তা করবে। Tumi **chinta** korbe.	আপনি **চিন্তা** করবেন। Apni **chinta** korben	সে **চিন্তা** করবে। Se **chinta** korbe.	তিনি **চিন্তা** করবেন। Tini **chinta** korben
Future Continuous Tense					
আমি **চিন্তা** করতে থাকব Ami **chinta** korte thakbo	তুই **চিন্তা** করতে থাকবি Tui **chinta** korte thakbi	তুমি **চিন্তা** করতে থাকবে Tumi **chinta** korte thakbe	আপনি **চিন্তা** করতে থাকবেন Apni **chinta** korte thakben	সে **চিন্তা** করতে থাকবে Se **chinta** korte thakbe	তিনি **চিন্তা** করতে থাকবেন Tini **chinta** korte thakben
Future Perfect Tense					
আমি **চিন্তা** করে থাকব Ami **chinta** kore thakbo	তুই **চিন্তা** করে থাকবে Tui **chinta** kore thakbi	তুমি **চিন্তা** করে থাকবে Tumi **chinta** kore thakbe	আপনি **চিন্তা** করে থাকবেন Apni **chinta** kore thakben	সে **চিন্তা** করে থাকবে Se **chinta** kore thakbe	তিনি **চিন্তা** করে থাকবেন Tini **chinta** kore thakben
Passive Voice					
The idea was thought to be perfect.			ধারনাটি সঠিক বলেই **চিন্তা** করা হয়েছিল। Dharonati shothik bolei **chinta** kora hoyechhilo.		

Negative Sense	
He did not think of the consequences.	সে পরিনামের **চিন্তা** করল না।
	Se porinamer **chinta** korlo na.
Obligatory Sense	
You should think before you act.	কোনো কাজ করার আগে **চিন্তা** করা উচিত।
	Kono kaj korar age **chinta** kora uchit.

Verb: to touch- **স্পর্শ** করা। (**sporsho** kora)

1st Person	2nd person (Very Familiar)	2nd person (Familiar)	2nd person (Respectable)	3rd person (Familiar)	3rd person (Respectable)
Simple Present Tense					
আমি **স্পর্শ** করি। Ami **sporsho** kori.	তুই **স্পর্শ** করিস। Tui **sporsho** koris.	তুমি **স্পর্শ** কর। Tumi **sporsho** koro.	আপনি **স্পর্শ** করেন। Apni **sporsho** koren.	সে **স্পর্শ** করে। Se **sporsho** kore.	তিনি **স্পর্শ** করেন। Tini **sporsho** koren.
Present Continuous Tense					
আমি **স্পর্শ** করছি। Ami **sporsho** korchhi.	তুই **স্পর্শ** করছিস। Tui **sporsho** korchhis.	তুমি **স্পর্শ** করছ। Tumi **sporsho** korchho.	আপনি **স্পর্শ** করছেন। Apni **sporsho** korchhen.	সে **স্পর্শ** করছে। Se **sporsho** korchhe.	তিনি **স্পর্শ** করছেন। Tini **sporsho** korchhen.
Present Perfect Tense					
আমি **স্পর্শ** করেছি। Ami **sporsho** korechhi	তুই **স্পর্শ** করেছিস। Tui **sporsho** korechhis.	তুমি **স্পর্শ** করেছ। Tumi **sporsho** korechho.	আপনি **স্পর্শ** করেছেন। Apni **sporsho** korechhen.	সে **স্পর্শ** করেছে। Se **sporsho** korechhe.	তিনি **স্পর্শ** করেছেন। Tini **sporsho** korechhen.
Simple Past Tense					
আমি **স্পর্শ** করলাম। Ami **sporsho** korlam.	তুই **স্পর্শ** করলি। Tui **sporsho** korli.	তুমি **স্পর্শ** করলে। Tumi sporsho korle.	আপনি **স্পর্শ** করলেন। Apni **sporsho** korlen.	সে **স্পর্শ** করল। Se **sporsho** korlo.	তিনি **স্পর্শ** করলেন। Tini sporsho korlen
Past Continuous Tense					
আমি **স্পর্শ** করছিলাম। Ami **sporsho** korchhilam.	তুই **স্পর্শ** করছিলি। Tui **sporsho** korchhili.	তুমি **স্পর্শ** করছিলে। Tumi **sporsho** korchhile.	আপনি **স্পর্শ** করছিলেন। Apni **sporsho** korchhilen.	সে **স্পর্শ** করছিল। Se **sporsho** korchhilo.	তিনি **স্পর্শ** করছিলেন। Tini sporsho korchhilen.
Past Perfect Tense					
আমি **স্পর্শ** করেছিলাম। Ami sporsho korechhilam.	তুই **স্পর্শ** করেছিলি। Tui **sporsho** korechhili.	তুমি **স্পর্শ** করেছিলে। Tumi **sporsho** korechhile.	আপনি **স্পর্শ** করেছিলেন। Apni **sporsho** korechhilen.	সে **স্পর্শ** করেছিল। Se **sporsho** korechhilo.	তিনি **স্পর্শ** করেছিলেন। Tini **sporsho** korechhilen.
Simple Future Tense					
আমি **স্পর্শ** করব। Ami **sporsho** korbo.	তুই **স্পর্শ** করবি। Tui **sporsho** korbi.	তুমি **স্পর্শ** করবে। Tumi **sporsho** korbe.	আপনি **স্পর্শ** করবেন। Apni **sporsho** korben	সে **স্পর্শ** করবে। Se **sporsho** korbe.	তিনি **স্পর্শ** করবেন। Tini **sporsho** korben
Future Continuous Tense					
আমি **স্পর্শ** করতে থাকব Ami **sporsho** korte thakbo	তুই **স্পর্শ** করতে থাকবি Tui **sporsho** korte thakbi	তুমি **স্পর্শ** করতে থাকবে Tumi **sporsho** korte thakbe	আপনি **স্পর্শ** করতে থাকবেন Apni **sporsho** korte thakben	সে **স্পর্শ** করতে থাকবে Se **sporsho** korte thakbe	তিনি **স্পর্শ** করতে থাকবে Tini **sporsho** korte thakben
Future Perfect Tense					
আমি **স্পর্শ** করে থাকাব Ami **sporsho** kore thakbo	তুই **স্পর্শ** করে থাকবি Tui **sporsho** kore thakbi	তুমি **স্পর্শ** করে থাকবে Tumi **sporsho** kore thakbe	আপনি **স্পর্শ** করে থাকবেন Apni **sporsho** kore thakben	সে **স্পর্শ** করে থাকবে Se **sporsho** kore thakbe	তিনি **স্পর্শ** করে থাকবেন Tini **sporsho** kore thakbe

Passive Voice	
The idol was touched by many persons.	অনেকের দ্বারা প্রতিমাটি **স্পর্শ** করা হল।
	Oneker dara protimati **sporsho** kora holo.
Negative Sense	
He did not touch anything in the room.	সে ঘরের কোনো জিনিস **স্পর্শ** করল না।
	Se ghorer kono jinish **sporsho** korlo na.
Obligatory Sense	
You should touch the feet of elders.	বড়দের পা **স্পর্শ** করে নমস্কার করা উচিত।
	Boro der pa **sporsho** kore nomoskar kora uchit.

Bengali Language: 101 Bengali Verbs

Verb: to travel- ভ্রমণ করা। (**vromon** kora)

1st Person	2nd person (Very Familiar)	2nd person (Familiar)	2nd person (Respectable)	3rd person (Familiar)	3rd person (Respectable)
Simple Present Tense					
আমি ভ্রমণ করি। Ami **vromon** kori.	তুই ভ্রমণ করিস। Tui **vromon** koris.	তুমি ভ্রমণ কর। Tumi **vromon** koro.	আপনি ভ্রমণ করেন। Apni **vromon** koren.	সে ভ্রমণ করে। Se **vromon** kore.	তিনি ভ্রমণ করেন। Tini **vromon** koren.
Present Continuous Tense					
আমি ভ্রমণ করছি। Ami **vromon** korchhi.	তুই ভ্রমণ করছিস। Tui **vromon** korchhis.	তুমি ভ্রমণ করছ। Tumi **vromon** korchho.	আপনি ভ্রমণ করছেন। Apni **vromon** korchhen.	সে ভ্রমণ করছে। Se **vromon** korchhe.	তিনি ভ্রমণ করছেন। Tini **vromon** korchhen.
Present Perfect Tense					
আমি ভ্রমণ করেছি। Ami **vromon** korechhi	তুই ভ্রমণ করেছিস। Tui **vromon** korechhis.	তুমি ভ্রমণ করেছ। Tumi **vromon** korechho.	আপনি ভ্রমণ করেছেন। Apni **vromon** korechhen.	সে ভ্রমণ করেছে। Se **vromon** korechhe.	তিনি ভ্রমণ করেছেন। Tini **vromon** korechhen.
Simple Past Tense					
আমি ভ্রমণ করলাম। Ami **vromon** korlam.	তুই ভ্রমণ করলি। Tui **vromon** korli.	তুমি ভ্রমণ করলে। Tumi **vromon** korle.	আপনি ভ্রমণ করলেন। Apni **vromon** korlen.	সে ভ্রমণ করল। Se **vromon** **kor**lo.	তিনি ভ্রমণ করলেন। Tini **vromon** korlen
Past Continuous Tense					
আমি ভ্রমণ করছিলাম। Ami **vromon** korchhilam.	তুই ভ্রমণ করছিলি। Tui **vromon** korchhili.	তুমি ভ্রমণ করছিলে। Tumi **vromon** korchhile.	আপনি ভ্রমণ করছিলেন। Apni **vromon** korchhilen.	সে ভ্রমণ করছিল। Se **vromon** korchhilo.	তিনি ভ্রমণ করছিলেন। Tini **vromon** korchhilen.
Past Perfect Tense					
আমি ভ্রমণ করেছিলাম। Ami **vromon** korechhilam.	তুই ভ্রমণ করেছিলি। Tui **vromon** korechhili.	তুমি ভ্রমণ করেছিলে। Tumi **vromon** korechhile.	আপনি ভ্রমণ করেছিলেন। Apni **vromon** korechhilen.	সে ভ্রমণ করেছিল। Se vromon korechhilo.	তিনি ভ্রমণ করেছিলেন। Tini **vromon** korechhilen.
Simple Future Tense					
আমি ভ্রমণ করব। Ami **vromon** kor**b**o.	তুই ভ্রমণ করবি। Tui **vromon** korbi.	তুমি ভ্রমণ করবে। Tumi **vromon** korbe.	আপনি ভ্রমণ করবেন। Apni **vromon** korben	সে ভ্রমণ করবে। Se **vromon** korbe.	তিনি ভ্রমণ করবেন। Tini **vromon** korben
Future Continuous Tense					
আমি ভ্রমণ করতে থাকব Ami **vromon** korte thakbo	তুই ভ্রমণ করতে থাকবি Tui **vromon** korte thakbi	তুমি ভ্রমণ করতে থাকবে Tumi **vromon** korte thakbe	আপনি ভ্রমণ করতে থাকবেন Apni **vromon** korte thakben	সে ভ্রমণ করতে থাকবে Se **vromon** korte thakbe	তিনি ভ্রমণ করতে থাকবেন Tini **vromon** korte thakben
Future perfect Tense					
আমি ভ্রমণ করে থাকব Ami **kore** thakbo	তুই ভ্রমণ করে থাকবি Tui **kore** thakbi	তুমি ভ্রমণ করে থাকবে Tumi **kore** thakbe	আপনি ভ্রমণ করে থাকবেন Apni **kore** thakben	সে ভ্রমণ করে থাকবেন Se **kore** thakbe	তিনি ভ্রমণ করে থাকবেন Tini **kore** thakben

Passive Voice	
A very long distance was travelled by him.	তাহার দ্বারা একটি লম্বা **ভ্রমণ** করা হল।
	Tahar dara ekti lomba **vromon** kora holo.
Negative Sense	
He did not travel to London.	সে লন্ডন **ভ্রমণ** করল না।
	Se London **vromon** korlo na.
Obligatory Sense	
You should travel to nearby places which are very beautiful.	আপনার কাছা কাছি জায়গা **ভ্রমণ** করা উচিত, যেগুলি ভারী সুন্দর।
	Apnar kachha kachhi jayga **vromon** kora uchit jeguli bhari shundor.

Verb: to understand- **বোঝা। (bojha)**

1st Person	2nd person (Very Familiar)	2nd person (Familiar)	2nd person (Respectable)	3rd person (Familiar)	3rd person (Respectable)
Simple Present Tense					
আমি **বুঝি।** Ami **buj**hi.	তুই **বুঝিস**। Tui **bujhi**s.	তুমি **বোঝ**। Tumi **bojho**.	আপনি **বোঝে**ন। Apni **bojhe**n.	সে **বোঝে**। Se **bojh**e.	তিনি **বোঝে**ন। Tini **bojh**en.
Present Continuous Tense					
আমি **বুঝ**ছি। Ami **bujh**chhi.	তুই **বুঝ**ছিস। Tui **bujh**chhis.	তুমি **বুঝ**ছ। Tumi **bujh**chho.	আপনি **বুঝ**ছেন। Apni **bujh**chhen.	সে **বুঝ**ছে। Se **bujh**chhe.	তিনি **বুঝ**ছেন। Tini **bujh**chhen.
Present Perfect Tense					
আমি **বুঝে**ছি। Ami **bujh**echhi.	তুই **বুঝে**ছিস। Tui **bujh**echhis.	তুমি **বুঝে**ছ। Tumi **bujh**echho.	আপনি **বুঝে**ছেন। Apni bu**jh**echhen.	সে **বুঝে**ছে। Se **bujh**echhe.	তিনি **বুঝে**ছেন। Tini **bujh**echhen.
Simple Past Tense					
আমি **বুঝলা**ম। Ami **bujhl**am.	তুই **বুঝ**লি। Tui **buj**hli.	তুমি **বুঝ**লে। Tumi **buj**hle.	আপনি **বুঝ**লেন। Apni **bu**jhlen.	সে **বুঝ**ল। Se **bujh**lo.	তিনি **বুঝ**লেন। Tini **bujh**len
Past Continuous Tense					
আমি **বুঝ**ছিলাম। Ami **bujh**chhilam.	তুই **বুঝ**ছিলি। Tui **bujh**chhili.	তুমি **বুঝ**ছিলে। Tumi **bujh**chhile.	আপনি **বুঝ**ছিলেন। Apni **bujh**chhilen.	সে **বুঝ**ছিল। Se **bujh**chhilo.	তিনি **বুঝ**ছিলেন। Tini **bujh**chhilen.
Past Perfect Tense					
আমি **বুঝে**ছিলাম। Ami **bujh**echhilam.	তুই **বুঝে**ছিলি। Tui **bujh**echhili.	তুমি **বুঝে**ছিলে। Tumi **bujh**echhile.	আপনি **বুঝে**ছিলেন। Apni **bujh**echhilen.	সে **বুঝে**ছিল। Se **bujh**echhilo.	তিনি **বুঝে**ছিলেন। Tini **bujh**echhilen.
Simple Future Tense					
আমি **বুঝ**ব। Ami **bujh**bo.	তুই **বুঝ**বি। Tui **bujh**bi.	তুমি **বুঝ**বে। Tumi **buj**hbe.	আপনি **বুঝ**বেন। Apni **bujh**ben	সে **বুঝ**বে। Se **bujh**be.	তিনি **বুঝ**বেন। Tini **bujh**ben
Future Continuous Tense					
আমি **বুঝ**তে থাকব Ami **bujhte** thakbo	তুই **বুঝ**তে থাকবি Tui **bujhte** thakbi	তুমি **বুঝ**তে থাকবে Tumi **bujhte** thakbe	আপনি **বুঝ**তে থাকবেন Apni **bujhte** thakben	সে **বুঝ**তে থাকবে Se **bujhte** thakbe	তিনি **বুঝ**তে থাকবেন Tini **bujhte** thakben
Future Perfect Tense					
আমি **বুঝে** থাকব Ami **bujhe** thakbo	তুই **বুঝে** থাকবি Tui **bujhe** thakbi	তুমি **বুঝে** থাকবে Tumi **bujhe** thakbe	আপনি **বুঝে** থাকবেন Apni **bujhe** thakben	সে **বুঝে** থাকবে Se **bujhe** thakbe	তিনি **বুঝে** থাকবেন Tini **bujhe** thakben

Passive Voice	
He is understood to be an expert.	তাকে একটি বিশেশজ্ঞ **বলে বোঝা হ**য়। Ta ke ekti bisheshoggya bole **bojha** hoy.
Negative Sense	
He did not understand the subject.	সে বিষয়টি **বুঝতে** পারেনি। Se bishoyti **bujhte p**areni.
Obligatory Sense	
You should understand the implications of your action.	আপনার নিজের কাজের পরিনাম **বোঝা** উচিত। Apnar nijer kajer porinam **bojha** uchit.

BENGALI LANGUAGE: 101 BENGALI VERBS

Verb: to use - ব্যাবহার করা। (**byabohar** kora)

1st Person	2nd person (Very Familiar)	2nd person (Familiar)	2nd person (Respectable)	3rd person (Familiar)	3rd person (Respectable)
Simple Present Tense					
আমি ব্যাবহার করি। Ami **byabohar** kori.	তুই ব্যাবহার করিস। Tui **byabohar** koris.	তুমি ব্যাবহার কর। Tumi **byabohar** koro.	আপনি ব্যাবহার করেন। Apni **byabohar** koren.	সে ব্যাবহার করে। Se **byabohar** kore.	তিনি ব্যাবহার করেন। Tini **byabohar** koren.
Present Continuous Tense					
আমি ব্যাবহার করছি। Ami **byabohar** korchhi.	তুই ব্যাবহার করছিস। Tui **byabohar** korchhis.	তুমি ব্যাবহার করছ। Tumi **byabohar** korchho.	আপনি ব্যাবহার করছেন। Apni **byabohar** korchhen.	সে ব্যাবহার করছে। Se **byabohar** korchhe.	তিনি ব্যাবহার করছেন। Tini **byabohar** korchhen.
Present Perfect Tense					
আমি ব্যাবহার করেছি। Ami **byabohar** korechhi	তুই ব্যাবহার করেছিস। Tui **byabohar** korechhis.	তুমি ব্যাবহার করেছ। Tumi **byabohar** korechho.	আপনি ব্যাবহার করেছেন। Apni **byabohar** korechhen.	সে ব্যাবহার করেছে। Se **byabohar** korechhe.	তিনি ব্যাবহার করেছেন। Tini **byabohar** korechhen.
Simple Past Tense					
আমি ব্যাবহার করলাম। Ami **byabohar** korlam.	তুই ব্যাবহার করলি। Tui **byabohar** korli.	তুমি ব্যাবহার করলে। Tumi **byabohar** korle.	আপনি ব্যাবহার করলেন। Apni **byabohar** korlen.	সে ব্যাবহার করল। Se **byabohar** korlo.	তিনি ব্যাবহার করলেন। Tini **byabohar** korlen
Past Continuous Tense					
আমি ব্যাবহার করছিলাম। Ami **byabohar** korchhilam.	তুই ব্যাবহার করছিলি। Tui **byabohar** korchhili.	তুমি ব্যাবহার করছিলে। Tumi **byabohar** korchhile.	আপনি ব্যাবহার করছিলেন। Apni **byabohar** korchhilen.	সে ব্যাবহার করছিল। Se **byabohar** korchhilo.	তিনি ব্যাবহার করছিলেন। Tini **byabohar** korchhilen.
Past Perfect Tense					
আমি ব্যাবহার করেছিলাম। Ami **byabohar** korechhilam.	তুই ব্যাবহার করেছিলি। Tui **byabohar** korechhili.	তুমি ব্যাবহার করেছিলে। Tumi **byabohar** korechhile.	আপনি ব্যাবহার করেছিলেন। Apni **byabohar** korechhilen.	সে ব্যাবহার করেছিল। Se **byabohar** korechhilo.	তিনি ব্যাবহার করেছিলেন। Tini **byabohar** korechhilen.
Simple Future Tense					
আমি ব্যাবহার করব। Ami **byabohar** korbo.	তুই ব্যাবহার করবি। Tui **byabohar** korbi.	তুমি ব্যাবহার করবে। Tumi **byabohar** korbe.	আপনি ব্যাবহার করবেন। Apni **byabohar** korben	সে ব্যাবহার করবে। Se **byabohar** korbe.	তিনি ব্যাবহার করবেন। Tini **byabohar** korben
Future Continuous Tense					
আমি ব্যাবহার করতে থাকব। Ami **byabohar** korte thakbo	তুই ব্যাবহার করতে থাকবি। Tui **byabohar** korte thakbi	তুমি ব্যাবহার করতে থাকবে। Tumi **byabohar** korte thakbe	আপনি ব্যাবহার করতে থাকবেন। Apni **byabohar** korte thakben	সে ব্যাবহার করতে থাকবে। Se **byabohar** korte thakbe	তিনি ব্যাবহার করতে থাকবেন। Tini **byabohar** korte thakben
Future Perfect Tense					
আমি ব্যাবহার করে থাকব। Ami **byabohar** kore thakbo	তুই ব্যাবহার করে থাকবি। Tui **byabohar** kore thakbi	তুমি ব্যাবহার করে থাকবে। Tumi **byabohar** kore thakbe	আপনি ব্যাবহার করে থাকবেন। Apni **byabohar** kore thakben	সে ব্যাবহার করে থাকবে। Se **byabohar** kore thakbe	তিনি ব্যাবহার করে থাকবেন। Tini **byabohar** kore thakben

Passive Voice	
This fan was used by him.	এই পাখাটি তার দ্বারা **ব্যাবহার** করা হয়েছিল
	Ei pakhati tar dara **byabohar** kora hoyechhilo.
Negative Sense	
He did not use the facilities.	সে সুবিধা গুলি **ব্যাবহার** করল না।
	Se subidha guli **byabohar** korlo na.
Obligatory Sense	
You should use filtered drinking water.	পরিশুদ্ধ খাবার পানি **ব্যাবহার** করা উচিত।
	Porishuddho khabar pani **byabohar** kora uchit.

Verb: to wait- অপেক্ষা করা। (opekkha kora)

1st Person	2nd person (Very Familiar)	2nd person (Familiar)	2nd person (Respectable)	3rd person (Familiar)	3rd person (Respectable)
Simple Present Tense					
আমি অপেক্ষা করি। Ami opekkha kori.	তুই অপেক্ষা করিস। Tui opekkha koris.	তুমি অপেক্ষা কর। Tumi opekkha koro.	আপনি অপেক্ষা করেন। Apni opekkha koren.	সে অপেক্ষা করে। Se opekkha kore.	তিনি অপেক্ষা করেন। Tini opekkha koren.
Present Continuous Tense					
আমি অপেক্ষা করছি। Ami opekkha korchhi.	তুই অপেক্ষা করছিস। Tui opekkha korchhis.	তুমি অপেক্ষা করছ। Tumi opekkha korchho.	আপনি অপেক্ষা করছেন। Apni opekkha korchhen.	সে অপেক্ষা করছে। Se opekkha korchhe.	তিনি অপেক্ষা করছেন। Tini opekkha korchhen.
Present Perfect Tense					
আমি অপেক্ষা করেছি। Ami opekkha korechhi	তুই অপেক্ষা করেছিস। Tui opekkha korechhis.	তুমি অপেক্ষা করেছ। Tumi opekkha korechho.	আপনি অপেক্ষা করেছেন। Apni opekkha korechhen.	সে অপেক্ষা করেছে। Se opekkha korechhe.	তিনি অপেক্ষা করেছেন। Tini opekkha korechhen.
Simple Past Tense					
আমি অপেক্ষা করলাম। Ami opekkha korlam.	তুই অপেক্ষা করলি। Tui opekkha korli.	তুমি অপেক্ষা করলে। Tumi opekkha korle.	আপনি অপেক্ষা করলেন। Apni opekkha korlen.	সে অপেক্ষা করল। Se opekkha korlo.	তিনি অপেক্ষা করলেন। Tini opekkha korlen
Past Continuous Tense					
আমি অপেক্ষা করছিলাম। Ami opekkha korchhilam.	তুই অপেক্ষা করছিলি। Tui opekkha korchhili.	তুমি অপেক্ষা করছিলে। tumi opekkha korchhile.	আপনি অপেক্ষা করছিলেন। Apni opekkha korchhilen.	সে অপেক্ষা করছিল। Se opekkha korchhilo.	তিনি অপেক্ষা করছিলেন। Tini opekkha korchhilen.
Past Perfect Tense					
আমি অপেক্ষা করেছিলাম। Ami opekkha korechhilam.	তুই অপেক্ষা করেছিলি। Tui opekkha korechhili.	তুমি অপেক্ষা করেছিলে। Tumi opekkha korechhile.	আপনি অপেক্ষা করেছিলেন। Apni opekkha korechhilen.	সে অপেক্ষা করেছিল। Se opekkha korechhilo.	তিনি অপেক্ষা করেছিলেন। Tini opekkha korechhilen.
Simple Future Tense					
আমি অপেক্ষা করব। Ami opekkha korbo.	তুই অপেক্ষা করবি। Tui opekkha korbi.	তুমি অপেক্ষা করবে। Tumi opekkha korbe.	আপনি অপেক্ষা করবেন। Apni opekkha korben	সে অপেক্ষা করবে। Se opekkha korbe.	তিনি অপেক্ষা করবেন। Tini opekkha korben
Future Continuous Tense					
আমি অপেক্ষা করতে থাকব। Ami opekkha korte thakbo	তুই অপেক্ষা করতে থাকবি। Tui opekkha korte thakbi	তুমি অপেক্ষা করতে থাকবে। Tumi opekkha korte thakbe	আপনি অপেক্ষা করতে থাকবেন। Apni opekkha korte thakben	সে অপেক্ষা করতে থাকবে। Se opekkha korte thakbe	তিনি অপেক্ষা করতে থাকবেন। Tini opekkha korte thakben
Future Perfect Tense					
আমি অপেক্ষা করে থাকব। Ami opekkha kore thakbo	তুই অপেক্ষা করে থাকবি। Tui opekkha kore thakbi	তুমি অপেক্ষা করে থাকবে। Tumi opekkha kore thakbe	আপনি অপেক্ষা করে থাকবেন। Apni opekkha kore thakben	সে অপেক্ষা করে থাকবে। Se opekkha kore thakbe	তিনি অপেক্ষা করে থাকবেন। Tini opekkha kore thakben

Passive Voice	
Not applicable.	
Negative Sense	
He did not wait for his friend.	সে নিজের বন্ধুর জন্য **অপেক্ষা** করল না। Se nijer bondhur jonnyo **opekkha** korlo na.
Obligatory Sense	
You should wait for those who are left behind.	যাহারা পিছনে থেকে গেছে তাদের জন্য **অপেক্ষা** করা উচিত। Jahara pichhone theke gechhe tader jonnyo **opekkha** kora uchit.

Verb: to walk- হাঁটা। **(hanta)**

1st Person	2nd person (Very Familiar)	2nd person (Familiar)	2nd person (Respectable)	3rd person (Familiar)	3rd person (Respectable)
Simple Present Tense					
আমি **হাঁটি।** Ami **hanti**.	তুই **হাঁটি**স। Tui **hanti**s.	তুমি **হাঁট।** Tumi **hanto**.	আপনি **হাঁটেন।** Apni **hante**n.	সে **হাঁটে।** Se **hante**.	তিনি **হাঁটে**ন। Tini **hante**n.
Present Continuous Tense					
আমি **হাঁট**ছি। Ami **hant**chhi.	তুই **হাঁট**ছিস। Tui **hant**chhis.	তুমি **হাঁট**ছ। Tumi **hant**chho.	আপনি **হাঁট**ছেন। Apni **hant**chhen.	সে **হাঁট**ছে। Se **hant**chhe.	তিনি **হাঁট**ছেন। Tini **hant**chhen.
Present Perfect Tense					
আমি **হেঁটে**ছি। Ami **hente**chhi.	তুই **হেঁটে**ছিস। Tui **hente**chhis.	তুমি **হেঁটে**ছ। Tumi **hente**chho.	আপনি **হেঁটে**ছেন। Apni **hente**chhen.	সে **হেঁটে**ছে। Se **hente**chhe.	তিনি **হেঁটে**ছেন। Tini **hente**chhen.
Simple Past Tense					
আমি **হাঁট**লাম। Ami **hant**lam.	তুই **হাঁট**লি। Tui **hant**li.	তুমি **হাঁট**লে। Tumi **hant**le.	আপনি **হাঁট**লেন। Apni **hant**len.	সে **হাঁট**ল। Se **hant**lo.	তিনি **হাঁট**লেন। Tini **hant**len
Past Continuous Tense					
আমি **হাঁট**ছিলাম। Ami **han**tchhilam.	তুই **হাঁট**ছিলি। Tui **hant**chhili.	তুমি **হাঁট**ছিলে। Tumi **hant**chhile.	আপনি **হাঁট**ছিলেন। Apni **han**tchhilen.	সে **হাঁট**ছিল। Se **hant**chhilo.	তিনি **হাঁট**ছিলেন। Tini **hant**chhilen.
Past Perfect Tense					
আমি **হেঁটে**ছিলাম। Ami **hente**chhilam.	তুই **হেঁটে**ছিলি। Tui **hente**chhili.	তুমি **হেঁটে**ছিলে। Tumi **hente**chhile.	আপনি **হেঁটে**ছিলেন। Apni **hente**chhilen.	সে **হেঁটে**ছিল। Se **hente**chhilo.	তিনি **হেঁটে**ছিলেন। Tini **hente**chhilen.
Simple Future Tense					
আমি **হাঁট**ব। Ami **han**tbo.	তুই **হাঁট**বি। Tui **hant**bi.	তুমি **হাঁট**বে। Tumi **hant**be.	আপনি **হাঁট**বেন। Apni **hant**ben	সে **হাঁট**বে। Se **hant**be.	তিনি **হাঁট**বেন। Tini **hant**ben
Future Continuous Tense					
আমি **হাঁট**তে থাকব Ami **hantte** thakbo	তুই **হাঁট**তে থাকবি Tui **hantte** thakbi	তুমি **হাঁট**তে থাকবে Tumi **hantte** thakbe	আপনি **হাঁট**তে থাকবেন Apni **hantte** thakben	সে **হাঁট**তে থাকবে Se **hantte** thakbe	তিনি **হাঁট**তে থাকবেন Tini **hantte** thakben
Future Perfect Tense					
আমি **হেঁটে** থাকব Ami **hente** thakbo	তুই **হেঁটে** থাকবি Tui **hente** thakbi	তুমি **হেঁটে** থাকবে Tumi **hente** thakbe	আপনি **হেঁটে** থাকবেন Apni **hente** thakben	সে **হেঁটে** থাকবে Se **hente** thakbe	তিনি **হেঁটে** থাকবেন Tini **hente** thakben
Passive Voice					
Not applicable.					
Negative Sense					
He could not walk to the temple.			সে মন্দির পর্যন্ত **হাঁট**তে পারলনা। Se mondir porjonto **hant**te parlona.		
Obligatory Sense					
You should walk a mile everyday.			আপনার প্রতিদিন এক মাইল হাঁটা উচিত। Apnar protidin ek mile **hanta** uchit.		

BENGALI LANGUAGE: 101 BENGALI VERBS

Verb: to want- চাওয়া। (chawa)

1st Person	2nd person (Very Familiar)	2nd person (Familiar)	2nd person (Respectable)	3rd person (Familiar)	3rd person (Respectable)
Simple Present Tense					
আমি চাই। Ami chai.	তুই চাস। Tui chas.	তুমি চাও। Tumi chao.	আপনি চান। Apni chan.	সে চায়। Se chay.	তিনি চান। Tini chan.
Present Continuous Tense					
আমি চাইছি। Ami chaichhi.	তুই চাইছিস। Tui chaichhis.	তুমি চাইছ। Tumi chaichho.	আপনি চাইছেন। Apni chaichhen.	সে চাইছে। Se chaichhe.	তিনি চাইছেন। Tini chaichhen.
Present Perfect Tense					
আমি চেয়েছি। Ami cheyechhi.	তুই চেয়েছিস। Tui cheyechhis.	তুমি চেয়েছ। Tumi cheyechho.	আপনি চেয়েছেন। Apni cheyechhen.	সে চেয়েছে। Se cheyechhe.	তিনি চেয়েছেন। Tini cheyechhen.
Simple Past Tense					
আমি চাইলাম। Ami chaiilam.	তুই চাইলি। Tui choloi.	তুমি চাইলে। Tumi choloe.	আপনি চাইলেন। Apni choloen.	সে চাইল। Se choloo.	তিনি চাইলেন। Tini choloen
Past Continuous Tense					
আমি চাইছিলাম। Ami chaichhilam.	তুই চাইছিলি। Tui chaichhili.	তুমি চাইছিলে। Tumi chaichhile.	আপনি চাইছিলেন। Apni chaichhilen.	সে চাইছিল। Se chaichhilo.	তিনি চাইছিলেন। Tini chaichhilen.
Past Perfect Tense					
আমি চেয়েছিলাম। Ami cheyechhilam.	তুই চেয়েছিলি। Tui cheyechhili.	তুমি চেয়েছিলে। Tumi cheyechhile.	আপনি চেয়েছিলেন। Apni cheyechhilen.	সে চেয়েছিল। Se cheyechhilo.	তিনি চেয়েছিলেন। Tini cheyechhilen.
Simple Future Tense					
আমি চাইব। Ami chaibo.	তুই চাইবি। Tui chaibi.	তুমি চাইবে। Tumi chaibe.	আপনি চাইবেন। Apni chaiben	সে চাইবে। Se chaibe.	তিনি চাইবেন। Tini chaiben
Future Continuous Tense					
আমি চাইতে থাকব। Ami chaite thakbo.	তুই চাইতে থাকবি। Tui chaite thakbi	তুমি চাইতে থাকবে। Tumi chaite thakbe	আপনি চাইতে থাকবেন। Apni chaite thakben	সে চাইতে থাকবে। Se chaite thakbe	তিনি চাইতে থাকবেন। Tini chaite thakben
Future Perfect Tense					
আমি চেয়ে থাকব। Ami cheye thakbo.	তুই চেয়ে থাকবি। Tui cheye thakbi	তুমি চেয়ে থাকবে। Tumi cheye thakbe	আপনি চেয়ে থাকবেন। Apni cheye thakben	সে চেয়ে থাকবে। Se cheye thakbe	তিনি চেয়ে থাকবেন। Tini cheye thakben
Passive Voice					
He is wanted in a police case.			তাকে একটি পুলিসের মামলায় চাওয়া হল। Take ekti puliser mamlay chawa holo.		
Negative Sense					
He did not want a penny from his father.			সে নিজের বাবার কাছ থেকে একটি পয়সাও চায়নি। Se nijer babar kachh theke ekti poysha o chay ni.		
Obligatory Sense					
Not applicable.					

Verb: to **watch- দেখা।** **(dekha)**

1st Person	2nd person (Very Familiar)	2nd person (Familiar)	2nd person (Respectable)	3rd person (Familiar)	3rd person (Respectable)
Simple Present Tense					
আমি **দেখি**। Ami **dekh**i.	তুই **দেখিস**। Tui **dek**his.	তুমি **দেখ**। Tumi **dekh**o.	আপনি **দেখেন**। Apni **dekhe**n.	সে **দেখে**। Se **dekhe**.	তিনি **দেখেন**। Tini **dekhe**n.
Present Continuous Tense					
আমি **দেখ**ছি। Ami **dekh**chhi.	তুই **দেখ**ছিস। Tui **dekh**chhis.	তুমি **দেখ**ছ। Tumi **dek**hchho.	আপনি **দেখ**ছেন। Apni **dekh**chhen.	সে **দেখ**ছে। Se **dekh**chhe.	তিনি **দেখ**ছেন। Tini **dekh**chhen.
Present Perfect Tense					
আমি **দেখে**ছি। Ami **dekhe**chhi.	তুই **দেখে**ছিস। Tui **dekhe**chhis.	তুমি **দেখে**ছ। Tumi **dekhe**chho.	আপনি **দেখে**ছেন। Apni **dekhe**chhen.	সে **দেখে**ছে। Se **dekhe**chhe.	তিনি **দেখে**ছেন। Tini **dekhe**chhen.
Simple Past Tense					
আমি **দেখ**লাম। Ami **dekh**lam.	তুই **দেখ**লি। Tui **dek**hli.	তুমি **দেখ**লে। Tumi **dekhl**e.	আপনি **দেখ**লেন। Apni **dek**hlen.	সে **দেখল**। Se **dekh**lo.	তিনি **দেখ**লেন। Tini **dekh**len
Past Continuous Tense					
আমি **দেখ**ছিলাম। Ami **dekh**chhilam.	তুই **দেখ**ছিলি। Tui **dekh**chhili.	তুমি **দেখ**ছিলে। Tumi **dek**hchhile.	আপনি **দেখ**ছিলেন। Apni **dekh**chhilen.	সে **দেখ**ছিল। Se **dekh**chhilo.	তিনি **দেখ**ছিলেন। Tini **dekh**chhilen.
Past Perfect Tense					
আমি **দেখে**ছিলাম। Ami **dekhe**chhilam.	তুই **দেখে**ছিলি। Tui **dekhe**chhili.	তুমি **দেখে**ছিলে। Tumi **dekhe**chhile.	আপনি **দেখে**ছিলেন। Apni de**khe**chhilen.	সে **দেখে**ছিল। Se de**khe**chhilo.	তিনি **দেখে**ছিলেন। Tini de**khe**chhilen.
Simple Future Tense					
আমি **দেখ**ব। Ami **dekh**bo.	তুই **দেখ**বি। Tui **dekh**bi.	তুমি **দেখ**বে। Tumi **dekh**be.	আপনি **দেখ**বেন। Apni **dekh**ben	সে **দেখ**বে। Se **dekh**be.	তিনি **দেখ**বেন। Tini **dekh**ben
Future Continuous Tense					
আমি **দেখ**তে থাকব Ami **dekh**te thakbo	তুই **দেখ**তে থাকবি Tui **dekh**te thakbi	তুমি **দেখ**তে থাকবে Tumi **dekh**te thakbe	আপনি **দেখ**তে থাকবেন Apni **dekh**te thakben	সে **দেখ**তে থাকবেন Se **dekh**te thakbe	তিনি **দেখ**তে থাকবেন Tini **dekh**te thakben
Future Perfect Tense					
আমি **দেখে** থাকব Ami **dekhe** thakbo	তুই **দেখে** থাকবি Tui **dekhe** thakbi	তুমি **দেখে** থাকবে Tumi **dekhe** thakbe	আপনি **দেখে** থাকবেন Apni **dekhe** thakben	সে **দেখে** থাকবে Se **dekhe** thakbe	তিনি **দেখে** থাকবেন Tini **dekhe** thakben

Passive Voice	
The movie was watched by him.	তার দ্বারা সিনেমাটি **দেখা** হল। Tar dara cinemati **dekha** holo.
Negative Sense	
He did not watch the television.	সে টেলিভিশন **দেখে**নি। Se televison de**khe**ni.
Obligatory Sense	
You should watch good movies.	তোমার ভালো সিনেমা **দেখা** উচিত। Tomar bhalo cinema de**kha** uchit.

Verb: to win- জেতা। **(jeta)**

1st Person	2nd person (Very Familiar)	2nd person (Familiar)	2nd person (Respectable)	3rd person (Familiar)	3rd person (Respectable)
Simple Present Tense					
আমি **জিতি**। Ami **jiti**.	তুই **জিতি**স। Tui **jiti**s.	তুমি **জেত**। Tumi **jeto.**	আপনি **জেতেন।** Apni **jete**n.	সে **জেতে।** Se **jete**.	তিনি **জেতেন।** Tini **jete**n.
Present Continuous Tense					
আমি **জিত**ছি। Ami **jit**chhi.	তুই **জিত**ছিস। Tui **jit**chhis.	তুমি **জিত**ছ। Tumi **jitchho**.	আপনি **জিত**ছেন। Apni **jit**chhen.	সে **জিত**ছে। Se **jit**chhe.	তিনি **জিত**ছেন। Tini **jit**chhen.
Present Perfect Tense					
আমি **জিতে**ছি। Ami **jite**chhi.	তুই **জিতে**ছিস। Tui **jite**chhis.	তুমি **জিতে**ছ। Tumi **jite**chho.	আপনি **জিতে**ছেন। Apni **jite**chhen.	সে **জিতে**ছে। Se **jite**chhe.	তিনি **জিতে**ছেন। Tini **jite**chhen.
Simple Past Tense					
আমি **জিত**লাম। Ami **jit**lam.	তুই **জিত**লি। Tui **jit**li.	তুমি **জিত**লে। Tumi **jit**le.	আপনি **জিত**লেন। Apni **jit**len.	সে **জিত**ল। Se **jit**lo.	তিনি **জিত**লেন। Tini **jit**len
Past Continuous Tense					
আমি **জিত**ছিলাম। Ami **jit**chhilam.	তুই **জিত**ছিলি। Tui **jit**chhili.	তুমি **জিত**ছিলে। tumi **jit**chhile.	আপনি **জিত**ছিলেন। Apni **jit**chhilen.	সে **জিত**ছিল। Se **jit**chhilo.	তিনি **জিত**ছিলেন। Tini **jit**chhilen.
Past Perfect Tense					
আমি **জিতে**ছিলাম। Ami **jite**chhilam.	তুই **জিতে**ছিলি। Tui **jite**chhili.	তুমি **জিতে**ছিলে। Tumi **jite**chhile.	আপনি **জিতে**ছিলেন। Apni **jite**chhilen.	সে **জিতে**ছিল। Se **jite**chhilo.	তিনি **জিতে**ছিলেন। Tini **jite**chhilen.
Simple Future Tense					
আমি **জিত**ব। Ami **jit**bo.	তুই **জিত**বি। Tui **jitbi**.	তুমি **জিত**বে। Tumi **jit**be.	আপনি **জিত**বেন। Apni **jit**ben	সে **জিত**বে। Se **jit**be.	তিনি **জিত**বেন। Tini **jit**ben
Future Continuous Tense					
আমি **জিত**তে থাকব Ami **jitt**e thakbo	তুই **জিত**তে থাকবি Tui **jitt**e thakbi	তুমি **জিত**তে থাকবে Tumi **jitt**e thakbe	আপনি **জিত**তে থাকবনে Apni **jitt**e thakben	সে **জিত**তে থাকবে Se **jitt**e thakbe	তিনি **জিত**তে থাকবেন Tini **jitt**e thakbe
Future Perfect Tense					
আমি **জিতে** থাকব Ami **jit**e thakbo	তুই **জিতে** থাকবি Tui **jit**e thakbi	তুমি **জিতে** থাকবে Tumi **jit**e thakbe	আপনি **জিতে** থাকবেন Apni **jit**e thakben	সে **জিতে** থাকবে Se **jit**e thakbe	তিনি **জিতে** থাকবেন Tini **jit**e thakben

Passive Voice	
The race was won by him	দৌড়টি তার দ্বারা **জেতা** হল। Dourti tar dara **jeta holo**.
Negative Sense	
He did not win the game even for once.	সে এই খেলায় একবার ও **জেতেনি।** Se ei **khe**lay ekbar o **jete**ni.
Obligatory Sense	
You should always win others' hearts.	আপনার সব সময় অন্যদের হৃদয় **জেতা** উচিত। Apnar shob shomoy onnoder hridoy **jeta** uchit.

Verb: to work- কাজ করা। (kaj **kora**)

st Person	2nd person (Very Familiar)	2nd person (Familiar)	2nd person (Respectable)	3rd person (Familiar)	3rd person (Respectable)
imple Present Tense					
আমি কাজ **করি।** mi kaj **kori**.	তুই কাজ **করি**স। Tui kaj **kor**is.	তুমি কাজ **কর।** Tumi kaj **koro**.	আপনি কাজ **করে**ন। Apni kaj **kore**n.	সে কাজ **করে।** Se kaj **kore**.	তিনি কাজ **করে**ন। Tini kaj **kore**n.
resent Continuous Tense					
আমি কাজ **কর**ছি। mi kaj **kor**chhi.	তুই কাজ **কর**ছিস। Tui kaj **kor**chhis.	তুমি কাজ **কর**ছ। Tumi kaj **kor**chho.	আপনি কাজ **কর**ছেন। Apni kaj **kor**chhen.	সে কাজ **কর**ছে। Se kaj **kor**chhe.	তিনি কাজ **কর**ছেন। Tini kaj **kor**chhen.
resent Perfect Tense					
আমি কাজ **করে**ছি। mi kaj **kore**chhi	তুই কাজ **করে**ছিস। Tui kaj **kore**chhis.	তুমি কাজ **করে**ছ। Tumi kaj **kore**chho.	আপনি কাজ **করে**ছেন। Apni kaj **kore**chhen.	সে কাজ **করে**ছে। Se kaj **kore**chhe.	তিনি কাজ **করে**ছেন। Tini kaj **kore**chhen.
imple Past Tense					
আমি কাজ **কর**লাম। Ami kaj **kor**lam.	তুই কাজ **কর**লি। Tui kaj **kor**li.	তুমি কাজ **কর**লে। Tumi kaj **kor**le.	আপনি কাজ **কর**লেন। Apni kaj **kor**len.	সে কাজ **কর**ল। Se kaj **kor**lo.	তিনি কাজ **কর**লেন। Tini kaj **kor**len
Past Continuous Tense					
আমি কাজ **কর**ছিলাম। Ami kaj **kor**chhilam.	তুই কাজ **কর**ছিলি। Tui kaj **kor**chhili.	তুমি কাজ **কর**ছিলে। Tumi kaj **kor**chhile.	আপনি কাজ **কর**ছিলেন। Apni kaj **kor**chhilen.	সে কাজ **কর**ছিল। Se kaj **kor**chhilo.	তিনি কাজ **কর**ছিলেন। Tini kaj **kor**chhilen.
Past Perfect Tense					
আমি কাজ **করে**ছিলাম। Ami kaj **kore**chhilam.	তুই কাজ **করে**ছিলি। Tui kaj **kore**chhili.	তুমি কাজ **করে**ছিলে। Tumi kaj **kore**chhile.	আপনি কাজ **করে**ছিলেন। Apni kaj **kore**chhilen.	সে কাজ **করে**ছিল। Se kaj **kore**chhilo.	তিনি কাজ **করে**ছিলেন। Tini kaj **kore**chhilen.
Simple Future Tense					
আমি কাজ **কর**ব। Ami kaj **kor**bo.	তুই কাজ **কর**বি। Tui kaj **kor**bi.	তুমি কাজ **কর**বে। Tumi kaj **kor**be.	আপনি কাজ **কর**বেন। Apni kaj **kor**ben	সে কাজ **কর**বে। Se kaj **kor**be.	তিনি কাজ **কর**বেন। Tini kaj **kor**ben
Future Continuous Tense					
আমি কাজ **কর**তে থাকব Ami **kaj** korte thakbo	তুই কাজ **কর**তে থাকবি Tui **kaj** korte thakbi	তুমি কাজ **কর**তে থাকবে Tumi **kaj** korte thakbe	আপনি কাজ **কর**তে থাকবেন Apni **kaj** korte thakben	সে কাজ **কর**তে থাকবে Se **kaj** korte thakbe	তিনি কাজ **কর**তে থাকবেন Tini **kaj** korte thakben
Future Perfect Tense					
আমি কাজ **করে** থাকব Ami **kaj** kore thakbo	তুই কাজ **করে** থাকবি Tui **kaj** kore thakbi	তুমি কাজ **করে** থাকবে Tumi **kaj** kore thakbe	আপনি কাজ **করে** থাকবেন Apni **kaj** kore thakben	সে কাজ **করে** থাকবে Se **kaj** kore thakbe	তিনি কাজ **করে** থাকবেন Tini **kaj** kore thakben
Passive Voice					
Not applicable.					
Negative Sense					
He did not work in a factory.			সে কারখানায় কাজ **কর**তনা। Se karkhanay kaj **kor**tona.		

Obligatory Sense	
You should always work for betterment.	আপনার সব সময় উন্নতির জন্য কাজ **করা** উচিত। Apnar shob shomoy unnotir jonnyo kaj **kora** uchit.

Verb: to write- লেখা। **(lekha)**

1st Person	2nd person (Very Familiar)	2nd person (Familiar)	2nd person (Respectable)	3rd person (Familiar)	3rd person (Respectable)
Simple Present Tense					
আমি **লিখি।** Ami **likh**i.	তুই **লিখিস।** Tui **likh**is.	তুমি **লেখ।** Tumi **lekh**o.	আপনি **লেখে**ন। Apni **lekhe**n.	সে **লেখে।** Se **lekhe**.	তিনি **লেখেন।** Tini **lekhe**n.
Present Continuous Tense					
আমি **লিখ**ছি। Ami **likh**chhi.	তুই **লিখ**ছিস। Tui **likh**chhis.	তুমি **লিখ**ছ। Tumi **likh**chho.	আপনি **লিখ**ছেন। Apni **likh**chhen.	সে **লিখ**ছে। Se **likh**chhe.	তিনি **লিখ**ছেন। Tini **likh**chhen.
Present Perfect Tense					
আমি **লিখে**ছি। Ami **likhe**chhi.	তুই **লিখে**ছিস। Tui **likhe**chhis.	তুমি **লিখে**ছ। Tumi **likhe**chho.	আপনি **লিখে**ছেন। Apni **likhe**chhen.	সে **লিখে**ছে। Se **likhe**chhe.	তিনি **লিখে**ছেন। Tini **likhe**chhen.
Simple Past Tense					
আমি **লিখ**লাম। Ami **likh**lam.	তুই **লিখ**লি। Tui **likh**li.	তুমি **লিখ**লে। Tumi **likh**le.	আপনি **লিখ**লেন। Apni **likh**len.	সে **লিখ**ল। Se **likh**lo.	তিনি **লিখ**লেন। Tini **likh**len
Past Continuous Tense					
আমি **লিখ**ছিলাম। Ami likhchhilam.	তুই **লিখ**ছিলি। Tui **likh**chhili.	তুমি **লিখ**ছিলে। tumi **likh**chhile.	আপনি **লিখ**ছিলেন। Apni **likh**chhilen.	সে **লিখ**ছিল। Se **likh**chhilo.	তিনি **লিখ**ছিলেন। Tini **likh**chhilen.
Past Perfect Tense					
আমি **লিখে**ছিলাম। Ami **likhe**chhilam.	তুই **লিখে**ছিলি। Tui **likhe**chhili.	তুমি **লিখে**ছিলে। Tumi **likhe**chhile.	আপনি **লিখে**ছিলেন। Apni **likhe**chhilen.	সে **লিখে**ছিল। Se **likhe**chhilo.	তিনি **লিখে**ছিলেন। Tini **likhe**chhilen.
Simple Future Tense					
আমি **লিখ**ব। Ami **likh**bo.	তুই **লিখ**বি। Tui **likh**bi.	তুমি **লিখ**বে। Tumi **likh**be.	আপনি **লিখ**বেন। Apni **likh**ben	সে **লিখ**বে। Se **likh**be.	তিনি **লিখ**বেন। Tini **likh**ben
Future Continuous Tense					
আমি **লিখ**তে থাকব Ami **likh**te thakbo	তুই **লিখ**তে থাকবি Tui **likhte** thakbi	তুমি **লিখ**তে থাকবে Tumi **likhte** thakbe	আপনি **লিখ**তে থাকবেন Apni **likhte** thakben	সে **লিখ**তে থাকবে Se **likhte** thakbe	তিনি **লিখ**তে থকবেন Tini **likhte** thakben
Future Perfect Tense					
আমি **লিখে** থাকব Ami **likhe** thakbo	তুই **লিখে** থাকবি Tui **likhe** thakbi	তুমি **লিখে** থাকবি Tumi **likhe** thakbe	আপনি **লিখে** থাকবে Apni **likhe** thakben	সে **লিখে** থাকবে Se **likhe** thakbe	তিনি **লিখে** থাকবেন Tini **likhe** thakben
Passive Voice					
This book is written by him.			এই বইটি তার **লেখা।** Ei boiti tar **lekha**.		
Negative Sense					
He has not written a single line for last one year.			সে গত এক বছরে এক লাইন ও **লেখেনি।** Se goto ek bochhore ek line o **lekhen**i.		
Obligatory Sense					
You should always write down important things.			আপনার সব সময় দরকারী জিনিস **লিখে** রাখা উচিত। Apnar shob shomoy dorkari jinish **likhe** rakha uchit.		

www.ingramcontent.com/pod-product-compliance
Lightning Source LLC
Chambersburg PA
CBHW081455040426
42446CB00016B/3250
* 9 7 8 1 6 1 9 4 9 4 2 2 0 *